ファッションの哲学

井上雅人
Masahito Inoue

ミネルヴァ書房

はじめに　ファッションという哲学

ファッションとは、衣服のことではない。それは、ひとつの考え方のことだ。あるいは、私たちの時代特有の、ユニークな世界観と言い換えてもいい。ファッションとは、ものの見方、あるいは、世界の捉え方なのだ。

それは、「身体」と「流行」の関わりによって、私たち自身や、私たちを取り巻く世界が、日々変化していくという世界観である。そして、精神ではなく身体が、一貫性や論理性ではなく移りゆく流行が、世界の行く末を決めていると受け入れる姿勢でもある。

この捉え方は、人間が自分の見た目を、慣習や流行といった外部からの力に従って、日々変化させていることを前提にしている。つまり、人間の見た目に影響を与える、目に見えない大きな力が、社会を覆っていると認めることである。

だが、本当にそういった見えない力が存在するのか、私たちは、確認することができない。

私たちは、多くの人が似たような格好をしているのを見て、慣習や流行が存在していると信じているのであって、いわば状況証拠によって合理的にそう考えているだけにすぎない。そこに計量できるような物理的な力が働いているわけでも、法的な約束事があるわけでもない。

それでも、そういった同調と差異を作り出す力を実感できてしまうのは、私たちが、すでにファッションという世界観を身につけているからだ。ファッションという切り口で世界を見るためには、人間が、言語を介さなくても同調できて、言語化されなくても価値観を共有できるという仮説を、受け入れていなくてはならない。さらには、人間の外見と内面には強い関係があるとしつつも、外見が毎日変わったところで内面はそう簡単には変わらない、という矛盾した信念を持っていなくてはならない。それは、私たちがあまりにも自然に成し遂げていることであるが、決して当たり前のものではなく、近代社会によって象《かたど》られた独特の世界観である。

要するに、「ファッションの哲学」とは、人間がどのように身体と付き合い、自分を取り巻く世界を把握し、自分自身を形成し、世界と関係しているかについての理解の仕方なのだ。

当然、ファッションの哲学とは、ファッション・デザイナーの職業観のことではない。有名なデザイナーの作品を解説したところで、それがファッションの哲学を語ったことにはならない。あるいは、着飾ることで人より優位に立つ方法を知ることでもなければ、きれいな服を愛する心とも違う。ファッションの哲学とは、身体と物との関係のあり方によって、「私」や「私たち」が変化していくという認識のことなのだ。

このファッションの哲学においては、「身体」と「流行」が基礎的な概念になる。現在、私たちの社会は、地域に根ざすことと、持続的であることによって、未来を切り拓こうとしている。「地域」と「持続」は、ファッションの哲学が持つ「身体」と「流行」とはまったく逆の概念だろう。もちろんここで、「地域」と「持続」という概念が掲げる、コミュニティやサステイナビリティに価値がないと言いたいわけではない。私たちは、そういった捉え方や実践を、今後もより進めていくしかない。

しかし一方で、それらと対になる「身体」や「流行」という捉え方や、それに基づいた実践を、疎かにしたり放棄したりしていいというわけでもない。「地域」や「持続」を中心に据えて進めていったことが、行き詰まりを見せたり、逆に人々を不幸に追いやるようなことがあったとき、打開策を提示してくれるのは、「身体」と「流行」による見方だろう。そのような事態に備えるためにも、私たちはファッションの哲学を鍛えて、世界を見る目を養わなければならない。

にもかかわらず、これまでファッションは、その重大さに比べて、十分に考える対象にされてきたとは言いがたい。ファッションを衣服のデザインや、自分を良く見せようとして着飾ることだと思って、物欲や顕示欲のない自分とは無関係だと思っている人も多い。だが、たとえそういった欲望とは無縁に生きていたとしても（無縁に生きることはまず不可能だが）、ファッションと無関係で生きているわけではない。人生の楽しみとしておしゃれを愛する人たちや、新しく世に出てきたものに夢中になる人たちや、仕事としてファッションに関わる人たちだけが、ファッションに関わっているわけではない。すべての人が、ファッションについて真剣に考えるべき立場にいる。

ファッションが、誰にとっても重要な問題なのは、それが人間の姿に関わることだからだ。当たり前のことだが、世界中のどんな人であろうと、姿なく存在することはできない。人間は、視覚的にも、触覚的にも、確認できる物体として存在している。私たちは、姿を通して他人を知るし、他人に認識されるのも姿によってである。

人間の姿、つまり人間が物体としてどうあるべきかは、個人にとっても社会にとっても、かなり重要な問題である。というのも、それは、人間がどのような存在なのかの問題だからだ。そして、人間とはどのような存在かという問いへの答えは、抽象的な概念では容易に導き出すことができない。そこで、人間を、具体的かつ物質的な形によって捉え、構築しようとする意思が、ファッションをもたらすことになる。

人間の姿は、生物学的に決まるだけではなく、文化的にも決められる。髪をどの長さで切るのかからはじまって、どういった体型や仕草が望ましくて、どのような服を着て、どのような靴を履くのが素敵なのかまで、人間の姿は、社会の中のさまざまな関係性やプロセスを経て決まっていく。ファッションは、自分の身体への関わり方と、自分の身体を使った他者への関わり方の産物である。

ファッションは個人的なことでもあるが、まず何より社会的なことだ。どんな人でも、社会と関わりを持たずに生きていけないように、ファッションと無関係で生きていくことはできない。早い話が、服を着ない人はいないのだ。それなのに私たちは、服を着ることが、どのような意味を持つ実践なのかを滅多に考えない。そこにどのような背景や問題があるのか、立ち止まって考えてみることもほとんどない。

服を着ている以上、私たちは何を着るか選択している。おしゃれなど役に立たない無駄な行為だから、自分は労力を割かないと決めたところで、裸でいるわけにはいかない。逆に、裸で社会的な生活を送ろうとすることほど、過激な選択もないだろう。もし衣服を着ないで生活している人がいたとしたら、むしろ衣服を着ていないことによって、ファッションの問題の中心へと投げ込まれるだろう。

手に入りやすいものを着るだけ、という素っ気ない態度を取ったところで、そういう人ほど流行りものを選ばされることになる。安くて手に入りやすい服とは、それだけ普及している服でもあるからだ。普及しているということは、世の中の多くの人に賛同されている価値観を備えているということでもある。それはつまり流行しているということであり、それを手に取ることは、すでにファッションと深く関わってしまっているということなのだ。

ファッションは、人間の姿を形づくるとともに、常に変化させていくことでもある。この、常に変化するというあり方は、衣服の領域を飛び越え、さまざまな物をファッションにしている。私たちの社会においては、ほとんどの領域の商品がファッション・アイテム化している。人が物を使って、その時の自分らしさを語ろうとすると、どんな物でもファッション・アイテムになる。それは必ずしも、「おしゃれ」というメッセージを持っているとは限らない。「知性」かもしれないし、「男らしさ」かもしれない。ファッションは、人間と物との関係の結び方でもあり、物に囲まれて生きている私たちは、ファッションと共に生活しているのだ。

現在の社会では、誰もがファッションと付き合って生きていかなくてはならない。にもかかわらず、ファッションについて語る言葉の多くは、新しいもの、おしゃれなものを紹介することに終始してしまっている。語り手の中には、ファッションについて「わかっている人」と「わかっていない人」を峻別し、自分が優位な立場に立っていることを見せつけるためだけに、言葉を発している人もいる。ファッションを研究することを、何がおしゃれなのかを知り、これから何が流行るのかを見抜く力を身につけることと思っている人も多い。そこには依然として、新しいものを知っていることは人より勝っていること、という価値観が根強くある。ファッションについて語られる場では、新しさを熟知せず正しい語り方を知らない「門外漢」は、沈黙すべきだとされることも多い。

だが、私たちの社会には、ファッションの「門外漢」などいないのだ。たくさんのブランドを知っていて、今、何が流行っているかに敏感なことが、ファッションを論じるための資格ではない。もちろん、素晴らしい作品を作り出す人々を世に伝えることや、現在の社会がどのような姿に価値をおいているかを読み解くことは、とても重要な仕事である。しかし、それらはファッションを論じることの、ほんの一部にすぎない。

そもそも「おしゃれである」との評判を勝ち取るためにファッションを研究することは、

ちょうど、女らしさを身につけようとして、フェミニズムを学ぶようなものだ。私たちは、着たり飾ったりすることによる、身体の見た目の競争に常に巻き込まれながら、お互いにお互いを格付けしあうような権力構造の中に生きている。その中で勝ち抜く術を学ぶことではなく、その構造を明るみにしていくことが、ファッション研究の役割である。

そこで本書では、ファッションという世界観を通して、どのようなことを考えなくてはいけないのか、いくつかのキーワードとともに見ていくことにする。ファッション以外の文化を考えるときも同じだろうから、あえて強調しても仕方がないのだが、ファッションを考えるには、美学、心理学、社会学、民俗学、社会史、社会心理学、経済学、社会生態学などを用いて学際的に臨む必要がある。ただ、ファッションと呼ばれているものは、それぞれの視点によって、異なるものを意味してしまうので、細心の注意も求められる。生産や表現としてのファッション・デザイン、経済的な構造としてのファッション・システム、人々の日常的な行為である「おしゃれ」としてのファッションなど、さまざまな意味として捉えることが可能だろう。そのどれについて話しているかが噛み合わないと、ちぐはぐな議論になってしまう危険性がある。

だが、それでも、できるだけ多種多様なファッションの解釈に寄り添いつつ、幅広く考えていきたい。そうでないと、ファッションの問題の全体像を俯瞰することが不可能だからだ。なので本書には、矛盾したことがいろいろと書かれており、それぞれの議論も底の浅いものになっているかもしれない。綻びは多いかもしれないが、できるだけ多くの人にとって、簡単に乗れる踏み台や、使いやすい叩き台になってくれれば幸いである。

第1章では、ファッションによって、人と人がどのような関係を築き上げているのかを考えていく。それをコミュニケーションの問題として捉えることは可能だろう。ただし、言語によるコミュニケーションとは違い、ファッションで交換される情報は、その人が誰なのかについて、つまりアイデンティティについてのみである。しかしアイデンティティは、簡単に自己決定できるものではない。ましてや、自分で決定できないような揺らいだ情報によって、コミュニケーションを行うのは容易ではない。ここでは、「着る」という、自分が誰であるかを探りながら表現していく人間の活動から、ファッションを考えていく。

第2章では、私たちが、現在どのような身体を所有しているのかについて考えていく。人体がどのようなものであるかを知るためには、医学や解剖学という方法もあるが、ここで問題にするのは、その組成や仕組みではなく、使われ方や意味である。ちょうど、タオルと雑巾が組成としては同じでも、使われ方によって意味がまったく異なってしまうように、身体も使われ方によって意味が異なり、意味によって使われ方は異なる。その使われ方や意味の生成に、ファッションがいかに関わっているかを考えていく。

第3章では、物としての衣服からファッションについて考えていく。ファッション研究は、生活財などの物質文化《マテリアル・カルチャー》の研究、あるいはフェルナン・ブローデルが「物質生活」と呼んだ分野の研究でもある。* ここでは特に、アートやデザインといった、近接する領域との関わりや相違を通して、ファッションの特異性を捉えていく。ファッションには、パリ・コレクションのように作品を発表する場があり、ファッション・デザイナーという表現者がいる。しかし、衣服はあくまでも実用品であり、芸術作品ではない。かといって、次から次へと新しい機能が足されては、新製品が市場に投入されるプロダクト・デザインとも違う。常に「美」という権力の体系と無縁ではいられないファッション・アイテムを作ることと、そこにおける表現について考える。

第4章では、ファッションのビジネスとしての側面を考えていく。ファッションは、社会全体や、ひとりひとりの日々の生活における、視覚的で物質的な文化であるだけでなく、生産、広告、販売、二次利用までの一連の産業のことでもある。ファッション産業の最大の特徴は、物を作るだけではなく、イメージを作っていくことにある。技術的なイノヴェーションではなく、意味、楽しみ、欲望を作り出すことによって、ファッション産業は拡大を続けてきた。また、労働条件をめぐる問題を起こし続けてきたのも、ファッション産業の特徴である。搾取するシステムを内包し、グローバル化した産業の典型でありながら、同時に、それらに抵抗し、対抗する手段としても用いられるファッションの産業面を考える。

第5章では、あらためて日常的な実践としてファッションを歴史的に考えていく。現在、ファッションは日常のどのような場面でも私たちを取り巻いているが、ファッションの歴史については、一九世紀半ば以降のパリ・コレクションを中心に語られることが多い。もちろん、そういった歴史は、表現や経済システムの歴史としては意義深く有効なものではあるが、私たちの生活にどのように関わっているのかについては、わかりにくい歴史である。この一世紀あまりに、私たちの社会と身体にどのような変化があったのかを概観しつつ、日々の活動としてのファッションを考えていく。

最近では、ファッション産業における、途上国への搾取や、環境への負荷が大きな問題になっているため、さすがに、ファッションについて考えることはくだらない、と片付ける人は減った。それでもまだまだ、政治や経済に比べて、あるいは他の文化と比べても、取るに足らない問題だと考える人は多い。そういった人々が、ファッションをくだらないと小馬鹿にして、考えることを怠ろうとしてしまうのは、単に無知である以上に、自分が目に見えない何かに操られていると認めることへの、無意識の拒絶ゆえでもある。それは、恐怖心と言い換えてもいい。しかし、恐怖のために目を閉ざすよりは、対象をよく知って自分のものにした方がいい。ファッションは、それだけの価値がある世界認識の方法である。

ファッションの哲学

目次

第4章 欲望と誘惑と搾取のビジネス

第1章　着ているもので、その人がわかる

1　ファッションは行為か現象か

「ファッション」という言葉

多くの人にとって、ファッションとは「女性服の現在流行形」[1]のことだろう。あるいは漠然と、「最初にショーの花道、そして次にはメディアや店舗のデザイナーズ・コレクションに現われる現象」を意味するのかもしれない。つまり、パリ・コレクションを中心とした、あの華やいだ世界のことだ。

こういった捉え方は、ファッションをとても狭く定義しているが、とはいえ専門家による説明も、これと大差はない。ファッションとは、「規則的で体系的な変化という内的論理に特徴づけられる衣服のシステム」[2]のこと、つまり、経済的や文化的にシステム化された衣服の流行のことだと定義づけられている。

しかし、あらためてファッションという言葉を考えてみると、そのように定義してしまっていいのかと疑問が湧いてくる。私たちにとってファッションとは、パリ・コレクションから遠く離れた場所で、かすかに影響を受けた服を着たり見たりするだけのことなのだろうか。

ファッションという言葉は、実につかみどころがない。ファッションという名の具体的な物があるわけではないし、何かしら特定の行為を指しているわけでもない。自分の所有物をすべて目の前に並べてみて、ファッションと非ファッションに分けてみたり、一日が終わる前に、その日の行いをすべてリストアップして、ファッションと呼べるものとそうでないものに分けてみることは、とても面白い実験にはなるだろうが、ほとんど頭の体操やゲームの領域である。鳥類と哺乳類に分類するとか、食器と家具に分類するとか、職業と余暇に分類するといったこととは大きく異なる。

ファッションと同じような領域で、同じように曖昧な言葉に「デザイン」があるが、デザインは、もう少しわかりやすいかもしれない。デザインは通常、「それは良いデザインである」や「デザインが悪くて怪我をした」のように、物体の形状や姿を指す言葉として使われるか、もしくは「そのペンは、私がデザインしました」のように、物体の形状や姿を決定する行為として使われるかのどちらかである。もちろん最近では、「ライフデザイン」「キャリアデザイン」「コミュニティデザイン」など、目に見えない趣味や計画や関係性に対しても、比喩的な意味合いを込めつつ使われることが多い。しかし、その場合においても、作られた対象や、それを決定する行為という意味で使われていることに変わりはない。

では、デザインと比べて、ファッションはどうであろうか。「それは良いファッションである」というのは、ぎこちない言葉ではあるが、かろうじて言いそうではある。おそらく日常会話では、「素敵ですね」とか「かわいいですね」で済ませてしまうだろうが、「良いファッションですね」で意味が通じないわけではない。もし「素敵なファッションですね」という言い方をすれば、ほとんど違和感はない。

しかし、「良いファッション」はいいとしても、「悪いファッション」という言い方はするだろうか。「悪いデザイン」という言い方ならば、使用目的と機能と形態があっていないときに使われることが多い。人の手には小さすぎるスプーンや、硬すぎる椅子を指して、「悪いデザイン」と言うことはある。ファッションに関しても、ひょっとしたら「ファッションが悪くて恥をかいた」というような言い方ならするのかもしれない。つまり、格好が悪いとか、場違いであったという意味で使われることがないとも限らない。話者同士が、お互いに状況を認識し、言外に何かしらの価値観を含ませるのであれば、意味が通らないこともないだろう。

では、「私がファッションしました」という言い方はどうだろうか。さすがに、これはどう頑張っても、意味のわからない言い方ではないだろうか。「私がデザインしました」という言い回しが、特に説明なく意味を成すのとは対照的である。

「デザイン」の語源はラテン語の designare で、それは「デッサン」と同じ語源でもあり、「計画する」という意味がある。かたや「ファッション」の語源は同じくラテン語の factiō で、「完成させる」という意味がある。現在のデザインという言葉が、物ができあがる瞬間までの事前の準備や、その結果としての姿形を意味し、ファッションという言葉が、作られた衣服やアクセサリーを使いこなすことや、それらを組み合わせることで見た目を形作っていくことを意味していることを考えると、デザインとファッションの語源と現在のあり方に共通するところがあって、非常に興味深い。つまり、物ができあがる瞬間を境界線として、その前までが「デザイン」で、その後が「ファッション」という現在使われている区分けが、「計画する」と「完成させる」というラテン語の意味と、うまく対応しているのだ。

もちろん、デザインやファッションといった言葉は、日本語と英語では微妙に意味が異なるし、同じ日本語や英語でも一〇年二〇年経てば簡単に意味を変えてしまうだろう。日常言語としてこれだけ定着し、生活の中で生きた言葉として日々使われているものに対して、本当はこういう意味なのだと断定して使用を制限することは、ある種の学問的暴力と言える。辞書はあくまでも記録であって、予言書ではない。語源を探って何かわかったようになるのは、大概にした方がいいだろう。むしろ、こういう言葉は、日常で使われているところを、ちょうど昆虫採集でもするように捕まえて、意味を探っていかなくてはならないものだ。そういう意味では、「悪いファッション」や「私がファッションしました」という使い方に、なぜ違和感があるのかを考えていくことは、とても重要である。

「悪いファッション」という言い方に違和感があるのは、ファッションに良し悪しという考え方がそぐわないからであろう。流行と深く関わるファッションにおいては、価値の体系が常に入れ替わる。価値があるかどうかは、それが流行しているか、もしくはこれから流行する見込みがあるかで決定され、昨日流行の最先端だとされていたものが、簡単に今日は流行遅れとされて価値を喪失する。だが、「良い」や「悪い」という物差しは、これから先も揺るがない普遍性を指す言葉である。それゆえに、ファッションには「悪い」という考え方は馴染まないのだ。

かたや「私がファッションしました」という言い方に違和感があるのは、ファッションが、人々の行為が集まって引き起こされる社会現象、という意味で使われることが多いからだろう。ファッションは、無秩序な行為の集積ではなく、大勢の人々が、ある方向性に従って行動することの結果であり、それがまた次の行為に影響を及ぼすような社会現象である。

　フランスの社会学者エミール・デュルケームは、誰かに命令されているわけでもないのに、私たちが社会から行動や考え方を強制されるのは、社会には「集合意識」[3]があり、それが個人に働きかけるからだと説明している。デュルケームによれば、「同じ社会の成員たちの平均に共通な諸信念と諸感情の総体」が、「固有の生命を持つ一定の体系」[4]として形成されたものが、集合意識である。つまり、同じ傾向を持った人々が集まることで、その中での平均的な思考や感覚が、個人個人の外部に、一つの意志として、生きているかのように実体化されてしまい、それがまた個人に対して同質化を要求してくるというのだ。

　社会現象としてのファッションは、まさしくその集合意識が、目に見える姿で現れたものである。「私がファッションしました」という言い方に違和感を覚えてしまうのは、ファッションが、個人の意思を超えた水準で決定されていることに、多くの人が気がついているからであろう。

ファッションと主体性

ファッションのつかみどころのなさは、個人的な行為を指す言葉でありながら、一方で、流行という社会現象を示す言葉としても使われるところに起因している。ファッションについて学術的な文章が書かれるようになって以来、こういった語義の曖昧さをめぐって、ファッションとは行為なのか現象なのかという議論が、常に繰り返されてきた。言い換えると、ファッションとは人間の主体的な行為を指す言葉なのか、それとも社会全体の意思を反映した現象なのか、という問いである。

ファッション研究のはじまりがどこにあるのかは諸説分かれるが、一九世紀の二人の学者、ガブリエル・タルドとギュスターヴ・ル・ボンが、その後のファッション研究の礎を築いたとすることに対して異論は少ないだろう。[5]この二人はかたや「模倣」という比喩を用いて、かたや「感染」という比喩を用いて、ファッションを説明しようとした。

模倣は本人の意志がなければできないことであり、感染は本人の意志とは無関係に巻き込まれてしまうことだ。つまり、みんなが真似するから流行が起こるという説と、知らぬ間に同調してしまうという説の二つが、近代社会のはじまりのファッションが現れた時期からあったのだ。行為か現象かという議論は、この時からすでにはじまっている。

この二つの考え方が並び立つのは、特に不思議なことではない。というのも、この二つの考えは、近代における個人とは何かについて理解しようとするときに起こる対立と同じだからだ。すなわち、人間には「主体性」と呼べるような何かがあるはずだという考えと、「主体性」と思っているそれは社会の構造によって決定されたもので、人間には個性や意思なるものはないという考えの対立だ。それは、人間は各人の絶えざる努力によって人間になるとする実存主義と、人間の行動や感情は社会のあり方とその人の社会的位置によって決まってしまうとする構造主義をめぐる、思想的な対立と同じでもある。[6]

確かに、人間はごく私的な事柄についてひっそりと考える時ですら、言語という社会的に共有された道具を使わないことには、何も考えることができない。どれほど芸術性が高く個性的な文学作品があったとしても、それが書かれた言語まで作者の発明であったとしたら、誰も感情を移入して読むことなどできないだろう。そして、多くの人が指摘しているように、言語は個人の考え方を支配する力を持っている。あらゆる考え方は、言語によって規定されており、その枠の中でしかオリジナリティを持つことはできない。言語という借り物なしには何もできないのに、そこに「主体性」なるものを認めていいのか、という疑問はもっともである。しかしそうは言っても、実はあなたには主体性などまったく無いのですと言われて、いったい誰が納得しようか。

人間は、言語によって自分を語るのと同様に、衣服や装飾品によっても自分を語る。小説のような作品や、日々のおしゃべりと同じように、ファッションは、主体的な行為としても、社会に共有された考え方が個人を通して発露した現象としても捉えることができる。ファッションを考えることは、言語を考えることと同様に、私たちひとりひとりに、個性と呼べるような特殊性があるのか、主体性と呼べるような自由な意思と行動の力があるのかを問うことでもある。

一人の人間が、その日に着ている服には、さまざまな社会的な力が作用している。私たちの社会の常識から考えると、人は、性別と年齢に従って服を選ぶだろう。入社二年目を迎えるOLが、これから先輩になる自分の気を引き締めようと、男性用のスーツを買うことは検討しないし、家族揃っての食事に出かける時に、仲の良さを確認するために、妻とお揃いのスカートを穿こうと手を伸ばす男性もいないだろう。

私たちは、それを主体的な選択だと思い込んでいるが、その人の所属する社会が、どのような政治的、経済的な特徴を持っているかによって、選ぶ服は大きく変わってくる。国の経済規模や、その国の社会が保有している技術レベルによって、手に入れられる服も違う。政治と宗教が分離しているかどうかや、女性の社会的地位、伝統的な習慣との距離によっても違うだろうし、その伝統的な習慣を形作るのに大きな役割を担った気候や植生などの、地理的な条件によっても違ってくる。さらには、その社会のマスメディアやパーソナルメディアのあり方によっても違いは出てくる。あるいは同じ社会の中にいても、その人の社会的地位や収入によって、手に取る服は異なるだろう。

しかし、だからといって、人間が素直に社会から期待される役回りを演じ、それにふさわしい服を選ぶとも限らない。資産や地位や年齢や性別に見合わなくても、その人が自分の生きていく信条にふさわしいと考える服を、社会的圧力に逆らって選択するのは、ありえる話だ。それを主体的な行為と呼ぶかは別にしても、少なくとも、自分に何がふさわしいのかと考え悩むことを、主体的な行為ではないと断言することはできないだろう。

2　自分は誰かという問い

アイデンティティとコミュニケーション

ファッションは、まず、アイデンティティとコミュニケーションの問題として整理することができる。ファッションについて考えるとき、この二つは切り離して論じることはできない。ファッションとは、その人が誰であるかについてのイメージをコントロールする技術であり、コミュニケーションを成立させるための技術である。

自分が誰であるかを、互いに視覚的に伝え合うことがファッションであるなら、伝えるべきアイデンティティがなければ、コミュニケーションはそもそも起こらないはずである。しかし一方で、伝えたいことがなかったとしても、「意識しているいないにかかわらず、そして好むと好まざるとにかかわらず」[7]、その人が誰なのかを伝えてしまうのが、ファッションである。歴史学者のロバート・ロスが言うように、私たちは、衣服を選んで袖を通すことが、

「投票や暴動のような政治的行為」になるとは思ってもいないのに、衣服が「いやおうなくアイデンティティを表明」してしまうので、どのような服を着たところで「必然的に政治的行為」をとってしまうのだ。[8]

積極的であれ、仕方なくであれ、ファッションは物を使って自分が誰であるかを語ることである。デザイン評論家の柏木博が指摘するように、およそすべてのデザインされた工業生産品は、「わたしたちが外界にかかわっていくための、ひとつの根源的なメディア」[9]である。そして、自分を語る物の中では、衣服が最も重要な役割を果たしている。というのも、自分が誰であるかを伝えるときに、あるいは、相手が誰かを知るときに、何よりも身体が、最も重要なメディアとなるからだ。心理学者のセイモア・フィッシャーが述べているように、「自分自身を着飾るときは、ある意味で、われわれは自画像をつくっている」[10]のだ。

社会学者のアンソニー・ギデンズによれば、アイデンティティとは「時間と空間にわたる継続性」を前提にしながら、「生活史という観点から自分自身によって再帰的に理解された自己」[11]のことである。簡単に言ってしまうと、生きている中で変わることがないと思える自分らしさのことだ。しかし、この定義とは異なり、ファッションによる自分語りは、時間とともに変化していく。常に自画像は、描き変えられ続ける。

人は、一着の服では自分を語りきることができない。学生や労働者としての自分、夫や妻としての自分、女性や男性としての自分など、誰であれ複数の自分を持っている。日々、その場の自分にふさわしい服を着て、自分の違った側面を語る。そして、自分の心の中に抱いている自分自身のイメージを確認するために、服を着ては姿を確認する。

そして、その姿に満足を覚えても不満に思っても、次の日には違う服を着なければならない。毎日、二十四時間、まったく同じ服を着て過ごすことは、現代の社会では難しい。すると今度は、どの服を着たところで、自分を上手く語れなくなってしまう。自分にはいろんな面がある、いろんな可能性があると思って、多種多様な服で自分を語るうちに、自分のすべてを語ることができる服が何ひとつなくなってしまい、自分でも自分が何かわからなくなってしまう。

そもそも物で自分を語ろうとなどしなければいいのだが、精神科医の大平健が『豊かさの精神病理』で、所有する物を並べることでしか自分を語れない人たちを描いたように、現在の社会では、物でしか自分を語れないような状況に、多くの人が置かれている。しかし多木浩二も指摘するように、物が「言語や所作よりも深層の世界、意識化できない世界[12]」を形作っているのも確かである。物でしか自分を語れないからといって、それが貧相な世界とは言えない。

そういった状況を説明するのに、「フェティシズム」という言葉がしばしば使われるが、物への愛着や、物で自分を語ろうとすることとフェティシズムは、正確には無関係だ。フェティシズムは、もともと人類学の用語で、「呪物崇拝」と訳される。呪符やトーテムのような物を聖なる存在として崇拝するという、宗教の一形態を指し示す用語だ。そこから意味が広がっていき、カール・マルクスによって、商品を崇拝の対象にする「商品物神」としての意味が与えられ、また心理学者たちによって、本来は性的なものではない物が性の対象として扱われる状態を指すようにもなった[13]。

ファッションは、どちらの意味とも関係が深いが、フェティシズムは、性的対象が人間から分離して物にのみ注がれた病的な態度だと捉えられており、そこが、どんなに物にこだわっても身体が不在だと成立しないファッションとは違うところである。むしろファッションは、フェティシズムの対象となるような物に付着した意味ですら、所有者の属性へとすり替えてしまう技術なのだ。

自我と容姿

人間には、自我が存在していると言われている。人間は、自分は人と比べておかしくないか、人と比べて劣っていないかといったことで不安になるが、自我が存在していると思っているばかりに、大勢の中に埋没していないか、自分にしかないものが自分にはないのではないかといったことでも不安になる。人と違っていても、同じでも、いずれ不安に思うのだ。

しかし、人と比べておかしくなく、かつ、人と違っているはずの自我は、直接見ることができない。鏡を見ても、そこに映るのは顔であり、体であり、自我そのものではない。それでも、鏡に映っている自分を見て、確かに自分が実在していることを確信して、その外見と同じように、その中には、他者とは違う個性があると納得しようとする。

そのため現在の社会では、見た目に強く個性が求められることになる。だが個性を示すのは困難であり、それでいながら、あまりにも周囲とかけ離れた身体イメージを形成すると、周囲と同調しない非常識な人間だと非難され、当人も周囲と違っていることに不安を覚える。匿名性の高い人々に囲まれている近代社会では、見た目によって自分が誰であるかを伝えなくてはならず、どこかにアイデンティティの帰属先を持ち、それに従って、他人が理解可能なように見た目を作っていかなくてはならない。ナショナリズムやジェンダーといったわかりやすいアイデンティティの規定なくして、生きていくことが難しい理由の一端もそこにある。

自分自身による自分自身へのまなざしは、同時に他人からのまなざしでもあり、他人から見られていることを確認するまなざしでもある。フィッシャーは、人々が「自分の身体についての内なる不安感」を解消するために、「他者に見られることによって身体についての確かな情報を求めている」[14]と述べている。実際と仮想の視線を感じることによって、自分の身体の輪郭を確認し、外縁を強化しているのだ。

それはつまり、見た目がものを言うということでもある。他者を理解しようとするときには、語り合うことが重要だとされてはいる。それは、言葉こそが人と人を理解させ結びつけると信じられているからである。だが、自分のことを自分に向かって言葉で説明して自分を理解できた、などという話は聞いたこともない。言葉によって自分自身を理解することができないのに、言葉によって他者を理解することなどできるものだろうか。自分が誰であるかを、言葉によって他者に説明できるのであれば、自分に対しても、他者に説明するように言葉によって説明できるはずである。しかし、そんなことは、とても無理なことであろう。言葉によって自我が確認できないのであれば、言葉によって他者を理解することができるかも怪しいものだ。

それゆえに人間は、自分自身を見た目で確認するようにして、他者も見た目によって判断する。そして自分に対しては、姿形を制御することによって、自分の存在を作りあげようとする。表情や仕草だけでなく、化粧や刺青をはじめとした身体加工、さらには衣服も、自分を作り上げる手段である。それは、ファッションに特別関心がある人に限ったことではない。強く意識しようがしまいが、表情も、仕草も、身体も、衣服も、すべての人が、その扱いに熟練しないわけにはいかないのだ。

流行と集合意識

自分自身の姿を試行錯誤しながら探している現代人にとって、次から次へと新しい身体像を提案してくれる流行の服は、とても役に立つ。とはいえ、高くて良い物なら自分を良く語ってくれるはずだと思ってブランド品を持っても、自分より有名なブランド品が、自分のことを語ってくれるはずはない。高くて良くなるほど、物が自分に所属するのではなく、自分が物に所属していくことになる。

あるいは同じように希少性を求め、少量生産の限定品を買うことによって、自分が特別限定の人間であることを証明しようとする人もいる。だからと言って、それ一つで自分自身の希少性を証明できるはずはない。そこで、そういった人は、また別の限定品を買うことになる。だが、それでもまだ証明されず、さらにまた買う、と繰り返していくことになる。

流行り物を持つことは、同時代の中で孤立していないと確認するためには効果がある。自分は風変わりな人間ではないと、強く感じることができる。しかし、自分が固有の存在であることを語ろうとするのなら、他の人と同じになりやすい流行り物を選んではいけなくなる。特別な身体を社会的に作ることは、非常に難しい。

厄介なことに、流行り物などに頼らずに、身体をどのような形に作り上げていくかのイメージを、個人個人がゼロから生み出すのは不可能である。それは、社会の中から探して借りてくるしかないのだ。自分がどのような人間であるかは、他者の視線を意識して、社会的に形成されたイメージに合わせることによってしか表現することができない。誰にも、自分が特別な人間であると信じたい瞬間はあるのだから、特別な物の力で、特別な気分になって、少しでも自信を持つことができれば、楽しく生きることができるだろう。しかし、それはなかなか困難なことなのだ。

だが一方で、どんなに天才的な表現者であっても、既存の枠組みの中でしか表現できないのは当たり前のことである。文章を書く人は、日本語などの既存の言語を使って練り上げる。絵を描く人は、絵の具を使って絵筆で描く。音楽を奏でる人は、五線譜の上に作曲し、楽器を使って演奏する。優れた表現は、既存の枠組みのどこかを乗り越えてなされる場合が多いとはいえ、だからといって、道具も、手段も、何もかもを自前で用意して表現するのは無理である。

私たちが唯一無二の存在と思っている芸術作品ですら、そうやって既存の制度や方法に、そのほとんどを頼っているぐらいだから、服を着ることによって自分が誰かを表明することも、同じように既存の枠組みに頼らざるをえない。ファッションは、人間の身体の多様性、つまり人間そのものの多様性を積極的に肯定し、多様な美のあり方を際限なく提案し続ける表現手段である。しかし、だからといって無制限に提案ができるわけではない。私たちは、街やマスメディアやネットで手に入れることのできる既存のイメージの組み合わせによってしか、日々、自分の姿を形づくることはできない。

要するに私たちは、自由意思に従って選んでいるようでいて、限られたものの中から選んでいるに過ぎない。選び方も自分で決めているようでいて、社会のルールに従っているだけだ。逆に、ファッションなどどうでもいいと思っている人も、限られた中から選ばないわけにはいかない。たかが着るもののようでいて、男らしさや女らしさをどう考えているか、社会のどこに自分を位置づけているか、どういう文化を受け入れているかといったことを、眼に見える形で示さざるをえないのがファッションなのだ。社会が提示しているものの中から選ばなくてはならない以上、それは、デュルケームが言うところの「集合意識」が顕在化したものにならざるをえない。

　デュルケームは、個人の「行為や思考」と思われているものは、その類型が個々人の意識の外部、つまり社会に存在しており、個々人はそれに従って行動しているだけだと説く。多くの場合は、みずから進んで同調しているので、その強制力に気がつかないが、だからといって私たちが、集合意識に強制されていないわけではないという。[15] ファッションは、そういう集合意識と私たちの関係を、非常にわかりやすく例示してくれていると言える。

　ファッションは、十人十色とか、人それぞれとか、好き嫌いで片づけられる問題ではない。ファッションとは、目で見ることができる権力体系やイデオロギーである。私たちは、それほどたくさんの選択肢を持っているわけでも、何もかもから自由に考え行動できるわけでもない。私たちが、現在生きている人間として選択できるあり方の範囲を、視覚的情報として教えてくれるのがファッションなのだ。

　そうだとすると、どのような選択肢が現在の私たちにはあるのかが重要になる。そしてそれは、どのような服なら、私たちは手に入れることができるのか、という問いに置き換えることができる。表面的な装飾の差異ではなく、どのような基本的な性質を備えている服の中から、私たちは選択しているのかという問いである。

現在、私たちは「洋服」という、たった一つの身体様式に押し込められている。それは世界を覆い尽くそうとしている身体様式で、近代化によって作られた、とても機能的でありながら窮屈な身体である。洋服は西洋由来の衣服だから、洋服と呼ばれるのだが、しかし西洋でも昔から洋服を着ていたわけではない。私たちが現在着ている洋服は、近代化の過程で、ファッションと共に生まれてきたものだ。

つまり、ファッションとは可視化された近代であり、私たちはどうあがいても、近代の制度の中からしか、自分を選べないということである。

3　個性が無くてはダメなのか

自由と平等

一七九三年に、フランス革命後の国民公会が、「男性であれ女性であれ誰であっても、いかなる男性市民、女性市民に対して、何かしら特定の服を着ることを強要することはできない」[16]と宣言して以来、人々は公に、出自に関係なく自由に衣服を着ることができるようになった。それ以前においても、都市部では身分と衣服との結びつきが崩れはじめており、身分を無視した自由な服装は、神によって作られた秩序を乱す行いとして問題になってはいた。しかしこの宣言によって、自分がどういう身分で、どこの出身で、どういう職業に就いているかを、衣服で表明しなくてよいと政府が認めたことの意味は大きかった。

だからと言って、人々がまったく無秩序に、何でも着られるようになったわけでもなかった。というのも、まず、衣服を入手するには、それに見合った資金が要求される。さらに、衣服を選ぶときには、社会的な圧力がかかってくる。たとえ身分によって厳格に決められていないとしても、その人の社会的な位置によって選べる衣服は決まってくるのだ。単純な話、多くの男性は女性の衣服を選ぼうとしないし、多くの若者は、流行遅れの衣服を選ぼうとしない。規準はさまざまでも、それぞれが自分に相応しい衣服とは何かを考え、服を選ばなくてはならなくなったのだ。

それにしても、それから二〇〇年以上たった現在において、女性らしさや男性らしさといった、最もわかりやすい規範すら消滅していないことを考えると、着ることが、着用者の選択にゆだねられきれていないことがよくわかる。なにかしらの権力作用がなければ、これほどに着るものが男女に分断され、かつ、男女の中では平均化しているはずがない。男性が仕事用にスーツを着ることと、女性が雑誌に載っている服を追い求めることが、同じように社会的圧力に由来するとしてしまうことには異論も多いだろう。しかし、それらは所詮程度の差であって、人々が、明文化されていない複雑なルールを内在化しながら、衣服を選んでいることに変わりはない。男女の衣服の差は、近代以前の慣習を引き継ぎながらも、近代社会の新たな抑圧と結びついて形成されている。

ただ、それとは別に、この二〇〇年前の革命で掲げられた「自由」と「平等」という、近代全体を代表するようなスローガンもまた、ファッションに大きな影響を与えている。

自由と平等は、仲良く手を取り合って、近代社会の良い面を作り上げているように思われているが、この二つのイデオロギーは矛盾するものでもある。というのも、自由と平等は、それぞれ集団主義と個人主義を反映したものだからだ。

フランス革命において、自由とは、それまでの身分から離れる自由を意味した。しかし革命後、自由は「個性」という概念をともなって意味を変えていった。それ以来、自由とは誰にはばかることなく個性的である自由であり、個性に従って能力を伸ばす自由であり、それによって人より多くを得る自由にもなっていった。

だが、そうやって人々が、個性に従った自由を際限なく発揮する社会になれば、人々の間の平等は崩れることになる。個性を認めることは、能力の差を認めることと、同じ意味を持つ。能力の差を発揮することを肯定すれば、社会的地位や資産に差が出ることになり、平等が崩れていく。逆に、人々を徹底的に平等にしようとすれば、個性を発揮する自由を奪わざるをえなくなる。自由と平等は、簡単には共存できないのだ。

近代人は、自分自身が誰であるかを決める権利と責務を負っている。そしてファッションは、自分が誰であるのかの視覚的な情報を、自分で決めることによって引き起こされる。自分自身が誰かを決める時にも、それが見た目として表出する時にも、自由と平等のせめぎ合いは、大きな影を落としている。

ファッションが個性と深く関わっているのは、近代人がいつも個性から逃れることができないからである。しかし一方で、自分が誰であるのかの視覚的な情報を、自分の手で決めることは、とても大きく制限されている。平等の精神が、身体の見た目によって社会が分断されることを許さず、全員に市民的な身体、つまり労働する身体を持つことを求めているからだ。

近代は、人間の身体を職業や身分、地域といった個別性から解放し、存在を平等にして、同質で効率的で普遍的なものにリデザインした。私たちが制限された中から選ぶことによってしか、自分の体を形づくることができないのは、そういった歴史的な経緯の中にいるからである。

フランス革命以降、近代社会は、自由と平等の二つのイデオロギーのせめぎ合いの場となっていくが、その綱引きが身体の上で見える形で現われ続けているのがファッションである。ファッションを見ると、その時の社会が、自由と平等のどちらに傾いているのかがわかる。視覚化された権力体系であるファッションには、人間がどういう存在として考えられているかが、直接反映されているのだ。

ダンディズムとロマン主義

社会学者のゲオルク・ジンメルは、人と違っていたいという「個性化衝動」と、人と同じでいたいという「一様性衝動」の、二つの矛盾した欲望のせめぎ合いとして流行現象を理解しようとしたが、このことはまさに、個人の中で自由と平等とのせめぎ合いが起きていることを、他の言葉に言い換えたにほかならない。ジンメルの言葉によれば、「メンバーに向って部分的機能という一面性を要求する全体と、自ら一個の全体たらんと欲する部分との間の抗争[17]」ということになる。

こういった、近代的個人における自由と平等のせめぎ合いは、フランス革命の後継者であるナポレオン・ボナパルトに、顕著に見ることができる。ナポレオンの肖像画は大きく分けて二種類あるが、それこそが自由と平等のせめぎ合いの結果なのだ。

肖像画の一つは軍服に身を包んだもので、もう一つは皇帝の衣裳を纏ったものである。国旗を意識したトリコロールの軍服は、平等な存在である国民のひとりであることを意味している。かたや古代ローマ皇帝にならった豪華な衣裳は、誰の能力をも超越した、個性を持った特別な存在であることを意味している。

フランス国民は特権階級を排し、「反革命」とみなされる存在を徹底的に抹殺して、誰もが平等である社会を作り上げた。その直後に、卓越した個性を認めて、自分たちの上にナポレオンを戴いた。国民としてのナポレオンが、誰もと同じ制服を着ているのも、皇帝としてのナポレオンが、他の誰も着ることのできない衣裳を着ているのも、平等と自由という二つのイデオロギーを反映してのことである。こうして、そのはじまりに、ファッションは振れ幅の極端から極端までを、ひとりの人間の上で見せることになった。これ以降のすべての服は、ナポレオンの軍服から皇帝の衣裳までの間にあると言える。制服から唯一無比の服までの間に、近代人はいるのだ。

しかし、その二つの服の間のどこに身を置くのかは、着る本人が選ばなければいけない。誰もが同じ制服を着ることも、皇帝のように際立って違う服を着ることも、現在の社会では不可能であり、周囲との同調や区別を考慮しないわけにはいかない。

ファッション論やジェンダー論の研究者として知られるジョアン・エントウィスルは、一九世紀に、そういった事態への対応で出現した、自分自身の見た目を作り上げる「自己のテクノロジー」として、「ダンディズム」と「ロマン主義」をあげている。その二つは、単に見た目の問題ではなく、社会的かつ政治的な態度の反映でもあるという。エントウィスルによれば、この二つの違いは次のようになる。

ダンディのスタイルは、個人的な差別化への関心——「卓越している」ように見せようとする飽くなき関心——を表現している旧来の貴族的な衣服のスタイルである。他方のロマン主義者のスタイルが代弁しているのは、今日の文化においてより身近になった欲求、すなわち個性的な人間でありたいという欲求と「自分に正直」でありたいという欲求である。[18]

ダンディズムの体現者のことは、「ダンディ」と呼ばれる。現在ではどういった人物のことを指すのかよくわからないダンディだが、小説家でもあるイギリス近代史家のジョン・ハーヴェイは、ダンディズムを「華美をさけつつ、しかも誇示するというスタイル[19]」と定義している。ダンディズムは、自分で自分を創造することができるという信念に基づいた思考と行動の様式で、身体を魅力的に見えるようコントロールすることによって、自分がどういう人間であるかを表明しつつ、目指すべき人格へと完成していくのが、ダンディである。

かたやロマン主義は、自分の中には本質がすでに存在していて、自己実現はそれを純化していくことにあるという信念に基づいている。こういった意味でのロマン主義者は、通常は「ロマンティスト」ではなく、「ボヘミアン」と呼ばれるが、ダンディが現在の自分の中には存在しない理想の自己像に向けて構築を繰り返すのに対し、ボヘミアンが行うのは限りない自己探求である。自分の中にある「本当の自分」を探し出して、その通りの姿になることが、ボヘミアンことロマン主義者の目標である。ダンディズムは近代的、技巧的、演出的と理解され、ロマン主義は反近代的、快楽的、感覚的と理解されることが多い。一言でいうと、人工物に価値をおくか、自然に価値をおくかの違いである。

しかし、この二つに、エントウィスルの言うほどの違いがあるのか疑問は残る。というのも、「理想の私」であれ、「本当の私」であれ、結局は「現在の私」を本来あるべき姿ではないとして、没入しながら身体を変革しようとしているのに変わりはないからだ。それに、外見と内面は一致させなければならないが、探究し努力しなければ一致しないという考えも共通している。

このような、ともすれば単なる自己否定に陥りかねない態度の裏には、近代における身分秩序の崩壊がある。前近代の社会のように身分が決まっていれば、社会的役割も決まっており、どのような身分であるかを示さなければならないので、外見にも選択の余地はない。つまり、努力の余地もないのだ。その点、着る本人に努力を要求するダンディズムもロマン主義も、いたって近代的な態度だと言える。

また、ロマン主義が掲げる「自然な身体」が、一八世紀の知の巨人ジャン＝ジャック・ルソーの思想を表した「自然に還れ」という標語に導かれて生まれた概念であることも重要である。[20]この「自然な身体」という考え方は、身体に何も手を加えないという意味ではなく、むしろ近代人にとって自然に見える身体へと加工されるという意味である。「本当の私」である「自然な身体」へと加工することと、「理想の私」である「演出的な身体」へと加工することの違いが、どれほどあるだろうか。

写真家のセシル・ビートンによれば、ダンディの代表的存在、ボー・ブランメルことジョージ・ブライアン・ブランメルが、「ずいぶんと誤って伝えられ、中傷さえされてきた」という。ビートンは、ブランメルには「弱々しい」とか「めかし込んだ」といったイメージが付着しているが、実は「簡素さ《シンプリシティ》」を価値観として掲げ、「男性の趣味を決定的に簡素化するために戦った男」であり、「男性の衣服の歴史全体を変革したほどの重要な人物[21]」だと擁護している。ダンディたちが、ゴテゴテと装飾を盛りつけていくことではなく、シンプルに至るまで削っていくという価値観を持っていたならば、本質を極めようとするロマン主義と、それほど距離のあるものではない。

制服の平等

一九世紀のイギリスを代表する評論家のトーマス・カーライルも『衣服の哲学』で、ダンディについて触れている[22]。

カーライルによれば、ダンディとは、「衣服を着用する人間、すなわち、衣服着用を、その業とし、職掌《しょくしょう》とし生命とする人間」のことである。ダンディの「魂、精神、財布、人物のあらゆる能力」は、「衣服を賢く、上手に着ること」に「英雄的に」捧げられており、すなわちダンディとは「衣服によって霊感を受ける、いわば、衣服の詩人」だとしている。

　カーライルの説明は、ダンディたちが、着ることを普遍的な表現活動として成立させようとしていたことを証言している。カーライルによれば、「気前のよい、創造的な熱中家」で、「恐れげもなく、彼の観念」を行動に移すダンディたちが、「人類全体に向かって、独特の装い」を提案してくれたおかげで、多くの人たちが、それらを引用し、個性の表現ができるようになったという。

　実際、ダンディの後世への影響は大きい。ファッションとは、身体の存在感によって「他人の視線を奪い取る」力であり、それによって「日常生活に権力関係」を作り出すことでもある。現在の社会において、見た目によって発言権を得ている人がいるのは間違いないことだろう。現代人は、美しい、かっこいい、かわいいと位置づけられるだけで、マスメディアで発言できたり、物を売ることができるというシステムの中に生きている。ダンディたちは、そういった社会の中で視線を奪い取る技法を開発したのだ。

　しかしその一方で、外面は技巧によって作ることができるという考えは、外見は読み解くことができるはずだという信念と、外見によって騙されるのではないかという恐れも生み出した。見た目への不信感も、ダンディズムが生み出した産物である。

一方のロマン主義もまた、現在まで大きな影響を残している。ロマン主義が出現した背景には、ナポレオン以後の、資本主義の発展と王政復古がある。商業的に成功した人も、生まれが良いとされる人も、どちらにしても、自分は他の人間とは違う個性や本質を持っているという自信が必要だった。その結果、人を騙したり、たまたま運が良かったからではなく、人格的に優れている、つまり中身が違うからこそ、人の上に立てるのだというフィクションが生まれていった。本物であること、オリジナルであることに価値があり、模倣をするのは中身がない証拠という、「パクリ」を過剰に否定しようとする考えは、その末裔である。

ナポレオンの皇帝服は、ダンディズムやロマン主義を経て、自己否定と、個性への確信を併せ持つ現代人の複雑な気質へと繋がっていったが、かたや国民国家によってもたらされたナポレオンのトリコロールの軍服も、単純に人類の平等を表す手段になっていったわけではない。

もっとも、制服が出現したのは近代のことではない。日本においても、奈良時代には、中国の唐の制度を取り入れて服制が定められ、下級官吏が制服を着たことはよく知られている。

ただこれは、全員が同じ服を着るということではなく、むしろその逆で、誰の身分が高いかがすぐにわかるようにするためであった。制服は、そもそも平等化のための服ではなく、差別化のための服なのだ。ロバート・ロスは、制服は「そのメッセージがもっとも曖昧でなく、権力者がそれを使って自分の意志を押しつける成果がかなりはっきりと現れる衣服」であり、その役割は「「やつら」と「われわれ」を区別する」ことと、「特定の地位あるいは職業を表す[24]」ことにあると説明している。

実際のところ、現在においても制服は、着用者同士を平等にしているように見えて、違いを単純化することで階層や差異を強調している。制服を着用することによって、貧富の差や育ちの違いが見えなくなるといった平等化の作用もあるが、たとえば軍服などは階級を強調するし、高校の制服は学年や性別を強調している。[25]

さらには美術史家のアン・ホランダーが指摘するように、「細部に個性を発揮することによって自分は個性的だと感じることができるし、他の部族がばかみたいにみんな同じ恰好をしているといってせせら笑うこともできる[26]」という便利な性質も持ち合わせている。階層の中に位置づけられている当人が、細部に固執することで、そもそもその服が階層の記号であることを忘却し、積極的に受け入れてしまうのだ。

制服は時として、着用の強制という形をとって、弱者にたいする権力行使として行われる。そこで押しつけられるのは、確かに平等の思想にほかならないが、それは押し付けられる側の中での平等であって、押しつける側と押しつけられる側との平等ではない。あるいは、制服を着用している側が制服を示威的に用いて、弱者に権力を行使する場合もある。そのときでも、権力を行使する制服着用者同士には、互換の効く存在としての平等が担保されるが、それは行使する側とされる側との互換性ではない。近代における制服は、決してすべての人が平等になるわけではない近代の平等のあり方を、そのまま反映しているのだ。

4　女らしさと装飾

スカートを穿く性

自分の容姿に悩んでいる女性を、男性が励ますことがいかに難しいかを、ナオミ・ウルフは次のように解説している。

彼が何を言おうが、すべて見当違いということになる。男はひと言も口出しできない。何か言おうものなら、ますます彼女を傷つける。もし、そんなことどうでもいいじゃないかと慰めれば、あなたはわかっていない、どうでもよくなんかないわ、ということになる。たしかに大問題だと同調すれば、事態はさらに悪化する。あなたはあたしのことなんか愛してないんでしょ、あたしを太った醜い女だと思ってるんでしょ、とくる。そのままのきみを愛してるんだと言えば、事態は一層悪化する。あなたはあたしをきれいだとは思ってないのね、となる。きみがきれいだから愛しているのだと言って聞かせれば、これは最悪。もっとも、この場合は誰にも当たり散らすことはできない。これこそ彼女がこの世でいちばん聞きたい言葉のはずなのだから。それなのに、彼女には、希望も何もない、愛されてない、独りぼっちだとしか感じられないのだ。

彼はとうてい理解できないものを目の当たりにする。彼女の謎めいた言動は、彼の恋人への見方のなかに、不可解という空間を残してしまう。こうして、男と女がどこで停戦を決意しようと、男と女のあいだにある誰も住めない無人地帯は、無人のままにされるのである。[27]

ファッションには、どうしてもジェンダーの問題がつきまとう。男性と女性は違っているということが、無条件に前提にされている。そのことが、男女間で越えられない壁を作ってしまう。

容姿や服に関する強固な男女差は、男女両用の衣服に対して、わざわざ「ユニセックス」と銘打たなくてはならないことが端的に示している。世の中の女性がどれだけズボンを穿くようになったところで、トイレの女性用を示すピクトグラムは、スカートを着用したシルエットのままである。ズボンを着用した女性が、間違えて男性用トイレに入ってしまうというような苦情は聞いたことがない。

たとえば、事務用のハサミをわざわざユニセックス用と称することはない。手の大きさは、性差より個人差の方が大きいのだから、使用者の身体によって大きさが問われるハサミのような道具は、性別で種類を分けるよりは、使用目的をふまえた上で、大小なり長短なりで種類を作った方が合理的だろう。だとしたら、同じように性差より個体差の方が大きいはずの衣服は、なぜそうならないのか。

衣服には性差があるのに、他の道具には性差がないというのは、つい当たり前だと思ってしまうが、決して当たり前ではない。たとえば、皇帝ナポレオンとその妻ジョセフィーヌの椅子は、はっきりと違う。かつて職人によって、使う人に合わせて物が個別に作られていたときには、大きさや機能や装飾において、使い手の性が反映されていた。道具には性差がないのではなくて、近代化の過程で、使用者との特別な繋がりが切れるとともになくなったのだ。

とはいえ男女の身体は大きさだけではなく、器官などの違いもあるので、衣服はハサミのようにはいかない。胸の膨らみなどのボディラインが、衣服の形に影響を与えるのはおかしなことではない。しかし、それにしたところで、たとえばスカートが女性用なのはなぜなのか。

女性だけがスカートを穿かされて、寒い思いをしたり、思うままに動くことができないのはおかしいという批判は、二〇世紀の半ばごろになると数多く噴出する。[28]それと歩みを合わせて、女性用のズボンはずいぶんと普及してきた。逆に、「平常態勢において男の性器の威厳と自由とは、女の性器のそれらよりも甚だしく窮屈な衣服に閉じこめられ拘束されている」[29]のだから、男性こそがスカートを穿くべきだとする、エリック・ギルのような主張もある。もっともこれは、芸術家で芸術論者でもあるギルらしい、少数意見だろう。

男性用スカートのデザインに挑戦したデザイナーとしては、ジャン＝ポール・ゴルチエが有名だが、その他にも男性用スカートを提案するデザイナーは多い。スコットランドの民族衣裳が引き合いにされることもしばしばだが、日常の中で男性がスカートを穿いているのに出会うのは非常に稀だ。スカートは、男性による女性への抑圧の証拠であるとともに、男性を排除する衣服でもある。

もし、ある男性に女性の恋人がいて、その男性が自分の恋人の所有物を常に身につけていたいと思って、恋人のペンを借りてきて、恋人のいない場所で恋人を思いながら使っていても、せいぜい呆れられるか、誰にも気がつかれないだけであろうが、もし同じ理由で恋人のスカートを穿いていたら、呆れられるでは済まないような反応が返ってくるだろう。あるいはもし男性が、どこかの店で出会ったスカートの色と柄に惹かれたとしても、気に入ったという理由で購入して着用することは、非常に難しいだろう。本人がいかに女装したいわけではないと主張しても、スカートを穿けば人々は女装をしていると思うだろうし、その人の人格や性癖を探ろうとするだろう。

ファッションには、文化的なものを自然に見せるという作用がある。性差による役割分担を自然に見せることに、ファッションは大きく貢献してきた。どの文化においても、その文化で、男性らしい装いや女性らしい装いとされる装いは、それが自然な装いと信じられている。性的役割は文化的に作られたものであり、変えることができるという認識が常識となりつつあっても、性差を示す一番強力な制度であるファッションは、軽やかに見えて、なかなか強固である。

しかし、どんなに自然に見えても、性と衣服の間には、実際には、何ら必然的な結びつきはない。和服の着流し姿は、衣服の分類でいうならばワンピースであるが、ワンピースの着流し姿で刀を構える侍たちを、日本の社会は昔も今も男らしいと思っているのだ。

装飾憎悪

それでも、すでに一九世紀の終わりにガブリエル・タルドが指摘していたように、男女を問わず「個人がますます類似していく[30]」という事態は進行している。

にもかかわらず私たちの社会は、必死になって男女に別々の服を着せようとし、人々も、男性であるか女性であるか、はっきりした服を着ようとする。その理由をセイモア・フィッシャーは、女性の場合は周囲よりも美しくなることで「是認をかちとる」ために服を選び、男性の場合は周囲と同じことを証明して「否認されることを避ける[31]」ために服を着るという、別々の文化に囲い込まれているからだとしている。その別々な文化的行動によって、自分の性に対する意識がさらに強化され、強化された意識がまた行動を駆り立てることになる。その結果、自分の行動を顧みて、むしろ「自分の身体が紛れもなく正しい性的な分類に該当しているのか[32]」という不安が、周期的に沸き起こるようになるという。

とはいえ、より性別を意識して衣服を選んでいるのは女性の方であるというのが、一般的な常識だろう。村上信彦は、その理由を「男に気に入られなければ生きてゆけなかった根本的な事情のため[33]」と説明しており、ナオミ・ウルフは、男たちが美しい女性を「男たちのあいだに流通する通貨[34]」として利用してきたからだと指摘している。つまり、男性たちの気まぐれな欲望によって女性が着がえさせられ続けているという考えだが、確かに男性に比べ女性の方が、体臭や運動能力や容姿などが、同時代の基準から外れるような場合には、それらを「没個性的な表面の下[35]」に隠すよう要請される度合いは強い。

実際に、女性が着飾るのは、男性によく見られたいからだと、素朴に思っている人も多いだろう。少女たちは成長していく過程で、「自分の性を少年たちの側から眺める[36]」視線を獲得していくという指摘もある。結婚によって階級的に上昇することを「上昇婚《ハイパーガミー》」と呼ぶが、階級のない日本においても、未婚の女性には上昇婚志向があり、そのことが多くの行動の動機になっているという考え方は広く共有されている。

しかし女性は、女性しかいない空間でも着飾るし、そもそもこの説では、既婚女性について説明がつかない。フェミニストの上野千鶴子によって『スカートの下の劇場』が書かれて以降、女性は自己満足のために自分を飾るという考えも当たり前になりつつある。自己満足を別の言葉で捉えるなら、セルフイメージを視覚的に理想に近づけていくことで、アイデンティティを構築しているということだ。

ただ、それは「自己満足」という言葉で語られるのとは裏腹に、自分と鏡だけで完結している行為ではない。アイデンティティは、自分や他者の所属集団を確認しあうこととも深く関係している。女性が女性しかいないところで化粧をしたり着飾ったりするのは、自分がどの集団に所属しているかを確認する手段でもある。女性は女性同士、仲間であること、あるいは敵対する勢力であることを視覚的に表明しあっている。その場合、そこに男性は不要なのだ。

女性が着飾ったり流行を追いかけたりすることは、憐れむべきことだとされることも多い。経済学者のソースティン・ヴェブレンは、有閑階級の女性たちを「優雅な奴隷」と名づけ、女性たちは自分の力で社会的地位を獲得したわけではないので、劣等感を隠したり、エリートであることを自己説得するために、ファッションに夢中になるとしている。ファッションが女性たちにとって、「欲求不満の補償作用」[37]になっているとみなされるのは、めずらしいことではない。

こういった考え方の裏には、女性はくだらない存在で、くだらない存在ゆえに、内面を磨かず外面を飾ることでごまかしているという、女性の虚飾神話が存在している。劇作家で評論家の山崎正和は、それを「装飾憎悪」と呼んでいるが、山崎によれば、西洋文明は、造形を「飾る形」と「飾られる形」に分けていて、「飾る形」を「飾られる形」に従属するものとして位置づけてきたという。[38]つまり、物にはベースとなる純粋な形があって、装飾はその上に付加された引き立て役だと考えてきたというのだ。そのため、装飾は余計なものとして憎悪されてきたとしている。

近代のデザインは、この「飾られる形」あるいは純粋な形に価値を置いてきた。というより、「飾られる形」だけを抽出し、純粋さを追求することがデザインだと信じられてきた。山崎はそれを、「空間を単純で透明な秩序で満たし、すべて猥雑なもの、無意味なものを排除」[39]しようとする態度だと指摘しているが、モダンデザインの本質を表すとされる「形態は機能に従う」といった言葉や、「装飾は罪である」といった言葉が広がっていったのも、そういった価値観あってのことである。

ファッションはくだらない、という考え方も、やはり同じ価値観からもたらされている。ファッションはくだらない、という言葉は、人間には内面があって、それを磨くことが大事なのであって、内面を省みることなく外面を飾るのは馬鹿げたことであるという意味である。人間に対するこのような考え方は、物を「飾る形」と「飾られる形」に分けることと何も変わらない。

もちろん、こういった考え方に対して、女性が虚飾ばかりしているとするのは偏見に過ぎず、男性と変わらず生産的な行為をすることができる、という反論は随分されてきた。しかしそれとは別に、飾るということが、それほど無意味な行為なのかという反論もすべきだろう。ついでに言えば、人間に内面が本当に存在し、外見と切り離して磨いたりすることが可能なのか、といった批判も可能だろう。

山崎は、造形物に関しては、「飾る形」と「飾られる形」の「どちらか一方だけによる造形はありえないのであって、私たちが目にするのはより装飾的な造形か、よりデザイン的な造形のいずれかにほかならない[40]」と指摘している。確かに、いくら形の純粋さを目指しても透明な直方体として作ることができる物はない。だとすれば、装飾は単なる必要悪とは言えなくなる。

山崎は、「装飾は何らかの個物にたいする「聖別」であり、印しづけ[41]」だとして、「デザインが営々として日常の道具を生みだすのにたいして、装飾はその加工をそのまま過剰に増幅することによって、意味を一転して非日常を祝うための反道具に変える[42]」と分析している。もちろん山崎は、物の装飾に対して説明しているわけだが、これは身体の装飾についても言えることであろう。

これまで、人間が衣服や装飾品を身につける理由については、さまざまな説明がなされてきた。身体の保護や保温、羞恥心、呪術的役割、性的な記号や刺激、自己主張や誇示、身体機能の能率化、シンボル、儀礼、資産、社会的地位上昇のための道具など、枚挙にいとまがない。しかし、これで人間が装飾することを決定的に説明できると、すべての人が納得できる説はひとつもなく、それゆえに、装飾という説明のつかない無駄な行為は、くだらなく、排除されるべきものだとされてきたのだ。

物の場合は、装飾を可能な限り削っていき、機能をわかりやすく研ぎ澄まし、より役に立つものへと精緻化していけばいいかもしれない。そうすれば、くだらない物という非難は避けられるだろう。だが、その方針をそのまま人間に当てはめてしまうと、恐ろしい世界がもたらされるだけである。つまりそれは、私たちの社会的役割をひたすら明確にし、活動をそれだけに限ってしまい、社会や組織にとって役立つ存在としてのみ生きることを許すということである。だとしたら、人間から装飾を排することがどれだけ危険なことか、容易に想像できるはずだ。

5 見られる性

フェミニズム

近代社会では、装飾はしばしば女性らしさと関連づけられてきたが、女性らしさとがどう位置づけられてきたかを知るためには、フェミニズムを援用するのが有効だろう。ただしフェミニズムといっても、いろいろある。まず、性差と権力関係に着目して社会を分析する学問ツールとしてのフェミニズムと、日常生活での女性の権利拡張という意味でのフェミニズムとは、お互いがお互いを支え合っているとはいえ、やはり違ったものである。

学問的な立場としても、フェミニズムにはいろいろある。「男と女は知的能力においてはもちろん、身体的にも感情的にもほとんど違いはなく、男にできることは女にもできるとして、性差の持つ意味をできるだけ小さくとらえようとする」リベラル・フェミニズムと、「社会から押しつけられるステレオタイプな女らしさの規範に対しては激しく反発したものの、女が女という性やからだを持つゆえに直面する諸問題については、むしろそれこそが性差別の構造を解き明かすカギであるとして、積極的に性差に照準を合わせた[43]」ラディカル・フェミニズムの違いが、典型的なものだ。つまり、特に文明社会において男女の差は無視できるほど小さくなっているという考え方と、差の存在は認めるが性役割を勝手に押しつけられるのはごめんだという考え方だ。

こういった対立はしかし、学問的な分析方法のみならず日常的な生活態度においても起こりうる。性的に魅惑したり、男女の違いを強化するようなファッションは、はたして反フェミニズム的な行為かという問いに対する答えが違ってくるのだ。

服飾史家の中野香織は、一九七九年に出現した「パワードレッシング」を例にとり、「女性に「専門職にふさわしい」ドレスコードを説くことは、性差別になるのか？[44]」という問いかけをしている。「パワードレッシング」とは、いわゆるキャリアウーマンと呼ばれる女性たちが、男性に気後れせずに管理職として活躍しようとしたときに、上司としてふさわしい服装を模索する中で出てきた服装である。パワーという名前の通り、決して男性に媚びる服装ではないが、さりとて男性と同じ服装を目指すものでもない。

日本では、効力を発揮する前に、「パワードレッシング」はファッショナブルではないとして廃れてしまったが、しかし、普及すればよかったというものでもない。もし、キャリアウーマンだからという理由で、着たくもない服を着なければいけないとしたら、それはそれで抑圧になる。逆に、憧れの対象として着たいと思われる服になったとしたら、それもそれで、女性たちが新たに作られた女性らしさの檻の中に、みずから囚われに行くような事態をもたらしかねない。つまり元の木阿弥というわけだ。

仏文学者の小倉孝誠が指摘するように、近代に至るまで、ヨーロッパ世界において、女性は「プライヴァシーのなかにとどまるべき存在[45]」であり続けてきた。女性の身体も、女性自身の所有物ではなく、「男性の側からの言説や欲望の客体[46]」として位置づけられてきた。近代初期にブルジョワジーたちによって、それまでの職住や公私がないまぜになった空間が、「生産にかかわる空間としての工場やオフィスそして商業空間」と、「消費の建築空間としての住宅[47]」へと二分され、性的役割はより強化された。それに対抗するようにして、性的役割からの解放も常に目指されてきたが、現在においても、女性たちが私的領域に囲われることから解放されきったわけではない。

むしろ解放が進み、女性が社会進出を果たしたことによって、公の領域と私の領域のルールが整理されないままに混在することになった。市場経済や、企業に代表される近代的な組織の論理が、家庭という組織の内部へ浸透していき、一方で公的空間と私的空間を問わず、性が隠されるふりをしながら、ますます強調されるようになった。女性の社会への進出は、近代社会の精神の女性への浸透と、性役割の近代産業社会的空間への進出の両方を意味した。

そのおかげで混乱も生まれた。いまだに日本の社会では、セクハラがあるのは女性の側にも問題があるとされることが多い。つまり、職場にセクシュアリティを持ち込んではならないというルールがあるのに、女性たちがそれを守っていないから、セクハラを誘発するのだ、という意見だ。これなどは、公私の空間の境界線が消滅しつつあることによって生じた、ルールの混在がもたらした皺寄せである。おそらく若い女性が、職場にセクシュアリティを持ち込まないためには、身体を伴わずに出社するしかないだろう。

いまだにこういった理不尽な不理解も多いとはいえ、一九七〇年代以降のフェミニズムの動きによって、女性がファッションに振り回されるのは、女性が愚かだからではなく、男性の女性支配が原因であるという説明がされるようになってきている。しかしそのせいでファッションは、「女性だけが苦しまねばならぬ圧制であり、資本主義と父権社会が作りだした、女性を無自覚のまま奴隷にしてしまう装置[48]」と捉えられるようにもなった。ファッションは、「男性には情熱も努力も要求しないのに、女性には時間と出費を強いる不公平な文化」であり、「経済と政治から女性たちを疎外するための一種の陰謀」で、「女性を社会的弱者として囲いこむ装置[49]」だという考え方が出現したのだ。

ファッションを文化社会学的に研究してきたジョアン・フィンケルシュタインは、資本主義が市場を拡大するために、女性のアイデンティティをバラバラにしてきたと指摘している。ファッション産業は、いずれも魅力的な「相互に矛盾する」いくつもの女性像を描き、誰もがいずれかの像に欲望を抱くことができるようにしながら、同時に自分にはどこかに足りない点があると自覚させてきたというのだ。どの理想像にも合致する人はいないにもかかわらず、合致しない人は失格者であるとすることで女性たちを不安にかりたて、「いつも新しい自分にならねばならないという無根拠な必要性[50]」があると信じこませてきた、というフィンケルシュタインの主張はもっともだろう。

こういった抑圧が認識されるに従い、多くの慣習や制度が変革されてきた。だがその一方で、文化的に作られる性とは別に、自然科学的な性の境界線が存在し、その自然科学的な性の境界線は、医学的には飛び越えることができても、線の位置そのものは変えることができないと信じられるようにもなった。その結果、たとえば自然科学的な男性が文化的に女性として生きるためには、性転換手術を受けなければいけないといった考え方が支配的になりつつある。つまり、性を後天的に選ぶことが可能でも、女性として生きるか、男性として生きるかの二つの選択肢しか選べず、選んだからには文化的にもその性として生きねばならず、曖昧な性として生きることはできなくなったということである。

性を後天的に選べるようになることは、一見、多様性を肯定しているように見える。しかし、実は性のあり方を二元化し、より自分の性に違和感を持つ人を増やしていく可能性もあるのだ。

視線と権力

ジャーナリストのアリッサ・クォートは、いまだに女性たちが、見た目に対する強迫観念から解放されないばかりか、その強迫観念は男性たちにまで広がっており、特に少年たちは、「男らしい肉体をつくりあげなければいけないという焦燥感」に取り憑かれ、「自己改善と外見への病的なこだわりとの境界」がわからないほどになっていると、警鐘を鳴らしている。[51]

さらにそれどころか、見た目による抑圧は、成人男性へも及んでいるという指摘もある。医療社会学者の須長史生は『ハゲを生きる』というユニークな著作で、女性だけでなく男性も、見られる存在であることを丁寧に論証している。須長は、女性たちが男性の仮想の視線を内在化することによってお互いを序列化していくように、男性たちもまた、「ハゲると女性にもてない」[52]という信念に基づき、仮想の女性目線を内在化させ、ハゲているかどうかによってお互いを序列化し差別構造を作り出しているという。須長は、「身体は社会規範に拘束される存在」であるとし、その規範は「態度や物腰」のみならず、「清潔な身体」や「健康な身体」や「スタイルのよい身体」に向けて「身体を改良・維持するための営為」[53]にまで及んでいると説く。

いまや、女性が見られる性として固定され、見ることを独占している男性によって抑圧されているという構造は壊れたが、だからといって女性が見られる性から解放されたのではなく、むしろ男性もまた、見られる性として抑圧されるようになった。社会学者の谷本奈穂によれば、女性よりも男性の方が、「不特定多数な異性にもてたいと考えて身体を加工する」[54]傾向は強いという。

見られることは、監視されることでもある。それゆえに、見られることは、権力体系による抑圧作用と考えられている。[55] ただ、そうとばかり言えないのも確かだろう。エリック・ギルは、女性が見られる身体であることに対して、実にユニークな意見を述べている。

同じ遊びをしたり同じ学校で教育されたりしている男と女が、いまもなお別種の動物であるかの如き衣裳を身につけています。そしてそれらをみるに、男はひたすら書記めいており、女だけが芸術家然としているような、男は粗野で女だけが洗練されているような、どうやら女は多少なりとも幸福で男という男はみな悲惨であるかのような様子なのです。[56]

見られることは、視線を集める権力でもあり、存在を認めさせる権力でもある。もちろんギルのような、見られたり着飾ったりすることを肯定する意見は少ないが、女性が男性よりも頻繁に、素早く、自らの身体イメージを変化させていることを、「柔軟な態度で身体とのかかわりをもっている」[57] ことの証拠とするような向きもある。

女性の身体が性の対象として、かたや男性の身体が超越的な観察者の視点として、非対称に位置づけられてきたのは確かである。それは男性による女性の抑圧ではあるが、一方で、女性は観察されることに慣れ、そこに快楽も見出してきた。これから先、男性が観察されることによって、どのような問題が出てくるか、あるいはそれが問題として認識されるまでに、どれくらいの困難があるかは未知数である。

ジェンダーは、社会的コンテクストによって大きく変化する。アン・ホランダーが指摘するように、いかなる時代や文化においても、男性と女性の衣服はお互いを意識して作られてきた。歴史上の衣服を見れば、「それぞれの性が各時代の流行や慣習とどのように折り合いをつけてきたか」だけでなく、「人々が男女の関係に何を望んでいたか[58]」が伝わってくる。ということは、現在の男女の衣服に対しても、現在の社会が望むことが反映されているはずであるし、これから先、男女の関係性が変わっていくのなら、そのことが反映されていくだろう。

6 ファッションは言語か

メディアとしての衣服

一九八四年に、ファッション・デザイナーのキャサリン・ハムネットが、「五八％の人がパーシングを欲しがっていない」と書かれた膝上まであるロング丈のTシャツを着て、当時のイギリス首相サッチャーとともに撮られた写真がある。「パーシング」というのは、核を搭載した弾道ミサイルのことだ。冷戦下にあるイギリスは、アメリカ製の長距離弾道ミサイルを配備することによって、ソ連の脅威に対抗すべきだというのが、サッチャーの主張であった。ハムネットは露骨にそれに反対したTシャツを着て、サッチャーと握手を交わしたのだ。

それが話題になったのは、書かれているメッセージが政治的なだけでなく、服にメッセージが書かれているということ自体が、まだ新鮮な時期だったからだ。[59] ハムネットの「スローガン・Tシャツ」は、八〇年代に大きなブームを起こしたが、瞬く間に単なる日常の風景になっていき、そこに何が書かれているかは、すぐに気にもされなくなった。

政治的に意味合いの深い言葉を書きこむという手法は、ハムネットの専売特許というわけではない。文字が書かれたTシャツなら、それ以前にもあった。そう言ってしまうと、ハムネットが特別なことをしていないかのように聞こえるが、Tシャツという新しい衣服の可能性と、人々の社会参加への意欲を、これほどまでわかりやすく、かつ、おしゃれなものとして提示したのは、ハムネットの功績であろう。Tシャツの上に政治的な言葉が書かれるには、市井の人々が日常の中で、政治的な問題を主張するような風潮が出てこなければならないし、まずTシャツをアウターとして着ることが一般化していなければならない。

しかし、ハムネットのTシャツがそれほど注目されたのは、メッセージを発した人がキャサリン・ハムネットという個人に、確実に同定できたからでもあった。普通、私たちが政治的なスローガンの書き込まれた衣服を着ても、大多数のうちの一人とみなされるか、あるいはそのメッセージとは無関係とみなされるのが関の山だろう。スローガンをプリントしたTシャツを着ても、着用者がそれをその人固有のメッセージとして発しているとは思わないし、そもそもメッセージとして発したくて着用しているかどうかすらわからない。ハムネットは、

Ｔシャツという大量生産の申し子のような衣服を、作者が誰であるかということを常に問われるモードの世界に持ち込むことによって、固有のメッセージを載せるメディアとしたのである。文字が書かれたＴシャツを町中で着るのとは、違う意味を持たせたのだ。

ファッションによるコミュニケーションというと、一番わかりやすいのがこういったＴシャツに文字を書きこむような言語コミュニケーションの形態だろう。Ｔシャツというメディアは非常に便利で、言語による情報を、場所を選ばず伝えることができる。伝える内容も千差万別で、ハムネットのようにはっきりした主張もあれば、ひいきの野球チームであったり、あるいはただのブランド名であったりする。むしろＴシャツが着られる場面が増えるばかりの昨今、衣服の上に文字を見ない日の方がめずらしい。

しかし、ファッションにおけるコミュニケーションとしては、このような、衣服自体を言語コミュニケーションのメディアにしてしまう手法は例外的である。Ｔシャツにおいても、単純に言語による情報が純粋に交換されているわけではない。たとえば、無地のＴシャツよりも、前面に大きく有名ブランドのロゴがプリントされたＴシャツの方に価値があるとされる、不思議な傾向がある。ロゴによって品質の保証が周囲にも伝わるという効果があるゆえだが、それだけでなく、そのロゴが模様として認知されたり、単なる名前以上の意味を持つからでもある。これを考えるだけでも、Tシャツに文字をプリントすることが、ただ書かれたままのメッセージを伝えているわけではないことがわかる。

そしてそれらは、文字が書かれているからといって、特別な衣服として着られているのではない。文字が書かれていない衣服と、着られる場所や状況が違うということもない。衣服は言語によるメッセージを伝えるメディアとしては、衣服しか持ち得ないような特徴はあるものの、本や新聞のように、普遍的な言語コミュニケーションのメディアとして存在しているわけではないのだ。

それに、文字が書かれていようがいまいが、衣服がコミュニケーションの手段であることを、私たちは感覚として知っている。初めて会う人の人となりを理解するのにも、衣服は非常に大きな手がかりになる。私たち自身、時と場合によって着るものを選択し、喜怒哀楽を表明してもいる。

しかしそうすると、そこでまた新たな疑問が湧いてくる。それではファッションは、言語コミュニケーションと何が違うのだろうか、ということだ。感情やその人の人となりを伝えることができる衣服は、文字を使用しない言語の特殊な一形態であると言い切ってしまってはだめなのだろうか。言語も衣服も、同じように社会的な産物である。両者の間には、どのような違いがあるのだろうか。

非言語コミュニケーション

人の行うコミュニケーションの形態は、通常、言語コミュニケーションと非言語コミュニケーションに分けられる。[60] ただ実際には、音楽やポスターのように、言語が構成要素の一部を担う非言語コミュニケーションは多いので、明確な境界線は引けない。

それらに比べると、ファッションにおけるコミュニケーションは、文字や音声ではなく衣服や化粧や持ち物などの手段が主なので、非言語コミュニケーションの一つだと、簡単に位置づけられそうだが、ここで問題としているのは、衣服が、形や色の組み合わせによって言語として機能し、意味を伝えうるのではないかという仮説である。つまり衣服は、言語化できない感情や感覚を伝えているのではなく、文字に置き換えることができる情報を別の形で伝えており、習熟すれば正確に読み取ることも、発信することも可能だという考えが、妥当かどうかということだ。

衣服を言語として考えうるかという論点に対して、もっとも示唆を与えてくれるのは記号論だろう。フランスの思想家ロラン・バルトが、言葉とファッションの関係について鋭い考察を展開しながら『モードの体系』を書いて以来、衣服によって作られる意味世界を、言葉によって解読しようという試みが、数多くなされた。

しかし、ロシアの哲学者ミハイル・バフチンが、「記号の形態は、まず第一に、人びとの社会的組織や、人びとが相互に作用しあう際の身近な条件によって規定されている[61]」と述べているとおり、衣服の意味は、着ている人が所属する社会集団や、あるいは見る人が所属する社会集団によって、まるで異なってしまう。また、ロバート・ロスが指摘しているように、「衣服の文法は他のあらゆる言語の文法よりもはやく変化[62]」するため、それがどんな意味を持つかを確定することはできない。そのため、フィンケルシュタインが警告しているように、「衣服から特定のメッセージを読み、それを誇張するのは簡単[63]」ということも手伝って、ほとんどの分析は、強引な精神分析に飛躍してしまっていたり、ただの美辞麗句になってしまっている。

結局、流行の服の解読を試みたところで、ただ「新しい」という社会的な合意しか見つからないのだ。記号論的な読みをしても、精神分析的な読みをしても、衣服のすべてが解読されることなどないだろう。ロシアの民族学者ピョートル・ボガトゥイリョフは、スロヴァキアの民族衣裳を分析した『衣裳のフォークロア』で、確かに民族衣裳は記号として読むことができるが、民族衣裳と「都会の衣服とは何らの共通性もない」ものであり、「都会の衣服は、すみやかに変化してゆく流行現象に支配されている」[64]ので、民族衣裳を読むようにして現在のファッションを読むことはできないと結論づけている。

にもかかわらず、この衣服にはこういった意味があるという強引な読みは後を絶たない。記号論的な解読は、ファッションに関する批評として最も需要の高いものであり、実際にそういった批評が「人々を楽しませ、ファッションへの関心を高めるために行われている場合が多い」[63]のも事実である。それはそれで知的な娯楽としては面白いが、常に移り変わる意味の一瞬だけを捉えて、それが恒久的な意味であると解説するのは、やはり嘘である。

衣服を使ってのコミュニケーションは、もしそれを活用しようとしても、細かいニュアンスを伝えることができない、意味の変化が早すぎる、広がる範囲が狭すぎるといった不都合に縛られてしまうものだ。さらには伝播していく過程で、発信者が込めた意味は失われ、意味が多様になってしまうので、遠くにいる人々が受け取った時には、もはや内容を検証できなくなっている。いくら言語のようにコミュニケーションを行おうとしても、コントロールしきれないという問題にぶつかってしまうのだ。

このように、ファッションにおけるコミュニケーションは、多層な意味の読みが可能であり、その点では言語と比べると不完全である。もっとも、むしろ同じ対象に、いくつもの意味を読み出せるから、それが次々に意味を変えては、常に「新しいもの」として歴史上に何度も現れ、豊かなコミュニケーションを成立させているという側面はある。

しかし、そうは言っても、やはり衣服は、それだけで意味を持つ単語とは言い難いし、ファッションも、文法の存在する言語の一種とは言い難い。ファッションが言語のように見えるのは、衣服を生産する人たちが、「時代の流儀や規則に支配される倫理的状況と戦略的に連動[65]」させて、言語のように見せているだけという主張には、ある程度の説得力がある。前近代においても、衣服は記号として作用していたとはいえ、言語とは違うシステムであり、言語が交渉の手段であるとすれば、衣服は相手を確認する手段であった。その点は、現在でも基本的に変わらないだろう。

ただ、ファッションが言語コミュニケーションではないと言っても、現在のファッションにおけるコミュニケーションには、テレビや出版物などマスメディアが、不可欠な存在として付随し、視覚的な情報に必ず言葉が添えられる。とはいえマスメディアでは、流行についての解説や評論が、刻々と意味を変えていくファッションの一瞬だけを捕らえて展開されており、そのほとんどは、その言説自体が消費されて跡形もなく消えていく。それを考えると、ファッションにおけるコミュニケーションにおいて、そもそも言語が意味を伝えているのかどうかすら怪しく思えてくる。

だが、ファッションにおけるコミュニケーションが、どのように展開されているかを考えるのであれば、そういった無駄とも思える言語活動を含めたコミュニケーション全体を捉えていく必要がある。言語活動によってはじめて、ファッションは社会とより深い繫がりを持つことができるのだし、思想や芸術や日常生活に対して、提案し、警鐘を鳴らすことができるようになる。そこまでを含んでの、ファッションだろう。

いずれにせよ重要なのは、ファッションがコミュニケーションを成立させているということだ。このことに、異論はないだろう。毎年新しい流行がファッションの世界で起こっているのは、コミュニケーションが確実に生じている証拠である。

流行というのは、別の言葉でいうならば、瞬間的な価値観の共有である。ひとつの傾向に人々が集中したり離脱したりする様は、株相場における株価の変動にも似た現象だ。株式市場の裏側に周到に張り巡らされた情報ネットワークが存在するように、ファッションの世界にも情報のネットワークが存在すると考えるべきであろう。

7 他人を見た目で判断できるか

視る技術

かつて日本では「写真結婚」という習慣があった。ハワイや新大陸の日系人に日本から女性が嫁ぐこと、つまり「ピクチャー・ブライド」のことだ。女性たちは一度も会ったことがない男性に写真を送り、それで結婚が承諾されれば、今度は相手の男性の写真を手に海を渡る。写真を片手に異国の港で怯える日本人女性は、哀れがられ気味悪がられたともいう。

写真結婚の習慣が行われていたころ、民俗学者の柳田國男は、結婚を決める際に、「太平洋の対岸に渡っている者でなくても、写真をただ一つの手掛かりにする場合が多くなった」と書いている。柳田は、日本の社会では、「絵姿から若い男女の性情気質を読む修練は、恐らくどこの国にも見られぬ程度にまで発達[66]」していると指摘して、写真に映された見た目を頼りに人格を判断して、特別な感情を抱くことを「恋愛技術」と呼んでいる。

近代社会は、日本に限らず視覚偏重の社会である。個人にしろ広告にしろ、他人の視線をできるだけ引きつけておくということは、それだけで大きな力を持つ。一方で、見られるというのは管理の対象となることでもあるので、見られないでいるということも大きな力を持っていることになる。いずれにしても近代人は、見られることを意識するのが常態化しており、他人からの視線を内在化している。アメリカの文明論者ルイス・マンフォードは近代人のそういった気質を、次のようなエピソードで説明している。

荒野のただなかに不時着したある飛行士は、飢餓と死に直面しながらも、そのノートに次のようにしるしている。「私はもう一つの筏をつくった。しかし今度はそのために服を脱いだ。下着だけになって、大きな丸太をかついだ私は、恰好よく見えたに違いない」と。こうして、ただ独りになっても、まだ公衆のなかの一人として人から見られていることを考慮にいれている。この気もちは、片田舎の皺くちゃ婆さんから、立派にしつらえられた演壇に立つ政治的独裁者にいたるまで、程度の差こそあれ、誰でもがもっている意識である。[67]

不時着した飛行士は服を脱いだが、通常の社会生活においては、服をいかに着るかが、どのように見られるかの重要なポイントになる。文化人類学者のアンドレ・ルロワ＝グーランは、人間が「社会的に認められる第一段階」は、「その人にともなう装飾の付属品の上にできあがる」[68]と述べているが、近代史家のフィリップ・ペローが指摘しているように、「社会的世襲財産の欠如からそれらの記号の取り扱い方に無知であると、新参の記号使用者は決定的に評判を落としてしまう」[69]ことになりかねない。

近代人は見られるだけでなく、自らも見ることによって人を判断しようとする。だが、自分も含めてほとんどの人が、より良く見られたいと思って見た目を作りあげていることを知っているので、他者のすべてを見た目で判断できるとは思っていない。それでも自分に関しては、少しでも見た目を良くしようと努力する。近代の社会生活は、そうした矛盾の中を生きることなのだ。柳田が、異性を姿から判断し特別な感情を抱くことを「技術」と名づけたのは、実に卓見と言える。

着用者の社会的な位置づけや、ハレやケなど、その人が置かれている状況を、衣服から簡単に把握できた時期は、日本の場合そう遠い昔のことではない。たとえば「二本差し」として刀を腰に二本差すことが、江戸幕府によって厳しく統制されていたことなども、私たちはよく知っている。江戸時代なら服装を見るだけで、その人が何を生業にしているのかはほぼわかったし、同じ職業の人でも、詳しく見ればどこの地方の人か知ることができた。劇場における観客たちの色あざやかな衣装など、今と変わらないどころか、今より華々しいような衣服の文化があったことは無視できないが、近代に至るまで基本的に衣服は、階級や地域や祭祀と深く結びついて着用されており、町人の着物の柄などに流行はあっても、町人とわからなくなるような変化はなかった[70]。

しかし私たちの社会では、衣服を通してその人の社会的位置づけを知ることは難しい。それでもたとえば制服のように、一目でその人が誰かを知ることができる衣服もあるし、あるいはスーツを着た男性であれば、着ているスーツの色や形によって、どんな職業であるかおおまかな想像もつく。だが、いったんその人がその職業や身分から離れた衣服を着ると、どのような職業や身分の人かわからなくなる。現在の私たちにとって、他者の所属する集団や社会的地位を知る手段としては、衣服は不完全なものになっている。衣服を通して、その人が誰であるかを直接的に伝達しようとするコミュニケーションの形態は、私たちの社会ではとても限定された形でしか存在していない。

感染と模倣

欧米諸国では近代に入ってから、衣服と身分の強固な結びつきが崩れ、次第に、衣服における職業や階級を直接的に示す道具としての意味が薄らぎ、私たちが現在取り囲まれているようなファッションが生まれた。そこで、突然現れた無秩序に見える状況を、なんとか解読しようと模索して、ファッションとは何かについての学説が次々と生み出されていった。

前述したように、一九世紀の終わり、社会心理学者のギュスターヴ・ル・ボンは、「感染」という言葉を用い、病理学的なイメージで説明しようとした。つまり、何かを手に入れたいと思う欲望が、熱病のように人から人へと感染していき、流行を形づくっていると考えたのだ。一方で、その同時代の犯罪学者ガブリエル・タルドは、ル・ボンとは逆に、流行が起こるのは流行を追いかけている弱い立場の人たちが、強い立場の人たちを「模倣」しているからだと考え、それを引き起こしている個人の自由意思に着目した。

ル・ボンは人々に主体性があることを疑問視したわけだが、タルドは、あくまでも個人の主体性が行動を決定していることを前提とした。主体性をめぐるこういった対立は、現在に至っても、アイデンティティがどのように形成されるかという議論全般において、しばしばなされるものでもある。しかし、社会学者の小山栄三が指摘するように、「模倣せざるをえないという超個人的な圧力[71]」によって、ファッションが引き起こされると考えたとき、個人に主体性があるとも言い切れず、かといって強制力に従って実行するとはいえ、主体性が存在しないと言い切ることもできなくなってくる。

タルドとル・ボンに共通しているのは、誰かを中心として、そこから感染するなり模倣されるなりして、多くの人へと流行が広がっていくような構造を描いていたことだ。彼らは、中心を持った、一方向的な矢印としてのコミュニケーションを思い描いていた。

それとは異なる考え方を提示したのが、ソースティン・ヴェブレンであった。ジョアン・フィンケルシュタインは、初期のファッションの理論家の多くが、ファッションを文化的なものとは考えずに、「心理学と生物学をつなげて、ファッションがまるで自然な現象であるかのように[72]」考えていたと批判しているが、ヴェブレンは、ファッションを近代特有の文化として捉えようとした最初の人と言える。

ただしヴェブレン自身は、見せ合うことによって作られる個性は偽りの個性であり、ファッションは不要な行為だと考えていたようだ。「生産と蓄財を重視するピューリタン的な労働倫理」の持ち主のヴェブレンには、「日常の消費からしばしば感じられる快楽[73]」に共感することはできなかったのだろう。

ヴェブレンは「衒示的消費《げんじ》」という概念でファッションを読み解こうとしたが、これは「見せびらかしの消費」ともいわれている。人々が、どれだけ金銭的に恵まれているかや、どれだけ働く必要性がないかを、豪華な服や労働に不向きな服を着ることによって証明しようとしていると捉えたのだ。ヴェブレンは、そのような行動を、女性が男性の「代行的消費」を行っていると表現した。ヴェブレンは、結婚している女性たちが、家庭の空間を「美しくする」ことを命じられているだけでなく、自分自身が「主要な装飾品」[74]になることを要求されており、そのために競い合って着飾ることになるのだと説明している。

ヴェブレンは競争による相互作用が、流行を生み出していると考えた。ル・ボンやタルドが想定した一方向での流行の伝播ではなく、さまざまな方向で交差しあう矢印の渦としてファッションを捉えたのだ。

衒示と羨望

ヴェブレンの想定した構造の中では、相手に勝つためには次々と豪華な衣服に着替えていく必要が出てくる。ヴェブレンが「衒示的消費」という概念を考えついた時代は、確かにどこまでも豪華さを競うような単純さは残されていたが、現在の社会では、衣服で競い合うとしても、単純に豪華さだけが追求されて着られることはない。時代を経るにしたがって、むしろそういった衣服は「成金趣味」として揶揄《やゆ》され、侮蔑の対象になることも多くなっていった。

そうすると今度は、「成金趣味」を忌避《きひ》しつつ、それでいて相手より「おしゃれ」であることをめぐって争うようになるが、そのような現象を社会学者のピエール・ブルデューは「慎みの見せびらかし」[75]という概念で説明している。つまり、ファッションという現象には、金銭を持っているという裕福さの見せびらかしだけではなく、良いものを知っているという教養の見せびらかしがあることを指摘したのだ。[76]

教養というのは、ブルデューの概念でいえば「ハビトゥス」や「文化資本」である。家庭や教育機関といった環境を通して身につけられた考え方、嗜好、行動の傾向が、視覚的な情報として表出するのがファッションだと捉えたのだ。生産価値や使用価値とは別に、象徴価値が存在していると論じたのはフランスの思想家のジャン・ボードリヤールであるが、ファッションは、象徴価値を持つ物を使った「象徴闘争」である。[77]ファッションは、それまでの土地や地位で競われていたのとは違う、近代社会における新しい種類の闘争なのだ。[78]

ヴェブレンをはじめとする、見せびらかしの理論は、物や衣服が、富や余暇や教養などを所有していることを示すメディアとして作用しているという点で共通している。しかし、ファッションが富や余暇や教養の所有量を伝えるために存在するという説は、すんなりと納得できるものでもない。

たとえば、女優やタレントの写真を見ながら「この顔になりたい」という話をしている若い女性たちのことを考えてみよう。もちろん「この顔になりたい」と言いながら、顔以外の服までをも含めた全身を欲しがっているのは明らかだが、彼女たちは、その姿を所有することになったら、何を見せびらかしたいのだろうか。どうも、その姿を通して、富や余暇や教養を見せびらかしたいわけではなさそうだし、だからと言って、才能を得て女優業や歌手業に精進して達成感を得たい、というわけでもなさそうだ。どうやら、その顔を手に入れることによって、自分のような人たちに「この顔になりたい」と思われたがっている、という説明が一番妥当だろう。つまり「この顔になりたい」という言葉には、富や余暇や教養への羨望ではなく、羨ましがられていることへの羨望を見ることができる。ナオミ・ウルフによれば、それは「欲望されることへの欲望」[79] ということになる。

これは、資産を見せびらかすために衣服があって、見る人は衣服を通して資産を羨ましがっているという構造とは別のものである。羨ましく思う人が、なぜ羨ましがっているのかというと、羨ましいと思われている人が、羨ましがられているからである。そもそも羨ましがる人がいなければ、羨ましがられることもないわけだが、すでに羨ましがられる人が存在しているので、羨ましいという感情が生まれてくる。ちょうど経済学者の岩井克人が『貨幣論』で説明したように、ファッションにおける羨望のシステムにも、貨幣と同じように、起源もなければ根拠もないのだ。[80]

女優やタレントのようになりたいと思うのは、その憧れの人と同じようになりたいと思うことであると同時に、自分の生活圏にいる人たちと違っていたいと思うことでもある。そこまで極端に、同化と異化を望む人ばかりではないが、多くの人は生活圏のなかで、同じになりたい相手と、違っていたい相手を持っている。そのことに着目したのが、ゲオルク・ジンメルである。ジンメルは、ヴェブレンと同じような交差しあう矢印を想定しながらも、ファッションを二律背反的な心情の産物と捉えた。

ジンメルによれば、人と同じでいたいという「一様性衝動」と、人と違っていたいという「個性化衝動」[81]の矛盾した二つの衝動が、ファッションの、ある程度の幅の均質性を持ちながらも、まったく同じではない状況を成立させているという。ジンメルは、ファッションを「真似をしたい」とか「見せびらかしたい」といった、本人の明確な動機の結果としては考えずに、あるいは何かを伝えたいという確固たる意志の産物としても捉えずに、着用者の心の中の葛藤を映し出す鏡として考えた。ジンメルによって、ファッションは、より複雑で高度な心の葛藤を表出するものとして認識されるようになり、そのメッセージは簡単には解読できないと考えられるようになった。

トリクル・ダウン

ジンメルも「流行はつねに階級的な流行である」と断言しているが、こういった学者たちの理論では、ファッションには階級が存在することが前提として考えられており、流行は上層階級から下層へと滴り落ちていくものとして考えられている。こういった考え方は、「トリクル・ダウン理論」もしくは「滴り理論」と呼ばれている。[82]

トリクル・ダウンは多くの学者によって受け入れられてきたが、それは実際に、衣服が古着市場を通して上流階級から下層へと転売されていたから、という事情もある。フィリップ・ペローは、パリのタンプル通りで作られた男性服が、どのような一生を送るのか次のように紹介している。

服は数週間だけ伊達男の身体を包んでサロンや劇場を練り歩くが、一度シミやかぎ裂きができたりどこかが擦れてしまうと、持ち主はそれを召使いや門番に与えざるをえなくなる。彼らはそれをすぐに古着商に売り、この古着商人が今度はタンプルの市場でそれをさばく、これを古着屋兼仕立屋が洗濯し繕い、染め直して新しい体裁を整え、いわば若返らせて第二のお勤めの可能性を与える。この第二のお勤めは第一のお勤めよりずっと慎ましいことは否定できないが、まだ体面は保たれている。たとえば、往々にして職人や裕福な労働者よりも貧しく、ブルジョワの威信の記号をちゃちでもいいから見せびらかさないとまったく無視されてしまいそうな部類の人間、つまり、借金を抱えた書生、下級役人、小店主、うだつの上がらない教師、うまい仕事にぶつからない詐欺師などがこの服を着るのである。そして、もう一度擦り切れるとまたもタンプルへの道をたどることになるが、それでもまだ決定的にこの服の死亡が宣告されたわけではない。厚い布であちこちつぎを当てられ、手直しして寸法を広げられ、この服が労働者の晴着として最後の変身を成し遂げることもありうるからである。もっとも、いたみ方があまりにひどい時はボロに分類され、今度は根本的な変化を遂げるために紙工場へ送られる。[83]

現在も、衣服は古着市場を通して、先進国から途上国へと流れているので、流行が同じような道筋を辿って波及するのを見ることはできる。ただ、そのサイクルは、昔とは比べものにならないほど速くなっている上に、そもそも先進国の人々が着ている服は途上国で作られており、単純な一方向の流れがあるわけではない。また、先進国内部では階級制度は存在しないことになっており、古着も決して新品が買えない人が買う安物というわけではない。

それゆえ、現在の社会におけるトリクル・ダウンは、パリ・コレクションなどで発表された富裕層向けの衣服を、大衆向けの既製服メーカーがコピーすることによって発生しているとされるのだが、現在の市場では、ZARAのようなファストファッションや、ナイキのようなスポーツメーカーも大きな影響力を持っており、その図式を簡単に当てはめることができるかは、意見が分かれるところである。

そもそも流行は、上流階級から滴り落ちてくるだけの単純な構造の産物ではないという反論もある。今和次郎によれば、江戸時代には芝居や芸事に従事する人たちから新しい流行は生み出されており、その人たちはむしろ下層階級に属する。もちろんこういった人々が、特殊な人たちであることに違いはないので、そのことでトリクル・ダウンが否定できるか怪しいが、同じ流行でも流行語を考えると、下層から上層へ波及することはめずらしくない。

ファッションに同じような現象が見られても、不思議ではないだろう。

もっとも今和次郎にしても、流行と階級の関係性を前提として語っているのに変わりはない。身分制が崩壊したことが建前の近代社会において、ファッションが身分秩序と不可分であるかは、検討に値する。たとえば、上流階級が影響力を持つのではなく、オピニオンリーダー、つまりはファッションリーダーが、かつては上流階級と一致していたに過ぎないと説明することも可能であろう。ただそうすると、それでは流行を発信する力の源泉が、階級以外のどこにあるのかが問題になってくる。これはこれで、また説明が困難であろう。またしても、羨ましがられているから羨ましいのと同じように、影響力があるから影響力を持っているというトートロジーに陥ることになる。

あるいは、階級は見えにくくなったが依然として存在している、という説明も可能である。実際に、人々がアイデンティティのよりどころを、まったく階級に求めなくなったわけではない。カルチュラル・スタディーズを専門とするディック・ヘブディジは『サブカルチャー』で、主にパンクとレゲエという音楽を中心に形成されるグループのファッションを分析したが、そのグループを成り立たせていたのは、ほぼ階級と言い換えることが可能な労働者の階層と、それと複雑に絡みついた人種だった。

パリのオートクチュール業界では、売り子からサロンの女性主任に至るまで、「買い手と同じ社会環境に育っていること」[84]が求められてきたという。そうでなければ、客をリラックスさせ、楽しく会話をし、信頼を勝ち得て、購入に導くのは難しいというのだ。こういった証言などは、階級が現在の社会でも、見えにくくとも存在していることを示唆していよう。

第2章　ファッションは身体を解放した

1 自我と身体

身体の所有

デジタル写真の加工技術が向上したおかげで、撮影した顔を修正して目を大きくしたり、色を白くしたり、皺を消すようなことは、特にめずらしくなくなった。もっとも、修正写真はそれ以前から存在していたし、昔から肖像画は人の手で描かれてきたわけで、画像の上に修正を施すことは、ことさら騒ぐような変化でもないのだが、誰もが自分で思うままにできるようになったのは大きな違いだろう。変化を確認しながら、少しずつ自分で自分の顔を加工していくのは、他人の姿を描いたり、他人の顔写真に筆を入れるのとは、また違った経験である。

とはいえ、日常的に化粧をする女性にとっては、自分の顔を少しずつ加工していくことは、それほど特別なことでもないのかもしれない。実物の顔に手を入れて鏡の中に映る姿を変えていくのと、画面の中の写真を直接加工するのでは、他人にしてみるとまったく違う行為に映るが、当人にしてみれば、目の前にある自分の姿をいじっているのは同じことで、それほどの違いがあるというわけでもない。

それゆえ、デジタル技術の発展に気をとられてめずらしく感じるだけのことで、自分の顔を自分の手で理想に近づけていくようなことは昔からあったともいえるのだが、かといって鏡を覗き込んで化粧をする習慣も、そんなに古くからあったわけではない。鏡自体は、日本の場合など古墳時代を代表する出土品であるし、化粧に関しては、どのような未開社会にも見られるような行為であるが、まるで目の前に人がいるかのように鮮明に人を映す鏡を前にして、市井の人が毎日のように自分の顔に化粧をするようになったのは、どんなに多く見積もっても、この百年のことである。

ルイス・マンフォードは、近代になり、人々が精度の高い鏡を使うようになって、その中に「自我」を見ることになったと説いている。[1] 近代を迎えると、鏡の中に、「自然の背景や他人の影響といったものから分離された部分」としての「抽象された自我」が現れたという。鏡を覗き込むとき、人は自分の姿のほかには何も映っていないかのように没入して自分を眺める。まさに、水面を覗き込むナルキッソスの神話そのものであるが、マンフォードは、鏡が「人間個性の発展」に深い影響をおよぼすことで「自我の概念」の変容をもたらし、人々が内省的な探索をするようになったとしている。つまり鏡で自己確認することを通して、近代的な自我が形成されたというのだ。大胆な仮説ではあるが、実際に西洋の近代絵画には、「大きな姿見の前に立つ女、鏡に見入る女、あるいは手鏡をもつ女」[2]たちが頻出している。いかに鏡が、近代女性のあり方に作用したかを示していよう。

デジタル写真だろうが、油絵の具の肖像画だろうが、人が自分の顔を修正したがるのは、他者によく見られたいという願望があってのことではあるが、自分の手で自分の顔を修正する動機はそれだけでもない。自分の顔を自分の顔だと認識できるギリギリのところまで加工することによって、自分探しをしてもいるのだ。

特に若い世代が夢中になるのは、単純にデジタル技術と日々親しんでいるからだけでなく、よく見られたいという願望が強く、姿としても存在としても、自分の輪郭がうまくつかめていないからということもある。自分の姿を変えることによって、自分の可能性や限界を確認しているというわけだ。それが年齢を重ねていくと、自分がどこまで変わりうるのかを模索することに、興奮を覚えなくなっていく。それは人生を重ねていくことで、自分の輪郭を確認する必要がなくなったからでもある。

山崎正和は、「化粧や刺青や身体の変形、多彩な石や木や貝殻による装身具はもっとも古い造形作品だった」[3]という説を紹介している。刺青は肌を傷つけ、そこに色を入れる方法だが、傷つけることで皮膚を硬化させ盛り上がらせる「瘢痕文身《はんこんぶんしん》」もしくは「スカリフィケーション」と呼ばれる手法もある。私たちは、人類学が未開部族から探してきたこういった風俗を野蛮視しがちだが、私たちの社会でも、タトゥーからリストカットまで、あるいは豊胸から脱毛まで、身体に直接手を加えることはめずらしくない。それらは、身体を加工することで自己所有化したり、社会化するための、人間の根源的な衝動でもある。

刺青と衣服は、同じく身体を飾る行為ではあるが、かといって身体に対する、まったく同じ態度とは言い難い。半永久的に身体を装飾する不可逆的なプロセスによって、身体を自分のものにしていく刺青と、着替えることによって身体を次々に変化させていく衣服では、身体との関わり方がまるで異なる。装身具も、つけ続けることを前提とした装身具と、瞬間的あるいは一定期間だけ身につける変身の道具としての装身具では、自分の身体を所有化し意味づける作業であることに変わりなくても、意味が異なってくる。

そう考えると、人類初期の衣服は、生涯にわたって着続けることが前提であった可能性も高いので、現在の衣服とは別のものとした方がよいのかもしれない。たとえ同じ物を身につけていたとしても、文化的な文脈によって、もたらされる意味は違ってくるのだ。

身体に具現した精神

一九世紀末を代表する作家オスカー・ワイルドの『ドリアン・グレイの肖像』は、主人公のドリアン・グレイが歳を重ねてもいつまでも若々しく、代わりに若いころに描かれた肖像画が醜く老いていくという話である。ドリアン・グレイは、何か人道に外れたことをするたびに歪んでいく肖像画の自分と、鏡に映った自分を見比べて、最初のうちは驚愕し恐れるが、次第に絵の中の自分に嘲笑を浴びせ、優越感に浸るようになる。

この話で興味深いのは、肖像画が、自分の内面を映した本当の自分であると、ドリアン・グレイが疑わないことだ。それは作者のワイルドが、顔には人生が反映されること、つまり人間の外面は内面の表出であると考えたからであろう。ドリアン・グレイの物語は、人間の外面と内面が一致しない時に起きる悲劇について描かれているわけだが、ワイルドは、内面に従って外面が変わると考えても、外面に従って内面が変わるとは考えていない。

ところがファッションとは、身体を作り上げることで、自我を作ることができるとする考え方でもある。画一化した外観が、画一化した内面をもたらすとは限らないし、また逆に奇抜な外見の人が、反社会的な内面を持っているとも限らない。そのことは万人が承知しているが、それでも、個性的な見た目を禁止されることへの反発を覚える高校生と、校則違反の制服を着た生徒を罰しようとする教師の、どちらに対しても、それなりに共感を覚えることはできる。あまりにも人々が均一化してしまうことと、無秩序なほど多様になってしまうことの恐怖が、外見をめぐる諍いを生むのだが、どちらの立場であれ、外見によって内面が支配されることを、警戒している点では変わらない。

実際は、外見と内面はわかりやすく分離もしておらず、私たちは、衣服と身体と自己の、繋がりと分離の中で生きている。現象学者のモーリス・メルロ＝ポンティが言うように、「人間は精神プラス身体という存在ではなく、身体に具現した精神」[4]であり、何をするにしても、自分の身体を使ってしか為すことができない。頭の中で考えるにしても、それを表に出す時には、手を使って書くなり、喉を使って声にしなければならない。そもそも頭の中で考える時にも、脳という身体を使っているわけであるし、人は考えたことを書いているのか、書くことによって考えるのか定かではないだろう。

他者と接する時、私たちは身体を見ることで、その人が誰であるのか確認している。それが偏見をもたらしかねないとわかっていても、やはりある程度外見で、どのような人物か推し量ろうとする。そして重要なのは、その確認される側の人の身体は、衣服を着ている状態にあるということだ。

自分を認識する時、人は衣服を自分の外側を覆うものとして除外し、関節で分割された部位が集合して形成された身体として認識していることが多い。たとえば、脛《すね》と膝《ひざ》は隣接しているのに、違う部位として強く意識し、脛の上部と下部は、遠く離れていても脛として認識する。関節は、非常に強い身体の分割線である。

だが、他者の身体を認識しようとする時、それと同じくらい、衣服も身体を分割する要素として認識することになる。膝下丈のスカートを穿いた女性を目にした時、スカートに覆われていない脛の部分とスカートに隠れた脛の部分は、スカートの中と外として、見る者によって強く区別される。この時、関節よりも衣服の切れ目の方が、強い分割線になっている。つまり衣服は、他者の身体の場合、身体の外側を覆うものではなく、身体そのものとして意識されているのだ。

もちろん性的なパートナーであるとか、生まれたばかりの子どもであるとか、とても親密な人間と接するとき、相手が衣服を着ていないことはあり得る。しかしその場合は、「衣服を着ていない」という、普段に比べると欠如した特別な状態として認識されているのであり、その欠けているということが、親密さを増すことに繋がっている。

もっとも、見た目の問題に限らず、人を知ることや人格を認めることと、人として存在することには、微妙なズレがある。私たちは、ニーチェのような哲学者を書物で知るように、文字を通して人格を認識することはある。SNSだけで、ある人を知るということもありうる。そのため、人が身体なしでも存在しているように思ってしまうが、注意しなければいけないのは、人格として認知されるハンドルネームの誰か自身は、言葉だけの存在として存在していているわけではないということだ。ニーチェの肉体は滅んだが、ニーチェの書物は読まれ続けることによって新たな解釈をされ、新たな行動を促し、あたかも生きているかのような影響力を人々に与えている。しかしそれをもって、ニーチェは生きているとは言わない。もちろん比喩的に生きていると言うことはあっても、生物学的にあるいは法的に生きていると主張する人はいないだろう。

私たちは、言葉として存在することも、ネット上のハンドルネームとして存在することもできない。私たちは、人間に個性や人格を認めるのと同じように、ペットに人格を認めたり、ぬいぐるみや二次元上のキャラクターに人格を認める能力を持っている。しかし、人間として存在することはできても、ペットや、ぬいぐるみや、二次元上のキャラクターとして存在することは不可能なのだ。つまり私たちには、さまざまな認識のされ方や、他人を認識する方法はあっても、衣服を着た身体として社会的に存在すること以外に、存在する可能性はないのだ。

道具と身体技法

衣服はよく「第二の皮膚」や、「社会的身体」と言われる。それは主に、人間が裸では社会生活ができないという理由からであるが、むしろ身体こそがファッションの一部と考えるべきであろう。普遍的な身体があり、その普遍的な身体の上で、第二の皮膚である衣服が激しく変動すると考えるのは間違っていて、身体は、私たちが思っているより不確かで、変動があり、その時代の社会によって支配されている。医学的、生物学的には、遺伝子が変わらない以上同じであると指摘できそうだが、たとえ骨格が同じであっても、筋肉のつけ方、使い方は時代とともに移り変わる。

たとえば評論家の三浦雅士は、明治時代の日本について、「生活様式の変化」によって「身体所作の体系」が変わり、その結果、「身体の文化が、身長や体重といった身体の生理をも変えてしまった[5]」と指摘している。ファッションは、そういった物理的存在としての生物学的な身体に、なりたい自分や、社会的にはめこまれた自分や、その時代その時代の人間の定義が織り込まれ、織り込みきれずにほころび、ほつれ、せめぎ合う軌跡として現れる。

ファッション論が、単なる身体論でもなく、かといって物質文化研究でもないのは、「着る」という独特の行為が介在しているからだ。「着る」は、単なる「使う」とは違う。着ることは、衣服という物を使うことなのに、当の使い手を変質させてしまう、とても不思議な行為である。

何かを達成するために使う物のことを、通常は「道具」と呼ぶ。人間を「道具を作る猿」や「道具を作る道具を作る猿」と定義することがあるが、では、衣服は道具だろうか。道具だとしたら、衣服は何をするための道具だろうか。使用目的のない人工物をアートと呼ぶこともあるが、アートはアートで空間を形づくり彩る道具であるし、美醜や空間の捉え方など、なんらかの価値観を伝える道具になっている。それでは衣服は、何をするための道具なのだろうか。その機能と目的は何か。

衣服を、「身体を包む道具」と定義することは可能だが、包む人と包まれる人が一致しているという不思議さがある。より明確に、肌を気温や外傷から守る道具とした方が適切かもしれないが、しかし、衣服は肌を守る道具であると、定義しきれないもどかしさは残る。そういうところが、人工物としては異例で面白い存在である。

衣服に関するこういった問いは、反対に、そもそも道具とは何かというラディカルな問いを生み出していく。ルイス・マンフォードは、原初の人間にとって、身体こそが「後に得たどんな複合的な道具よりも重要な、あらゆる目的に適うひとつの道具」[6]だったと述べている。そして、身体の外側にある自然を改変することよりも、自分の身体を作り直すことに熱心に取り組んだという。そう考えると衣服は、身体という道具の一部として捉え直すこともできるだろう。

マンフォードのこのような考え方は、文化人類学者のマルセル・モースが「身体こそは、人間の不可欠の、また、もっとも本来的な道具である」[7]という理由から提唱した「身体技法」の概念に近い。身体技法とは、帯を使って木を登る方法や、ハイヒールでの歩き方、さらには立ったままでの子どもの産み方まで、文化によって習得される異なった身体の使い方のことであるが、モースは、その身体技法の説明をするのに、フランス軍の兵士たちが、形の微妙に異なるイギリス軍のシャベルを使うことができなかったという話からはじめている。[8]穴を掘るためのシャベルという最も単純な道具ですら、隣であれ国が違ってしまうと、軍人という訓練された身体であっても、使えないというのだ。

そのため身体技法は、人と人を区別する制度にもなりうる。デザイン評論家の柏木博は、明治時代に新たに権力を持った下級武士たちが、自分たちが選ばれた階級であることを示す作法を持っていなかったため、「かつての公家の身振りや、支配的な武家の身振り、そしてヨーロッパのブルジョワジーの身振り」を混ぜ合わせて、自分たちだけの身体技法を作り上げていったことを指摘している。支配者の身振りを作り出し、「日常的な身体の動きを特定の身振りとしてプレゼンテーション」[9]することによって、権力がどこにあるのか見せつけようとしたのだ。

身体技法は、国籍や階級によって異なるだけでなく、どのような文化においても、性別、年齢ごとに異なっており、それらは青年期に獲得される。ジョアン・エントウィスルは、身体技法が「個人が文化へ社会的に適応をしていくための重要な手段」であり、身体は身体技法によって、はじめて「生きていくための手だて」になると述べている。[10]

とはいえ身体技法は、身につけていくものである以上に、身についてしまうものでもある。ある文化の中に身を置いて、何の身体技法も身につけないまま生きていくことは不可能なのだ。

ファッションは、身体技法の重要な一分野である。現在の社会では、この身体技法を獲得することによってはじめて、人は身体を素材とすることができる。それによって身体を加工し、アイデンティティを構築し、その身体を用いてコミュニケーションすることで、人間は主体性を獲得することができるのだ。

人間は、自分を加工することを通して自己を獲得できる。加工した後に自己ができあがるのではなく、まさしくその加工しようという強い意志によって自己が形成される。自分をどのような存在にしたいかという独自の構想と、そこに少しずつ近づけて行こうとする行為が、自己をもたらすのだ。人は身体を意識の対象とし、身体によって世界を意識する。衣服は、身体を認識するための道具であり、同時に世界を身体によって認識するための道具でもある。

2 拡張される身体

障害のある身体

三浦雅士の指摘するように、近代社会における「衣料品の大量生産」は、「比喩ではなく、身体の大量生産」[11] のことである。アンドレ・ルロワ゠グーランもまた、近代においては「普遍的な巨大組織体のなかの部品として、個人が大幅に交換可能[12]」になったことを指摘しているが、近代において人間の身体は規格化され、均質化され、最大限効率的に動く部品として改造されていった。私たちの社会でも、身体は、学校や消費における教育を通して、互換性のある均一なものへと整えられている。バリアフリーやユニバーサル・デザインによって、障害者[13]が障害を感じないような社会が目指されているが、近代社会が、互換性の効く均一な身体の集合であることを前提としている以上、障害をまったく気にしないで済むようになるのは難しいだろう。

パラリンピックは、障害者が身体の可能性を追求する場で、日常生活を改善していくための実験の場にもなっている。障害者たちは競技を通して、一般の健常者以上に身体能力が高いことを証明し、偏見をなくすことにも貢献している。しかしその一方で、オリンピックと併置されている限り、健常者と障害者という枠組みを固定することになり、分断の壁をより一層高くする可能性もある。確かにロンドン・オリンピックに出場した南アフリカのオスカー・ピストリウスのように、障害者がオリンピックに出場することは可能なので、障害者が排除されているようには見えないかもしれない。しかしオリンピックの選手が、そのままではパラリンピックには出場できないという非対称性がある限り、健常者と障害者が違うということは強調され続ける。

近代社会が均一で完全な身体を求めるのは、多くの組織が軍隊を模倣しているからでもある。そして近代的な軍隊が均一で完全な身体を求めるのは、そこで活躍する兵器が均一で互換性の効く部品でできた大量生産品だからだ。軍人も兵器の一部であるゆえ、同じように均一で互換性が効くことを求められる。

近代以前の社会においては、健常な身体と障害のある身体の境界線が、曖昧だったことは想像に難くない。病気や発育不良も多かったし、戦争や事故で身体の一部を失うことも多かった。医学が未発達であれば、治療もままならない。しかし、規格化された大量生産品を使いこなすことが仕事であり生活であるような社会ではなかったので、そういう面では融通も効いた。近代は健常な身体を増やし、境界線をしっかりと引いた。

それでも、健常と障害の境界を問い続ける人たちもいる。写真家のニック・ナイトは、アスリートのエイミー・マリンズに、デザイナーのアレクサンダー・マックイーンの服を着せて、何枚かファッション写真を撮影している。マリンズはアスリートだが、両脚とも膝下を失った身体障害者でもある。カーボン製の義足をつけてパラリンピックに出場し、その後はファッション・モデルとしても活躍していた。ナイトの作品のひとつでは、カーボン製の義足を履き、上半身ヌードでアスリートらしいしなやかな後ろ姿を見せている。

マリンズは、その後マックイーンのファッション・ショーにも出演し、木製の手彫りの義足を履いている。その形状から、マリンズのことを知らない人たちは、ブーツを履いていると思ったようだ。さらに、二〇〇二年のマシュー・バーニーによる映像作品『クレマスター3』では、透明の義足を履いている。これもまたブーツのような形をしているが、向こう側が透けているので、さすがに義足であることが誰にでもわかる。

写真、ショー、映画と、マリンズは、さまざまな形態の作品で、物と身体の境目がどこにあるかを問いかけた。義足全体がブーツの形をしていれば、義足は靴と同じように履かれるものとなるし、義足が人間の足の形状とまるで違っていれば、アクセサリーにもなる。装飾的な義足は、造形美においても、体を持ち上げるという機能においても、ハイヒールの踵と何が違うのか、次第に見る者をわからなくさせる。

あるいはマリンズは、身体的障害、つまり他者と比べて欠損だとされてしまう部位に対して、どのように対処すべきなのかを問いかけているともいえる。私たちは、こういった問題に関する先例として、コンタクトレンズとメガネを知っている。コンタクトレンズは、障害が存在しないかのように振る舞えるデザインであり、一方のメガネは、障害を隠すのではなく、ファッション・アイテムにしてしまうことで、プラスに転化するデザインである。メガネ的デザインが、コンタクトレンズ的デザインより優れているというわけではないが、ファッションには、マイナスとされているものを、プラスに転化する力が備わってもいるのだ。

身体＝メディア

私たちは、近代的な身体以外の身体を保有したことがないので、自分たちの身体がどのようなものか、実際に比較して知ることができない。しかし自分たちの身体が、唯一無二の普遍的なものではないことは、知るべきであろう。私たちは、自分の身体は自分の意志で自由にできる身体で、近代以前より優れていると思いがちであるが、その実、近代の身体は融通の効かない身体でもある。

詩人の吉増剛造は、柳田國男がラジオで話すのを耳にして、近代以前の身体感覚を語る細やかな感受性にうたれたという。柳田は落ち着いた口調で旅について語っていたのだが、吉増は特に次の一節に深く感じ入ったと回顧している。

新しい良い草鞋をちゃんと本式に履いてね、そして初めて踏み出して、水の少しくらいたまっているところでも平気で歩きますから、少し水がしみてきて足に感じるようになった時分に、ああ今私は旅行しているって、それは実に愉快なものなんです。[14]

吉増は、柳田の語りを通して、「土の湿り気、土地のくぼみの水の感覚が、体のなかに染み込んでくる」感覚を感じたという。吉増は、柳田が描写した、踏みしめるたびに地面と同化していくような軟らかい身体に、強く反応したのかもしれない。「当時、私たちの時代というのは、はだしで歩くヒッピーたちが全盛といったらよいのでしょうか、全世界的にそうした人たちの始原に心を戻そうとするような運動が盛んだったころにこの箇所を聞いたものですから、まるで柳田さんもそうした感覚を持っているというふうに驚嘆して聞いておりました」と、興味を持った理由をあげている。[15]

柳田が描写したような、一歩一歩を踏み出すたびに少しずつ足と草鞋が一体化し、地面に直接触れていくような感覚は、現在では容易には得られない。だが、こういった柔軟な足取りは、かつては草履に限ったことでもなかった。民俗学者の潮田鉄雄は、「山に登るときは、足駄の前歯をはずし、下山するには後歯をはずして歩いた[16]」という、日本の歴史上の面白い工夫を紹介している。山の斜面に合わせて足駄の歯を取り、平地では立っていられないような不安定な形にして、山の登り降りを容易にしたのだ。

物を媒介として身体が拡張され、環境と溶け合うことを、マーシャル・マクルーハンは「メディア」と定義した。一般的に使われる「メディア」とは違った定義であるが、まさしく草履や足駄は、マクルーハン的な「メディア」で、「身体の拡張」である。メディアや身体の拡張というと、近代特有の現象のように聞こえるが、人間が身体を拡張させながら、拡張した能力に依存するのは、近代に限ってのことではなく、近代以前における拡張された身体には、近代の人間が失った豊かさもあった。

マクルーハンは、身体の変容、あるいは身体と外部世界や環境との関係性の変化について論じた。マクルーハンの理論の特徴は、身体がメディアによってあるひとつの機能を拡張すると、その機能が肥大化して人間はその機能のみを行う存在となり、他の機能が使えなくなると主張したところにある。マクルーハンは、衣服、住宅、車輪、自動車といった、通信手段ではない物までをもメディアに含めたが、それはマクルーハンが、「言語であれ、法律であれ、思想であれ、仮説であれ、道具であれ、衣服であれ、コンピュータであれ」、およそ人間が手を加えた人工物はすべて「物理的な人間の身体および精神の拡張物」[17]だと考えたからだ。マクルーハンは、人間がさまざまな技術とそれによるメディアの発明によって、身体を不可逆的に拡大していき、電気の時代になるに及んで、ついに「中枢神経」まで外部に拡張するようになったとしている。

マクルーハンは、文化人類学者のエドワード・T・ホールの考え方を参考にしているのだが、ホールは、人間が道具を使って行うようになった行為を「拡張活動」と呼んでいる。武器は「歯とこぶし」の拡張であり、衣服や住居は「人間の生物学的温度調節機構」の拡張である。さらには、貨幣は「労働を拡張したり、貯えたりする方法」であり、輸送機関は「われわれが足と背とで行っていたことの拡張[18]」だと主張した。

さらに、そのホールは、動物行動学者のハイニ・ヘディガーの著作、特に『文明に囚われた動物』にアイディアを負っている。ホールは、動物のナワバリを身体領域の一部とみなすと、動物の攻撃行動がわかりやすく説明できるという動物行動学の考え方をヒントにして、人間も空間や物を身体の一部にしているとみなすことで、人間のコミュニケーションを説明した。人間の身体はどこまでか、という問いは、考えるまでもないことのようでいて、意外と難しい問題なのだ。

マクルーハンやホール以外にも、人間が道具や機械によって身体を拡張しているという考えを展開した人はめずらしくない。サミュエル・バトラーは、早くも一八三五年に書いた小説『エレホン』において、「機械は実際において付加体的な手足以外の何物でもないのだから、人間自身の肉体の一部分と考えらるべきだ[19]」という説を披露している。また、メディア研究者の香内三郎は、マクルーハンの「感覚器官の外部への「延長」という思考」は、ジークムント・フロイトに由来していると指摘している。[20]

身体の拡張という考えを、実践に取り込んだ人もいる。建築家のル・コルビュジエは、身の回りにある機械のことを「人工四肢」と呼び、その例として「腰掛けるための椅子」「仕事をするための机」「照明するための照明用具」「字を書くための機械」「分類保存のための戸棚」などをあげている。[21] ル・コルビュジエは「住宅は住むための機械である」という有名なテーゼを掲げ住宅を設計するが、住宅を無機的なものと捉えたと解釈されがちなこの言葉における「機械」は、やはり「人工四肢」と同じ意味であり、住宅が身体の能力を拡張したもので、身体と有機的に繋がって一体化する存在であることを意味していた。

また、拡張することを指摘するだけでなく、拡張が何をもたらすかについて考えを広げていった人たちもいる。建築史家のジークフリート・ギーディオンは、機械を身体の特定の機能を拡張して外化したものとして捉えるだけでなく、機械と身体の相互作用に着目した。たとえばギーディオンはリクライニングチェアを例にあげ、リクライニングチェアによって、使用者の座り方や姿勢が変わったことを指摘しており、機械によって身体が延長されるのみならず、延長によって身体が変質することも指摘している。

さらにルイス・マンフォードは、「心によって動かされる自分の身体、棍棒や手斧や木槍を作る手をも含めた身体のすべての部分」[22]は、棍棒や手斧や木槍と同じように「道具」であるとして、身体と人工物の境界を一切認めないという立場をとっている。マクルーハンのように、時代とともに拡張させる機能が変化してきたという主張ではなく、身体も道具であり、新しく発明された道具と組み合わされることによって、むしろ身体の方が変化してきたと主張したのだ。

近代の社会は、増え続ける新しい物や変化していく環境の中で、それらを取り除いた後に残るはずの自分たちの身体が、どのようなものであるかを捉えようとしてきた。身体を中心にした物との関係性から、世界における意味や、その変化を考えることがファッションの哲学である以上、ファッションについて考えるとき、私たちがどのような身体と付き合っているのかを考えることは、不可欠な作業となる。

3 身体の規範

女性とズボン

長い目で見れば、男女は同一の身体に向かっている。しかしすんなりと同一の身体に向かっているわけではなく、近代以前から続く禁止や排除に従って、身体を男女異なったままにしておこうとする力も強い。それに、女性たちが男性たちと同じような服を着るようになったからといって、男女が同じルールのもとにいるわけではない。

ジョアン・エントウィスルは、専門職として働く女性たちが、男性からの性的な視線を避けるために、職場を歩く時やミーティングではジャケットを着るが、自分のオフィスではそれを脱ごうとする傾向があることを発見した。女性たちにとって「仕事をしている空間」が、あまりに「多様な意味」を持っているために、「男性の視線をうまく処理するための衣服に関する特有の戦略[23]」を、その都度、立てなければならなくなっていると、エントウィスルは指摘している。ジョアン・フィンケルシュタインが言うように、いくら専門職として認められる女性が増えても、ファッションは「現状を維持する働き」が強いものであり、そう簡単に「新しいものを徹底して経験する機会」[24]を与えてくれはしないのだ。

男性に囲まれて活動する女性の衣服にまつわるいざこざには、長い歴史がある。一四三一年にジャンヌ・ダルクに火刑が言い渡されたときには、ズボンを穿いていたという理由が決め手になった。当時、異性装は、神が決めた女性と男性の違いを無視する行為だとされていた。着ることによって神の秩序を乱す者は、火刑にも値したのだ[25]。

しかしそうは言いながら、ジャンヌが戦場でズボンを穿き、甲冑に身を包むことができたのは、周囲が許したからでもあった。ジャンヌが神がかりな存在だったこともあろうが、おそらくまだ、服装における性差に曖昧さが残されていたからであろう。それでいながら結局、火あぶりに処されたのは、慣習的な寛容さとは異なり、公的には服装の性差にたいする厳格さが確立していたからであろう。ジャンヌが活躍した一五世紀のはじめには、男女の服の差が明確になり、仕立職人のギルドが発生したとされているが、ジャンヌの火刑は、その時代を境にして、女性の身体と男性の身体が決定的に違うものとされるようになっていったことの、一つの証拠であろう。

ジャンヌ・ダルクが生きていたころに描かれはじめ、一五世紀の終わりに完成した『ベリー公のいとも豪華な時禱書《じとうしょ》』を見ると、女性はチュニックを着て、男性はズボンを穿いて農作業をしている。性差が求められるわけではない農業という労働においてすら、身体に見た目の性差が持ち込まれたということだ。洋の東西を問わず、近代までには、男女の衣服は違ったものでなくてはならないというルールが成立していた。それから現在に至るまで、身体の見た目の性差は、かなり強固に固定されている。現代社会においても、一見してその人がどちらの性であるかわからないということは滅多にない。

ところが不思議なことに、一九世紀後半のヨーロッパで、男性のように長ズボンを穿いた女性の写真が撮られている。それは一八七三年にアーサー・マンビーという著述家が、記録として撮影させたものであった。女性が流行のスタイルとしてズボンを穿く、百年ほど前のことである。

ズボンを穿いていたのは、鉱山労働者の女性であった。これに対しては、「炭鉱婦として丈夫なズボンをはいて働く女性たちの姿は、一九世紀末イングランドで騒動を巻き起こした[26]」という見方と、「ズボンを穿くということは、一九世紀の労働者階級の女性たち、とりわけ汚れた厳しい仕事をしていた人々の間ではごく普通のことであった[27]」という見方があるので、それがどの程度ありふれたことであったのかはわからない。しかし、近代の鉱山や工場をはじめとする、合理性を徹底的に追求した空間で、労働する身体に合理性のみが追求された結果、男女の差が消失しはじめていたのは確実であろう。これに似た現象は日本でも観察されていて、山本作兵衛による一連の炭坑絵に描かれている。坑道のような暗く狭い空間では、身体は極限まで効率を追求され、その身体は性差を超越した普遍的で交換可能な、機械の部品のような身体でなければならなかったのだ。

従順な身体

鉱山は、ルイス・マンフォードによれば、現在の生活を支えるさまざまな技術の出発点である。そこから蒸気機関が発明され、それを使った汽車や汽船が現れた。また、エレベーターや排水ポンプによって地下道が掘られ、それが地下街や地下鉄の元になった。

マンフォードは、これらの発明品を「鉱夫」とセットで考えた。みずから掘った地下坑道というまったくの人工環境の中で、労働時間と生産量によって計測される存在である鉱夫こそが、鉱山の生み出した、あるいは近代というイデオロギーの生み出した結晶だとマンフォードは位置づけている。

発掘した鉱物で、労働量が可視的に数量化できる鉱山労働では、それぞれの労働が数値化され、他の労働者と比較されて、より多くの鉱物を得るように要求されるのも当然だった。数値化され効率を追求される鉱夫の身体は、ミシェル・フーコーが「《従順な》身体[28]」と呼んだ「規律・訓練」によって「服従させられ訓練される身体」と同じものであろう。

もちろんフーコーも指摘しているように、鉱山だけでなく、病院、監獄、学校、工場、軍隊など、近代的な身体を形づくる装置は数多ある。目に見えない公衆衛生のような制度もまた、その一環だった。社会全体を覆う制度のもとで、「文明化のプロセスの一要素」として、下層社会の人々に至るまで清潔であることが目指され、誰もが「健全な身体」、すなわち「労働や戦争に適した身体[29]」を持つことが求められるようになった。

こういった施設や制度によって規律・訓練された「《従順な》身体」は、近代的な技術、発明、メディアと接続するようになり、それによって人々は身体観のみならず、身体そのものを変質させることになった。人々の身体は、教育や生産システムによって規律・訓練され、それまでとは違うものになっていき、効率的に、機械のように滞りなく動く身体が理想とされ、次第次第に、その身体を社会の成員全員が持つことが求められるようになった。均質で予測可能な労働をすることが期待され、誰もが平等に、均質で機械的な身体を所有することが求められるようになったのだ。

しかし、そうやって近代的な労働に都合の良いように飼い馴らされていった身体は、同時に「自由に動かせる新しい感覚」[30]を持った、居心地のよく活発な身体でもあった。ジャン・ボードリヤールが、「生産性向上のために合理的に搾取されるには、肉体があらゆる束縛から「解放」されなければならない」[31]と指摘しているように、人間がより大きな組織の一部として組み込まれていく中で、身体は互換性を持った効率のよい機械へと改造されていき、そのおかげで運動性能を高めていった。人々も、その身体を望むようになった。

ヨーロッパでは、かつて身体の規範は宮廷に求められた。日本の場合は、武家の身体と公家の身体がせめぎあった歴史があるが、いずれにしても、上流階級に身体のモデルが求められた。それゆえフランス革命では、身体の規範をどこに置くかが、階級闘争として現れることになった。その代表的な存在が、サン＝キュロットと呼ばれる第三身分のズボンである。ズボンを穿く労働する身体が、規範として、それまでの前近代的な身体に取って代わっていったのだ。

だからといって、それ以前も、それ以降も、今日に至るまで、身体の規範が、階級闘争によって変わってきたわけではない。実際は、階級間の対立という単純な図式では捉えることができないさまざまな要素が、身体の規範を作り出してきた。

ファッションは、「社会的な地位、階級、所得、ジェンダー、エスニシティ、地域、職業」などの「衣服を枠づけている社会的諸力」[32]、つまり権力体系によって変化する。フーコーが指摘したように、権力とは、社会を構成するあらゆる人による日常的な実践を通して再生産され続ける社会制度のことである。決して強大な権力者が存在したり、一方的に支配される少数者がいたりするようなわかりやすいものではない。宗教史家のミシェル・ド・セルトーに言わせれば、「所有者もなければ特権的な場があるわけでもなく、上司もなければ部下もなく、なにか抑圧的な作用をおよぼすのでもなければ、教義体系をそなえているわけでもない[33]」ような、厄介な存在なのだ。

たとえばヨーロッパにおいて、ロココ期に身体がくつろいだ姿勢を覚えると、椅子はそれに合わせて形や素材を変えていったが、近代化にともないその椅子が非ヨーロッパ世界に広がっていくと、今度は行く先々で人々の座り方を変えてしまった[34]。身体は、物の形を変えるし、また変化した物に影響を受けて変わったりもする。そこに、それを広めていく権力体系は存在するが、その変化は権力者の意図を超えたところにある。

私たちは、さまざまな社会的あるいは物質的経験を、身体化することで蓄積していく。それは個人のレベルにおいてでもだが、社会全体においても、文化という形で蓄積していくことになる。その時に、身体は権力や慣習との関係の中で構築されていくことになる。そして衣服には、身体がどのように経験され生きられているかや、社会と個人が身体をどのように考えているかが現れることになる。

4 美しい身体

二一世紀のファッション論

一九八〇年代に書かれた哲学者の鷲田清一の『ひとはなぜ服を着るのか』は、題名の通り、人間がなぜ服という社会的な構成物を着ているのかを哲学的に考察したものであるが、二〇世紀後半の日本の社会における、衣服に対する思いが書かれた本でもある。何よりも、ファッションや、それを作り出していくファッション・デザイナーが、社会を変える力を備えていることへの信頼が厚い。

この本には、日本の社会は物質的には最低限の生活水準をクリアしていて、今後は生活ができるかどうかという点で悩むことはなく、何を選ぶかという点で悩むだろうという楽観的な感覚がある。それはジャン・ボードリヤールや吉本隆明といった同時代の思想家たちによるファッションに関する記述にも見ることができるが、これから先は着る物が足りなくて困るのではなく、むしろ多すぎるものの中から選ぶことで困るだろうという未来観は、進歩し続ける直線的なイメージで歴史を捉えていたからだろう。

鷲田の著作からは、日本の社会の人々は、みな他人と違っていたいと思っていると、かなり素朴に信じていることが伝わってくる。しかし二一世紀になって以降、どちらかというと、人と違っていることに不安を覚える人の方が多いようだ。もちろんゲオルク・ジンメルも指摘していたように、人間は他者と違っていたいという思いと、他者と同じでいたいという思いのどちらも持っているので、それらの要素が一時的にどちらかに傾くのは不思議なことではないが、鷲田の提案した一連の議論をふまえて、二一世紀にふさわしいファッション論を磨き上げていくためには、鷲田とは違う角度で衣服やファッションを捉えていく必要がある。

鷲田のファッション論は、主に一九世紀後半のヨーロッパの服と、八〇年代の日本のファッション・デザイナーの服を考察することから構成されている。人類は解放に向かっているという二〇世紀後半の歴史観の中にいた鷲田が、二〇世紀における大衆文化や政治形態の基盤を形成した一九世紀の後半と、それらが日本で成熟した八〇年代の物質生活を、人類の進歩の成果として取り上げたのは自然だろう。

おそらく二一世紀の社会では、人類が解放に向かっていると、素朴に信じている人はいないだろう。どうやら人間は、一つの抑圧や束縛から解放されても、すぐさま別の抑圧や束縛に絡め取られてしまうので、解放の前より後の方がいいとは限らない、というのが共通理解ではないだろうか。

そういった歴史観を持つ私たちが、ファッションの歴史において、何よりもまず見直すべきは、「身体の解放」という語り口だろう。鷲田も、身体は解放へ向かっているという立場をとりながらも、身体が解放されるからといって、人は「体表をまったく刺激しない服」や「からだにやさしすぎる服[35]」を着て生活するようにはならないだろうと指摘している。どこかで衣服が身体に負荷をかけないと、人は着ていることを実感できず、安心できないというのだ。鷲田の指摘する通り、おそらく、これからも身体はさらなる解放に直線的に向かうことはないだろう。その代わりに、私たちには、どのような束縛を選択するかの決断を、常にしていくことになるのだろう。

束縛は、物理的なものだけとは限らない。社会的な身体の規範から外れないように要求してくる、心理的な束縛もある。ファッションは、何が美しい身体かを決定する社会的なシステムであり、「かっこいい」や「かわいい」の規準、「男らしさ」や「女らしさ」の通念、「洗練」と「野蛮」の境界などを決めていく場でもある。これらの美意識こそ、束縛の最たるものである。

それらの美意識に基づいて、ファッションは美醜による差別の体系を作り上げる。それは、社会を構成する全員の日常的な何気ない実践が、差別や排除の権力構造を生み再生産し続けるという、フーコーやセルトーが指摘する権力体系の、とても典型的な実例である。美しい人を賞賛することは、そうではない人を否定する差別的な行為となる。それを日々、すべての人が普通にやっているのだ。

抑圧者の不在

この差別の体系は、美しい身体を持つ人が、美しくない人たちを抑圧する単純な構造で成り立っているわけではない。あるいは、マスメディアで流通しているイメージを作り出すカメラマンや編集者、身体像を作り出しているファッション・デザイナーが、抑圧者というわけでもない。美しい人は、社会によって美しいと認定されているのであり、美しい人とはどういう人であるかを自ら決めているわけではないのだ。編集者やデザイナーもまた、社会的な需要に応えているだけである。美しい人や表現者たちが、自由に身体を形作って、美の基準を作っているのではなく、むしろそういった人たちほど、既存の思考と行動の枠組みに強く束縛されている。[36]

人々は、男女を問わず、社会的に決定された身体像に閉じ込められており、それから自由になることは不可能である。服を着たり、髪や髭を整えたり、化粧をしたりして身体を形作るには、誰であれ、何らかの社会的イメージに縛られる。そしてその際には、どうしても美的な価値観を無視するわけにはいかない。

その美的な価値観や審美眼は、社会的に決定されたものを内在化したものに他ならない。なので、社会的な身体像を参照して、自らの身体を形成することは、既存の価値観の再生産に貢献することになる。社会が要求する美の基準に合わせて自分自身の身体を加工することは、多数派の価値観を受け入れたことを告白することにほかならないのだ。

ファッション・デザイナーやファッション・フォトグラファーや、ごく一部の消費者の中には、既存の身体観に対抗して、新しい身体像を作り出す人々もいる。彼らは美の基準が一元化されないように、違う美のあり方を提案し続けているが、しかし、それが美しい身体だと認められた瞬間、今度は、その新しい身体像が人々を閉じ込める檻になる。

それに、そもそも表現者だと思われている人には、人間の美の基準を一元化することにひたすら貢献しているような人の方が多い。既存の美をなぞって強化する方が、人々に求められ受け入れられるからだ。

私たちの社会では、かつてよりは、社会的に認められた美しい身体に、自分の身体を近づけることが容易になっているが、そのことがかえって檻を強固なものにしてもいる。服や装飾品で着飾ることと、ダイエットや整形などによって身体を加工することと、薬品や医療によって健康を管理することが繋がり、身体加工技術は目覚ましく発達した。荻野美穂が指摘するように、身体は所有物として認識され、「テクノロジーを用いて意のままにコントロールしうる／してよい対象」[37]だと思われており、心理的な抵抗も少ない。しかしだからと言って、人々が自分の身体に対して満足度を上げているというわけでもない。実際は、その逆だろう。

今や誰でも簡単に、ダイエットや美容などの情報を手に入れることができるが、それもまた、女性たちを苦しめている。非常に効果があると説得してくる情報の、すべてを鵜呑みにする人は少ないが、そうやって情報が手に入るにもかかわらず、その中から自分にあったものを選択し実践しないのは、怠惰で努力不足であるという考えが蔓延している。

小倉孝誠が指摘するように、近代を迎えてもしばらくは、「女性の美しさは、夫が社会的に成功したことの反映であり、子孫を生み、家系の存続をたしかなものにした者にあたえられる褒賞[38]」だと捉えられていた。ところが現在は、女性が美しいのは自分の努力の賜物とされるようになった。その努力は、社会で活躍している女性や未婚の女性に対してだけでなく、既婚女性にも求められている。そのことをナオミ・ウルフは、「はかなく尽きることのない美を求める仕事が、はかなく尽きることのない家事にとって代わった[39]」と言い表している。いまや女性たちは、「プロの主婦と、プロの職業人と、そしてプロの美人[40]」であることを、同時に要求されるようになった。ウルフは、「「美しい」女性は勝者ではない[41]」とまで言い切っている。

ファッションは、貴賤や貧富の差、性差、美醜の差を、わかりやすく視覚化した差別の体系であるが、ファッションによって抑圧されているのは、美しくないとされる身体を持つ人のみならず、美しいとされる身体を持つばかりに、いつまでもその身体を維持するように求められ、その外側に出ることが許されないような人々も同様なのだ。ファッションには、終わりのない抑圧の構造に全員が巻き込まれて、その構造を再生産せざるをえないという悲惨さがある。

こういった束縛や抑圧の構造に対して私たちができることは、複数の美意識の体系を持つことだろう。突破口としてまず、自分にとっては美しいとも着たいとも思えない服をじっくり見て、この服に魅力を感じる人は、どういう感性や考えの持ち主かと想像してみることが有効だろう。

ファッションについて考えることは、他者について、他者の内側に入り込んで考えることでもある。人の服装を見て変だと思ったとしたら、なぜ自分は変だと思っているのかを考えるべきであろう。なにしろ昔の人類の着ていた服はすべて、現代の人々にとっては変なのだ。自分の頭の中で参照している「普通の服」は、いつの間にか頭に忍び込んできた、人間とはこうあるべきという同時代の支配的な観念である。それを、普遍的で取り替えの効かないものだと思わないことが肝要である。

幸い、ファッションは終わりのない抑圧の構造ではあっても、常に移り変わる構造である。ファッションが露骨な抑圧のシステムでありながら、喜びや楽しみになるは、人々が騙されて麻痺しているからではなく、そこに逆転があるからだ。絶え間なく転覆を繰り返すことによって序列が入れ替わるファッションの構造には、差別を固定化しない柔軟さがある。着るという簡単な行為を通して、私たちは差別を転覆し、自分や人類全体の可能性を切り拓く瞬間に立ち会うことができるのだ。

5　スーツと多様性

単一の人間型

リクルートスーツのあまりにも同じ格好が、毎年、就職活動の時期に話題になる。しかし多くの人にとって、リクルートスーツは、少しの間だけ我慢すればいい些事、もしくは通過儀礼の衣裳に過ぎないのだろう。リクルートスーツを着て就活をすることが、どんなことであれ目をつぶって済ませればよいと考える、見て見ぬふりをする精神を身につけるための訓練になっているとは、あまり考えられていないようだ。リクルートスーツの存在は、同じ衣服を着せる力、つまり、同じ身体を持つことを強制する強大な力が存在することを、若者たちに教えている。

リクルートスーツは、あまりにも同じように見えるので、当人たちにも不評だが、かといってリクルートスーツを着ている人たちが、普段は千差万別の服を着ているかというと、そうでもないようだ。若い女性は、流行に振り回されやすいので同じ格好をしており、逆に若い男性は、身だしなみへの無頓着さから同じ格好をしているとは、よく言われることだ。もっとも、若者を非難する口実として、見た目が似ていることが使われているだけという側面もある。

とはいえ、若者の見た目が似ているのは個性がない証拠であり、個性を持っていないのは自我が確立していないことを意味するので、大きな問題であるという指摘が、まったく的外れとも言い難い。衣服の統一は、「普遍的な巨大組織体のなかの部品として、個人が大幅に交換可能になることを前もって現わしている」と、アンドレ・ルロワ＝グーランは警鐘を鳴らしている。同じ衣服を着ることによって、人々が、「生産細胞の機能に理想的にかなった単一の人間型に還元されてしまう」[42]危険性があるというのだ。

ただ、それを言い出したら、社会全体の人間が五十歩百歩の格好をしていると言わざるをえなくなる。にもかかわらず若者だけに、個性を持つことを放棄していると非難の眼差しを向けるのは、ずいぶんと酷なことである。それに、さらに若い中学生や高校生に対しては、制服を着せているだけでなく、化粧を禁じたり髪を黒く染めさせたりして、人間がどれほど多様な存在であるかや、自分がどうやって身体を作りあげていくかについて、考える自由を奪っている。

後天的に姿を選択する自由は、自分で自分を構成する自由を意味しており、それは先天的に持たされた身体的特徴だけでなく、身分や家族あるいは性別など、場合によっては隷属を強いる制度からの自由を意味してもいる。後天的に姿を選択する自由を禁じることを基本とするような教育が行われれば、自分で自分を構成する自由を放棄した成人になるのは、当たり前といえよう。

何よりもまずは、若い人たちを尻目に一番そっくりな格好をしているのが、スーツ姿のサラリーマンだということを考えてみるべきであろう。

スーツにも細かい差異があり、その差異がわかる人に言わせれば、どのスーツも同じように見えるのは無知だからということになるが、その差異を見極められるようになるには、それなりの訓練が必要だ。細かい差異があって、見極めるのに訓練が必要なのは、若い男女の普段着においても同じであろう。若い男女の服装の差異がわからないのも、また無知ゆえであり、にもかかわらず、若者が年上の人間を無知だと叱責できないのは、単に立場が弱いからである。そもそもリクルートスーツにしたところで、サラリーマンのスーツを模倣したものに過ぎないことは、忘れてはいけない。

それに若い人たちの服と違って、スーツはこの二〇〇年、ほとんど姿を変えていない。そのためスーツに対する批判は、昔から延々と存在してきた。たとえば中世史家のヨハン・ホイジンガは、一九世紀に起きた男性服のスーツへの変化を、次のように捉え、嘆いている。

男の服装は少しずつ色彩のないぼやけたものとなってゆき、しだいに変化をこうむることも乏しくなった。その品位、威儀を、礼装のなかにはっきりと輝くばかりに示していたかつての優雅な貴人は、いまでは真面目な市民となった。服装的に言っても、彼らはもう英雄を演じているのではなかった。[43]

スーツが持つ真面目な均質さは、自分がその均質性の中に含まれていると自覚がある場合には、安心感を与えてくれる。しかし一方で、自分がその均質性の中に含まれていない場合には、排除されるのではないかという思いから、不気味に感じ、恐怖や不安の対象にもなる。

リクルートスーツは、不安を覚える立場にいる部外者たちが、安心を覚える集団に入る承認を得るための衣裳であるゆえに、ことさら儀礼性を要求されているのだろう。

スーツのモダニティ

二〇一六年五月に行われた伊勢志摩サミットでは、会議に先立ち、伊勢神宮の内宮への参拝が行われた。キリスト教諸国の首脳がほとんどであるので、果たして参拝という言い方が適切か定かではないが、いずれにしても伊勢神宮の神職に率いられ、首脳陣が横一列に玉砂利の上を歩いた。中央を歩いたのは、ドイツのアンゲラ・メルケル首相、アメリカのバラク・オバマ大統領、日本の安倍晋三首相の三氏であったが、いずれもジャケットとズボンという格好であった。

メルケルはネクタイを締めず、薄紫の上着に黒いズボンを穿いていた。上下の色が違うので、厳密にはスーツではないが、それでもスーツのバリエーションを着ていると言っていい。オバマは黒の上下に青いネクタイ、安倍は青い上下に赤いネクタイを締め、誰が見てもスーツを着ているとわかる。

もちろんこれは、先進諸国が同じ価値観の下に、世界平和を願っているとの演出でもあるが、女性、黒人、アジア人という、近代の初期には排除や差別の対象であった人々が、その他の白人男性を従えるかのように、近代白人男性のために作られたスーツを着て歩いたことの意味は大きい。

そしてその一方で、首脳たちと対比的に、彼らを先導した神職が、烏帽子、狩衣、袴の民族衣裳であったことの意味も大きい。それによって、多様な文化を肯定するパフォーマンスにもなっていたからだ。そこには、政治的に演出された、平等化と多様化のぎこちない空間が出現したが、それは現在の世界のぎこちなさそのものであった。メルケルの首まわりにおけるネクタイの不在は、それでも女性がまだ排除の対象であり続けていることを示唆してもいた。

スーツは、近代における産業社会的な身体の理念をヴィジュアル化したものである。ただしだからと言って、実際に機能的で有用というわけではない。スーツが何であるかについては、アン・ホランダーの『性とスーツ』に、実に丁寧に描かれている。

理想の男性服とは、別個に独立した重なり合う断片でできているにもかかわらず、身体を一つの統一感で包み込んでしまう構造を持つ。腕、脚、胴体の線を視覚的にたどることはできるが、服が体にぴったりと沿っているわけではない。したがって胴体や四肢を大きく動かしても、縫い目やつなぎ目がぎこちなくひきつるようなことはない。しかも、個々人の身体の表面の凸凹は、強調されるのではなく均一に平らかにされる。スーツの各パーツは重なり合っているので、身体を大胆に動かしてもパーツ間のぶざまな隙間が見えることもない。[44]

スーツの出現は、女性の衣服が多様化していったことと補完的な関係にある。男性と女性との違いが強調されることによって、男性に「互いに同じ外見を持ちたいという共通願望」が生まれたのだ。スーツは「明晰な精神と落ち着いた気質を仲間と共有していることを表現しつつ、同時に際立った個性を発揮する」[45]ことを可能にしてくれた。身体はあくまでも平等に見え、そのことによって顔の造作の違いが強調され、そこに個性が宿ると考えられるようになった。

ホランダーはスーツの完成度には感嘆しつつも、スーツを着る男性の文化には手厳しい。スーツはハイスクールの制服と同じような、「仲間と同じに見えるがゆえに安心して着ることができる服」であり、男たちは「ばかにされることを怖れ」て、「規定の様式に従った装い」にしがみついているという。ヴェールを被るようにして、「滑稽に見えぬよう守ってくれる」[46]スーツを着込み、本当の自分が見透かされる心配から必死で逃避しているというのだ。

近代的な三つ揃いのスーツは、一六六六年一〇月七日に、イギリス王チャールズ二世によって採用されたとされている。もっともこの時は半ズボンであったが、フランスに対抗したイギリスのアイデンティティの確立の一環として行われているのは興味深い。[47]その後スーツは、長ズボンを取り入れ、黒を代表とする暗い色で作られるようになって完成する。かつてイギリスの心理学者ジョン・カール・フリューゲルは、男性たちが地味な色合いのスーツを受け入れていったことを「男性の大いなる美の放棄」[48]と呼んだ。現在は、「大いなる美の放棄」と賞賛されることも、一時期のように「ドブネズミ」と呼ばれて、見苦しいもの扱いされることもなくなり、ひたすら日常の風景となった。

就活生や、若い女性や、サラリーマンが、特に同じ格好をしようと目指しているわけでもないのに、部外者から見て似てしまうのは、均質性が要求される排他的な集団を形成しているからだ。彼らは、自由意思で集まって集団を形成しているわけではなく、社会的に期待される役割によって、結果として集団を形成している。だから、細かい差異を無理にでも作って、自分はその他大勢とは違うということを、主張し合わなければならない事情も発生する。

同じ見た目の人が存在しているのは、その人々が、特定の社会的な機能を担っているからだ。彼らや彼女たちを、社会に大量に供給される互換性のある部品と否定的に捉えることもできれば、不可欠な役割を担っている大きな勢力と肯定的に捉えることもできる。いずれにせよ、見た目が似た集団が社会の中にあったとき、その役割や機能を解明し、集団が社会における脅威になっていないか検討する必要はあるだろう。それでももし、その巨大な集団が、社会全体の健全な活動を阻害しているなら、改編や解散させるなどして解決した方がいい。

同じ見た目の集団は、同じ役割を担った人々の集団であるので、同じ見た目であることを、個性がないとか個人の心が豊かでない証拠だと非難するのは、やはり的はずれである。しかし、その集団に所属する人たちが、四六時中、常に同じ見た目で、固定された役割を果たすだけの存在になっているとしたら、放置してしまってはいけない。人は常に複数の集団に所属し、複数の役割を果たしている。それは複数の関係の中で生きていることを意味している。ある特定の条件下における役割ゆえの外見が、その役割を果たすべきではない領域にまで持ち込まれることで、その人の全人格が決定されてしまうようなことは、あってはならない。

しかしだからと言って、複数の関係性の中の多面的な自己を維持するために、一日中、場面場面で着替え続けるなどということは、個人の努力を超えている。それでも、毎日違う服を着て、違う自分を確認することはできる。そのため、思い立ったら気軽に、昨日とは違う見た目に変えられる毎日を送れるよう、社会を維持しておくことは、思いのほか重要なのだ。

確かに、どれも同じように見えるスーツもまた、装飾を廃して零度の身体を表現することで、逆説的に内面の自由を示唆することを目的にしている。スーツは何も意味しないことで、役割を固定されることからの自由を目指した衣服でもあるのだ。なので同じように、若者たちの一様的な外見も、内面の多様性を示唆していると考えることはできる。

もっとも、示唆しているからといって、服を着ている人たちが、実際に多様だとは限らない。内面の一様性が、素直に表出しているだけということもありえるだろう。それは、若者の同じような服についても、サラリーマンのスーツについても、就活生のリクルートスーツについても言えることだ。

身分制度が瓦解し、見た目の制約から建前上は解放された近代社会では、服や物を趣味に従って買い、自己演出することが、主体性の発揮と考えられてきた。そして、自分の見た目を自分自身で恣意的に作り上げ、他方、他者の見た目の背後に隠された本性を見抜こうとすることで、さまざまな駆け引きが行われてきた。しかし、個性や、趣味や、意思が、人間にとって重要だとされるようになったのは、実はそんなに前のことではない。二一世紀の社会においても、そういった考えが定着しているようには思えない。それだけに、個性や、趣味や、意思を持つことがまったく大事だとは思われず、見た目の多様性もまったく重視されない時代が、この先やってこないとは限らないのだ。

6 クリノリンの機能性

コルセットと主体性

女性が着飾るのは自分の意志からであろうか、あるいは社会的に強制されてのことだろうか、という問いかけは、欧米の場合しばしば、二〇世紀の初めまで女性がコルセットを着用していたことに主体性はあったのか、という議論に置き換えられる。

ポール・ポワレやココ・シャネルなど、一九二〇年代のアール・デコ期におけるデザイナーたちによるコルセットのない衣服の創造は、束縛からの解放とされ、現在では、コルセットがなくなったことは、多くの女性たちにも賞賛されている。デザイナーたちが、いかにも勇気ある提案をしたように思われがちだが、実のところ一九世紀にはすでに、多くの医者たちが、コルセットは身体に悪影響を及ぼすからつけない方がよいと、再三指摘していた。にもかかわらず、女性たちがコルセットをつける習慣はなくならなかったのだ。コルセットの習慣が維持されたことや、消滅したことと、女性たちの意思との関係は、決して自明ではない。

コルセットはウェストをきつく締め上げ細く見せる道具ではあるが、コルセットはコルセットだけで存在していたのではなく、元々は、そこから吊り下げるスカートとセットであった。つまり、細身の上半身、くびれたウェスト、スカートによって膨らんだ下半身というシルエットを作り出す道具の一部分だったのだ。

コルセットのような下着は「ファウンデーション」と呼ばれ、汗を吸い取る「アンダーウェア」や、性的な記号としての「ランジェリー」とは違う、身体の形を作り出す機能的な装置として位置づけられている。一九世紀前半において、スカートの中に穿くペティコート用の生地は、全長三〇メートル以上に及んだと言われているが、こういった重たい布をぶら下げるためにも、コルセットは必要だった。ほとんど、布を運ぶための道具である。

後述のように、その後スカートの中身は軽量化に向かうのだが、近代になってもしばらくはスカートのボリュームは維持された。その結果として、「女性の動きはいちじるしく制限され、路面電車にも乗れず、百貨店の通路も通れない」ありさまで、この室内装飾のような服のおかげで「公的な生活へのまっとうな参加は事実上排除」されていた。一九世紀のフェミニストは、「いまの格好をした女性が男性と平等の賃金を何とか稼げるような職業などない」と嘆いたという。[49]

コルセット自体にも問題はあった。後世にコルセットから女性を解放したと言われたポール・ポワレも、「コルセットというしろものは、まさに鞘、もしくは枠のようなもので、身につけていると女性たちは喉から膝まで縛られているようなありさまだった」[50]と述べている。ただ、ポワレは少し言い過ぎでもある。前述のように、コルセットはヨーロッパのドレスの下に潜んだファウンデーションの一部である。にもかかわらず、ポワレがコルセットの追放者と言われることはあっても、ペティコートや巨大スカートの追放者と呼ばれることがないのは、ポワレがコルセットを追放する頃には、ほかの問題があらかた片づいていたからである。[51]ポワレが活躍するころには、身体はだいぶ自由を得ていたのだ。

その解決の嚆矢となったのが、一九世紀後半に流行したクリノリン・ドレスという服だ。クリノリンは、ペティコートのように三〇メートル以上の布を巻きつけたものではなく、クジラのひげや鉄の針金で出来た輪を、革紐などで繫ぎ、ウェストから吊ることによって、半球の形状を形づくる下着である。クリノリン・ドレスがどのようなものであったかは、映画『風と共に去りぬ』を見れば瞬時に理解できる。特に黒人の召使いの手を借りて、主人公のスカーレット・オハラがコルセットを着用し、次第にクリノリン・ドレスを着込んでいくシーンは有名だ。

クリノリン・ドレスを流行させたのは、チャールズ・ワース、もしくはフランス語読みでシャルル・フレデリック・ウォルトという名のイギリス出身の人物である。ワースはパリでオートクチュールをはじめた人物、つまり最初のクチュリエと呼ばれることもある。そのクチュリエが、ナポレオン三世の皇妃ウージェニーと共に流行らせたこの服は、瞬く間に国境と階級を超えて広がっていった。

これほどに、階級に関係なくひとつの形式の衣服が着用されたのは、ヨーロッパの歴史においては中世以来のことだった。「高級仕立服」を意味するオートクチュールは、上流階級向けの衣服であると言われているが、上流階級ではあっても身分制社会下の特権階級ではなく、資本主義社会でのブルジョワジー向けのものである。クリノリン・ドレスが階級の壁を超えて流行したことは、同時に、それを着用する人たちも、階級の壁を超えて移動する可能性があることを意味していた。結果としてクリノリン・ドレスは、身分に縛られることなく何を着てもいいというフランス革命の精神を、具体的な形にしたものになった。

もちろん現在の衣服と比べれば、クリノリン・ドレスの身体は、機能的で自由な身体とは言い難い。アン・ホランダーによれば、クリノリン・ドレスは西洋社会が長らく持っていた「男性服は清廉で快適かつ実用的、しかし一方の女性服は着つけが困難で人目を欺く愚かしいものという理念」[52]を、そのまま形にしたような衣服である。

にもかかわらず、クリノリン・ドレスが近代の合理的精神の賜物であることも間違いないことなのだ。クリノリン・ドレスが、有閑階級だけではなく、庶民階級まで普及したのは、クリノリン・ドレスの身体が、庶民の日常生活でも、移動し労働できる運動性を確保できたからにほかならない。

不合理な近代

コルセットやクリノリンは、足の形に合わないハイヒールと同じようなものである。人類学者のデズモンド・モリスは、コルセットや靴が、過去だけでなく現在も、女性たちに「残酷な要求をつきつけようとしている」と指摘している。[53]あるいは、男性たちが首のまわりにぶら下げているネクタイも、それらと変わらないと言えるかもしれない。コルセットやハイヒールとネクタイでは身体への負担は違うが、夏の盛りに炎天下で首の周りを紐で締め上げるのも、それほど楽なことではないだろう。

こういったさまざまな服飾品は、自我の輪郭を浮かび上がらせるための、非常に不合理ではあるが近代的な装置である。前近代の遺物と捉えられがちなクリノリンですら、その前の時代において、形状を作り出すために何枚も穿かれていたパニエを軽量化し、歩行しやすくした近代的な発明品なのだ。それがどれほど動きやすいものであるかは、タイ王モンクットと、その息子の家庭教師アンナを描いた映画『王様と私』の中で、クリノリン・ドレスのアンナが、王の手をとって華麗に踊るシーンを目にすればわかるだろう。

さらに小倉孝誠は、コルセットが普及した要因のひとつとして、「一八四〇年頃、コルセットの紐の結びかたに改良が加えられ、女性が下女や、夫や、あるいは愛人の助けを借りずにひとりでコルセットを装着したり、取り外したりできるようになったこと」[54]をあげている。軽量化と操作方法の改良によって使い勝手をよくしていくことは、現在の家電や自動車とも共通した、近代的なプロダクトの特徴である。

実は「ファージンゲール」など、クリノリンと同じような仕組みのファウンデーションは、一五世紀には存在していた。だが、クリノリンは、ファージンゲールなどとは比較にならないほど大量生産され普及したことが大きく違う。前述の『風と共に去りぬ』が南北戦争当時のアメリカ南部を描いた映画であり、『王様と私』が当時シャムと呼ばれた東南アジアのタイを描いた映画であるにもかかわらず、両方においてクリノリン・ドレスが重要な役割を果たしていることは、この衣服がいかにグローバルに普及したかを示唆している。ヨーロッパを中心にアメリカから東南アジアまでということは、ほぼ世界中ということになる。

クリノリン・ドレスは、一八四〇年代から七〇年代にかけて普及しており、特にフランス第二帝政期の五四年から六七年の間に全盛期を迎えている。クリノリンの素材である針金は、鉄の大量生産技術が確立しないと作ることができない。ミシンとファッション・ブックというテクノロジーやメディアがなければ、大衆に普及していくこともなかっただろう。巨大な半球をぶら下げてでも移動できる交通手段や交通網などの発達がなければ、日常的に着るのは不可能である。大量生産技術、マスメディア、交通網を背景に作られたクリノリン・ドレスは、やはり均質さと機能性を求める近代的な身体のための衣服だったのだ。

クリノリン・ドレスを着用することは、典型的な身体技法である。当然のことながら、現在の日本の社会に生きている女性は、着用することもできなければ、それを着て生活することもできない。そして他の身体技法同様、クリノリン・ドレスを着用することは、自分の身体を加工する主体としての感覚を着用者に与えた。

ホランダーによれば、コルセットを締めることによって、女性たちは自分の身体と格闘し、「これを着てはじめて完全になれる、という感覚」を得たという。ホランダーが「このような感覚を与える服こそ真に快適な服」だと断言しているように、女性たちはコルセットできつく身体を締め上げ、クリノリンをぶら下げることで、「快適に服を着ているという本人の個人的な感覚」を得たのだ。それはちょうど、「現代の女性がゆったりとしたセーターとぴったりとしたブルージーンズを着るようなもの」だったと、ホランダーは指摘している。[55]

ところでクリノリン・ドレスが流行した頃、日本はすでに開国していたが、クリノリン・ドレスが流行することはなかった。それは日本にまだ、欧米並みの技術・メディア・交通がなかったことの証左でもある。

しかし、日本の庶民の女性たちが近代になって、江戸時代の武士階級の子女の姿を真似て振袖を着るようになったことは、欧米におけるクリノリン・ドレスの普及と似通った現象だと言える。あるいは柳田國男は、江戸時代における木綿の普及によって、女性が内股に歩くようになり、「それが美女の嬌態と認められることになった[56]」と指摘しているが、この身体技法の変化も、欧米におけるクリノリンの普及同様の近代的な事象と言える。それらは、江戸から明治へと続く商品経済の発達による都市部の巨大化によって、階級や地域を越え波及していった。クリノリン・ドレスや振袖や内股歩きは、近代社会が女性に対しても均質な身体を求めはじめ、それでいて、身体における性差を新たに仕切りなおそうとしたことの結果なのだ。

7　ミニスカートと走る身体

ツイッギーというモデル

ミニスカートを穿くようになって、女性たちはよく走るようになった。実のところ本当に走るようになったかどうかは証明できないが、少なくともミニスカートが日本で流行した六〇年代の後半以降、ミニスカートで走る若い女性の映像が頻繁に見られるようになった。

それというのも、くるぶしまであるような丈の長いスカートは、たとえたっぷりと布分量をとっても、脚にまとわりついて走りにくいし、あるいは膝下丈のタイトなスカートは、ちょうど両脚を軽く縛るようなもので、脚が前後に運動するのを阻害する。脚を束縛する布の下限が膝を見せるまで上昇したとき、はじめてスカートは、女性に遠慮のない疾走を許すようになった。衣服は身体の形状に従って作られるのが常ではあるが、衣服もまた身体の動かし方を規定する。

ミニスカートの身体といえば、ツイッギーだろう。ナオミ・ウルフは、一九六五年にツイッギーが『ヴォーグ』に登場したことを、諸刃の剣だとして、二つの側面から捉えている。女性たちにとっては、母親にふさわしい豊満な身体を所有しなくてもいいという理由で「出産の束縛からの自由」を暗示し、男性たちにとっては、ツイッギーのか細い身体は「女の弱さ、セクシャリティの希薄さ、飢餓[57]」を示すものとして、安心感を与えたというのだ。

ただ、弱さや未成熟さを持った女性は、ツイッギーによって突然現れたわけではない。直前にも、オードリー・ヘップバーンという偉大な先達がいる。アン・ホランダーが指摘しているように、「近代のエレガントな女性」は、「成熟した大人の女性」ではなく、「さまざまなスタイルを持つ自立した「女の子」のイメージ[58]」を纏って登場しており、第二次世界大戦以前にも、メアリー・ピックフォードのような「女の子」タイプの女優たちは喜ばれていた。

ツイッギーもオードリーも、「女の子」的イメージのバリエーションなのだ。

ミニスカートで走る姿も、歴史上はじめてというわけでもなかった。と言っても、走っていたのは男性だった。ギリシアやローマの戦士たちはみな、ミニスカート丈のチュニックで戦場を駆け抜けた。男性のチュニックが姿を消すのは、ヨーロッパでは中世もだいぶ後の方である。六〇年代にミニスカートは、性的な防御であり防寒の役目も果たすパンティストッキングとともに普及したが、ミニにパンストというスタイルは、中世の騎士にそっくりである。

かつてのヨーロッパにおいて、ミニスカートは戦士の衣服だった。男性の衣服としてのミニスカートなら、歴史上それほどめずらしいものでもなかったのだ。六〇年代のミニの女性たちは、ギリシアの戦士や、中世の騎士並みに走るようになっただけのことである。しかし女性が街中で、男性と同じ走る身体を持つようになったのは、とても大きな変化でもあった。

性の解放

身体と衣服との関係の揺れ動きは、特にミニスカートに限ったことではない。人間の歴史は、衣服と身体の相互干渉の歴史である。そのことについては、文明批評家のバーナード・

ルドフスキーが『みっともない人体』という名著を書いているが、ルドフスキーは、一九世紀から二〇世紀初頭の女性たちと、二〇世紀後半の女性の「姿かたちがほとんど似ていない」[59]ことを指摘している。

というのも、二〇世紀の前半を通して、女性の身体は実に小さくなったからである。正確に言うならば、小さくなったのは衣服であるが、女性ひとりが空間に占める容積は小さくなったし、見た目にも小さく映るようになった。そうやってだんだんと生来の身体そのものの形象へと縮小して、行きついた先がミニスカートだったのだ。

六〇年代から七〇年代にかけてミニスカートは、ちょうど同じころに市民権を得たジーンズとともに、身体の解放の象徴とされるようになった。女性が人目をはばからずに、日常生活の中で自由に思うまま、自分の身体を動かせるようになったというのは、確かに解放であった。しかしその「身体の解放」は、いつまでも単純に、走れるということだけを意味はしなかった。そこに多様な意味が付加されていったのだ。

ミニスカートは、それまで人目にさらされることのなかった「膝」を出すようになった衣服だと思われがちだが、それまで女性が膝を出したことがなかったかといえば、そうでもない。膝下丈でも、膝が隠れる程度の長さなら、椅子に座ったときに膝は見えた。ミニスカートが露わにしたのは、膝というよりもむしろ内腿であった。内腿は疾走するときに見せる部分であると同時に、性行為のときに見せる部分でもある。つまりミニスカートによって日常空間に持ち込まれたのは、女性たちの機能的な身体と、性的な身体だったのだ。

今となっては、六〇年代の「身体の解放」は、「性の解放」とまったく同義と考えられている。しかし、「性の解放」という意味を大きく含むとはいえ、「身体の解放」は、「性の解放」とまったく同じではない。ミニスカートは時代を経るにしたがって、性的なアピールの手段としてのみ解釈されるようになっていくが、ツイッギーや、ミニの生みの親と呼ばれたデザイナーのマリー・クワント自身がミニスカートを穿いたとき、それは女性らしさのイメージに立脚した性的なアピールではなく、中性的で脱女性的なアピールとして、発信され、受け取られたことも、忘れるわけにはいかない。

それに日本の社会では、ミニスカートよりノースリーブの方が、よほど性的な意味合いを持ち、反発も強かった。三鷹市などでは、市役所職員にノースリーブ禁止令が出されたほどである。[60]社会によって、受け入れられ方が違うことも留意しなくてはならない。

アン・ホランダーが『性とスーツ』の中で指摘するように、ヨーロッパの女性たちは、長らくズボンを穿くことを禁止されてきた。それは男性より劣るはずの女性が、男性と同じ四肢を備えた、男性と変わらない身体を持っていることを、隠すためであった。認めてしまうと、女性は男性より劣るとする根拠を失ってしまうからだ。

しかし近代に入ると、多くの女性たちは、自分たちが男性に何ら劣らない存在であることを示そうと戦いもしたし、逆に男性並みに労働する身体を持つことを強いられもした。そこで、「女性も完全な人間であることを証明してみせること」[61]が必要となり、ズボンを穿くことで、女性にも自由に動く脚が存在することを証明し、時同じくして、ズボンより直接的に内腿を見せるミニスカートを穿くことにもなったのだ。

しかし、機能的な身体として誇示されたミニスカートは、すぐさま性的な眼差しに絡められ、むしろ女性らしさの記号として定着していくことになった。ミニスカートによる「身体の解放」は、その発端から「性の解放」として意味がすり替えられ、機能的な身体は性的な身体へと意味を変え、ミニスカートも、性的な欲望の対象に転化されていった。さらには、その身体を他者として見る者だけではなく、当の見られる女性たちも、自分の身体を欲望の対象として見るようになり、より欲望をかきたてるよう作り込んでいった。

衣服の形、つまり身体の形と、そのもつ意味は、常に相互作用しながら留まることなく変化していく。それに伴い性的魅力の部位も移り変わっていく。ミニスカートという、一つの衣服によって身体の意味は大きく変えられ、その身体の意味の変化によって、また衣服の意味が変えられることになった。

ミニスカートは衝撃的な衣服ではあったが、結局、ジャン・ボードリヤールが指摘するとおり、「肉体が公然と姿を現わしたという事実は、たしかに潜在的にはもっとも革命的な出来事であり、したがっていかなる既成の社会秩序にとってもも危険極まりない事態であるはずなのだが、実際には「人間解放の神話」として体制に組みこまれ再利用[62]」されることとなった。ミニスカートはとても政治的な事件だったのだが、とても政治的に解毒され解決されたのだ。

アンドレ・クレージュ

しかしミニスカートは、単に曲解され敗北した衣服ではない。マリー・クワントと並んでミニスカートの始祖とされるアンドレ・クレージュは、ミニスカートを提案すると同時に、それに付随した美意識や生活様式も提案し、その多くは現代の社会に受け入れられている。

クレージュは、クリストバル・バレンシアガの弟子としてキャリアをスタートさせた。バレンシアガからの独立後にクレージュを有名にしたのはミニスカートだが、パンツスーツも同じくらい有名である。いずれにしても、機能的な身体をテーマにしているのは一貫している。

クレージュは、自分は「モード」ではなく「スタイル」を追求していると主張し、スタイルを追求したのはココ・シャネル、バレンシアガ、そして自分だけであり、クリスチャン・ディオールやイヴ・サン＝ローランは「豊かな才能でモードをやっていた[63]」に過ぎないと、他のクチュリエたちとの違いを強調した。実際にミニスカートを発表したころのクレージュの作品は際立っており、ディアン・スージックは、その頃のクレージュの作品が、伝統ではなく未来をテーマにしている点で画期的であり、「裕福ではないがシックな一九六〇年代のユニフォームとなった[64]」と評している。

クレージュのミニスカートに関しては、『ヴォーグ』の編集長を務めたジェシカ・デイヴィスのように、ミニスカートの元祖が誰であれ、「クレージュが、勇気と権威をもって、初めて、公式に、クチュールの見解をはっきりさせた」ことに意味を見出す意見もある。デイヴィスは、クレージュのミニスカートは、ディオールの「ニュー・ルック」と同じくらい「若い人のファッション・ルックの国際的なものの基本」となり、ついで「大人のファッションの申し分のない装い[65]」になったと評価している。

クレージュ自身は、精神科医のウージェニー・ルモワーヌ＝ルッチオーニとの対談の中で、

「ミニスカートというのは、間違った問題の見方」であり、丈の長さに着目するのではなく、「ひとつの建築学的な女性のシルエット」として見なければいけないと説明している。スカート丈が短いということよりも、ハイヒールではなくブーツを履いていることが重要で、それをズボンの亜種としても考えていたようだ。

クレージュは、自分の作品たちが「バスト、ウェスト、ヒップなどの締めつけ」から女性を解放し、「年配の女性にも自分が若く感じられる」ような「若々しくてモダンなシルエット」をもたらしたことを重視している。そして、「体型学的には四十歳の女性も十八歳の女の子と同じドレスを着ることができる」[66]ことを証明したと言い切っている。クレージュは、若く見える服を作ったのではなく、服を作ることによって一八歳と四〇歳に差がないことを示そうとしたというのだ。

社会学者のピエール・ブルデューは、クレージュは革命を起こしたと述べている。ブルデューによれば、「モード」という既存のシステムや価値観の中の女性像についてではなく、「自由で、気楽で、スポーツ好きの、くつろいだ現代的な女性」について語る「クレージュの言説」は、「モードを大幅に超えたもの」であるという。クレージュは、新しい「生活スタイル」について語り、「積極的であり行動的である」女性に似合う服を作り上げたと、ブルデューは高く評価している。[67]

残念なことにその後のクレージュは、スージックに言わせれば、「金持ち相手に一点物を売るというとてつもなく古い商売に徹して失墜」していくことになった。スージックは、その原因が、既製服ライン、毛皮ライン、スポーツウェア・ラインのすべてが「トップレベルのクチュール作品と見分けがつかなく」なってしまったために、大衆相手だけでなく「金持ち相手」にも、商売ができなくなったことにあると分析している。

要するにクレージュは、大衆にもブルジョワジーにも、一八歳にも四〇歳にも共通する、普遍的な身体を作り上げてしまったのだ。にもかかわらず、金持ち相手に商売を続けていれば、自分たちの特権を証明したい人たちに、見向きもされなくなるのは当然である。その結果、クレージュの名前に対する権利は、ロレアル、イトキンと転売され、「モダン・シックの代名詞だった」クレージュのロゴは、「救いようがないほど流行遅れの存在となり、ファッション意識の高い人びとから持ちものにつけたくないネームの筆頭」[68]と呼ばれるほど、避けられるようになっていった。

クレージュは、モダンデザインの思想に基づいて、普遍的な身体をデザインしたが、まさにそのことによって、私たちの身体に、言うほどの個別性や希少性や特殊性がないことをはっきりと暴露してしまった。しかもその一方で、人々に、その普遍的な身体と自分の身体を比べさせ、自分の身体を、何かが不足した身体としか思えないようにしてしまった。クレージュの示した身体は、その後、普遍的なものとして受け入れられていったが、クレージュの名前は、その残酷な事実を暴露した人物の名として、忌み嫌われていったということなのだろう。

8　エスニックな身体

民族衣裳

近代におけるファッションは、流行があることを特徴としているが、歴史上のどんな服であれ、時代とともに移り変わらなかった服は存在しない。近代以前においても、それぞれの地域で、衣服は時代とともに変化し続けた。

たとえば日本について考えてみても、平安貴族が着ていたいわゆる十二単《じゅうにひとえ》が、江戸時代に特権階級の普段着として着られていなかったことは、誰でも知っている。さらには平安時代においても、十二単は変化しなかったわけではない。裳《も》と呼ばれるスカート状の下衣が、次第に襞《ひだ》が多くなり華やかになるにつれて、単に後ろにつけられるだけの飾りになり、代わりに、もともとは下着だった袴が正式な下衣になっているのだ[69]。

　袴といえば、明治時代に、華族女学校の制服に袴を指定した下田歌子の活動も思い起こされる。海老茶色の袴を着用したことから、海老茶式部と呼ばれた女学生たちは、男勝りの好ましからぬ存在と考えられ、女性が武士の服装である袴を着用するなど許し難いことと非難された。もともと女性の下着だった袴は、明治時代に信じられていた「伝統」では、女性が穿いてはいけないものとして強く認識されるようになっていたのだ[70]。ところが大正時代に女学生の制服としてセーラー服が普及すると、今度は女学生の袴という「伝統」を残したいという想いが生まれ、現在の女子大生の卒業式の姿に繋がっている。

　民族的な衣装については、それぐらいの変化は簡単に起こる。私たちが伝統と思っている和服のほとんどは、一八世紀から一九世紀にかけて作られたものだが、時代劇でおなじみの着流しですら、「日本の伝統的服装ではなく近年の変態に過ぎない[71]」存在なのだ。民族衣裳は、消滅の心配をよそに、世界各地で生き残り続けているが、それらはかつてのものとは別物である。

民俗学者の朝岡康二は、近代になると「国家や民族の象徴性」を、衣服全体で表現しようとする傾向は希薄化して、象徴性が、衿・袖・裾・色・柄など、衣服の限られた部分や、帽子やスカーフなどの付属物に集約されていったと指摘している。[72] 民族衣裳は、前近代の伝統を保存したものだと思われているが、多かれ少なかれ、どの国の民族衣裳も近代化の産物なのだ。

ファッションは、性においても世代においても非対称的だが、エスニシティやナショナリティにおいても非対称的である。現在私たちが、男性中心主義で白人中心主義な身体観を、無自覚に受け入れてしまっているのではないかと自問してみるのは、非常に重要なことであろう。アンドレ・ルロワ＝グーランは、近代化の過程の中で、非ヨーロッパ世界の人々が、「文明への歩みのしるし」であり「社会的個性を自分のものとしてきた表象」でもあるヨーロッパ風の衣服を着ることと、「一つの集団に深く属しているという感情」を抱きつつ「特殊な制服の遺物」[73] である民族衣裳を着ることとの二つに、引き裂かれてきたと指摘している。そういった葛藤を経てきた非ヨーロッパ世界の社会が、どのような身体を持つように至ったかは、検証されて然るべきだろう。

問題を複雑にしているのは、文明と伝統との葛藤だけではない。近代化の過程で支配階級が交代した国の新しい支配者たちには、「新しい服飾のパターンを作り、自らが始めた新時代を、目に見える姿にして民衆に示したがる」[74]傾向があると、小山栄三は指摘している。ロバート・ロスも、近代の非ヨーロッパ世界において、多くの「権威主義的な支配者」たちが、「軍隊に強いる規律」を社会全体に拡げて、特定の服装を人々に強制し、一方で、「因習的で反進歩的」とみなした衣服を禁止したことを指摘している。[75]つまり近代化の名のもとに政治が介入し、習慣や利便性の両方を無視した衣服を定着させようとするというのだ。

小山やロスが指摘する社会の典型は日本だが、三浦雅士が、「十九世紀の後進国のなかで、近代化を何よりもまず身体の問題として把握し、近代化を達成するために率先して、顔の表情を変え、身体の動作を変えたのは、ただ日本だけであったと、誇ることさえできるかもしれない」[76]と述べているとおり、日本の社会はそういった傾向を比類ないほどに徹底した。日本の社会は、明治時代になると歩き方すら改造してしまうが、それは欧米人の身体において、長い近代化の過程で起きた変化を、より加速したかたちで意図的に起こしたものだった。当然、その政治的介入は、私たちの身体に痕跡を残しているが、それが成功であったのか失敗であったのかは、簡単に言うことはできない。

大日本国民服

明治時代の服装や身体の変化によって形成されたのは、ジャン＝ジャック・ルソーの思想を大きく受けた近代的な軍人の身体であり、「産業的な身体」であった。日本は明治に入ると徴兵制を敷き、それによって人々の身体を改造していくが、三浦は「制服や武器の規格化、標準化は、兵士の身体の規格化、標準化をうながさずにはおかない」と指摘している。軍服は、「集団的行動の利便」や「身体所作の利便」のための服、つまり、「戦闘にふさわしい衣服」であり「仕事にふさわしい衣服」として作られた。[77] それを通して人々は、戦闘にふさわしい身体、と同時に近代産業社会的な仕事にふさわしい身体を獲得していった。

日本の社会は、軍人化や規格化の一方で民族性を保持するという、矛盾しつつ補完し合う身体の形成と格闘したが、非ヨーロッパ世界の近代を特徴づける、そういった衣服の問題を凝縮したような存在として、第二次世界大戦直前に制定された「国民服」がある。

国民服は正しくは「大日本国民服」といい、簡便な軍服のように思われているが、それほど単純なものではない。国民服が目指したのは軍服であること以前に、スーツの代わりとなるものであり、同時に工場で働ける作業服であり、それでいて宮中に参内できる「新日本服」であった。[78] 普及するまでに、政治情勢から、非常時においてそのまま戦闘ができるようにとの要望ばかりが強くなっていったが、当初は黒い生地で作られることも想定されていた。黒い服として普及していたとしたら、だいぶ印象も違っただろう。

国民服は、なぜ日本人が西洋由来の洋服を着なければならないのか、という民族的な自意識からスタートしている。その模索は、さりとて和服では戦争も労働もできないという実情とぶつかり、それなら新しい日本服を作ろうという活動になった。日本を代表する衣服なのだから、そのまま公式な活動もできる服でなければいけないということで、労働着かつフォーマルな民族的衣装という無理な両立に至り、そこに軍服としての役割が加味されたところで破綻した。

結果としてスーツのような甲号と、作業服のような乙号の二種類の国民服ができあがったが、無理を通した割にはよくできている。国民服が考案された総動員体制下の日本は、非常時ゆえに、社会の制度を変えなければいけない時期にあった。総動員の名のとおり、戦争の遂行のために公私の領域を解消し、労働と生活の区分をなくし、国家経済と家庭経済を一体化させて、老若男女全員が、一つの有機体のように、国家を効率的に動かしていく体制を作ろうとした。そのために、それまでの役割分担は一旦やめて、全員が同じ身体を持ち、幅広い活躍をするようにと要請された。国民服が、軍服かつ、スーツかつ、作業着かつ、民族衣裳でなければいけなかったのには、そういった理由がある。

日本のように、現地の政権が主導権を握り、西洋化を通して近代化を達成しようとした国ですら、国民服を見てのとおり、何を西洋化し、何を伝統として保持するのか混乱が見られたが、ヨーロッパ列強の植民地では、西洋式の衣服を着用させないことで差別を生んだり、逆に拒むことで政治的に抵抗したりと、さらに複雑であった。

中国の場合は中国で、特異な混乱があった。中国における伝統的な「衣服の文法」が、「ヨーロッパとその拡大地域の衣服とは正反対」だったのだ。中国では、男性服が「前開きの長い上着とスカート」で、女性服が「ジャケットとズボン」というのが伝統的なルールであり、それが近代化によって逆になった。かつて、旗袍《チーパオ》と呼ばれる長い上着は、「女性が男性のように装い、男性との平等を要求する方法の一つ」[79]であったが、西洋近代的な女性身体観が入り込むことによって、チャイナ・ドレスへと変貌していくことになった。

人間とは何か

西洋近代的な衣服と、現地社会の伝統的な衣服における、記号の秩序の違いによる混乱は、現在でも続いている。アパルトヘイト撤廃後の南アフリカにおいては、女性服はアフリカ化されていったが、一方で男性たちのほとんどはスーツを選んだ。若手の黒人エリートたちは、「アルマーニ社会主義者」として知られるようになり、民族的な衣服を着た男性は、圧倒的に存在感のあるネルソン・マンデラ大統領だけであったという[80]。

ムスリムのヘッドスカーフに至っては、身体と民族と性差の問題がまだ終わっていないところか、より複雑になっていることを示している。ヘッドスカーフは、それが着用されている地域や、顔のどこまでを隠すかで、ヒジャブ、ニカブ、ブルカ、チャドルなどさまざまな名称で呼ばれている。フランスなどでは、顔を全面的に隠すブルカなどは禁止されており、逆にムスリム諸国の中には着用が義務づけられる国もある。こういった制度の違いは、近代的自由と伝統的抑圧との対立を意味していると捉えられがちであるが、それほど単純なことではない。ヘッドスカーフをつけることが、社会や家庭からの強制なのか、個人の宗教心による主体的選択なのか、簡単に断定することはできないからだ。

かつてエジプトにおいては、ヘッドスカーフを着用しないで外出するという運動も存在していた。特に西洋的で近代的な教育を受けた女性たちは、ヘッドスカーフを被らず顔を出して社会的に活躍することで、女性の地位向上に貢献した。ところが一九七〇年代あたりから、第三世界の国々が次々と独立を果たすようになると、今度はヘッドスカーフを被ることが、女性の地位向上に意味を持つようになった。ヘッドスカーフを着用し、反民族的な勢力に対する抵抗の意志を明確に示し、それによって独立した人格として認められることで、女性たちは民族の一員として、社会的に活躍することができたのだ。[81]

こういったことの背景には、人間とは何か、人間はどうあるべきかという観念の揺らぎが存在している。欧米では、人間性を考える学問として「人文学」の伝統があるが、人文学における「人間とは何か」という問いかけは、近代になると、人間はこうあるべきという理想や倫理を導く一方で、条件を満たさない人々を人間扱いしないような風潮も生んだ。第二次世界大戦後の世界においても、哲学者のジャン゠ポール・サルトルが、すべての人が政治に参加することの重要性を訴えるために、「人間はあとになってはじめて人間になる」として実存主義を説いたが、この言葉も大きな反発を生んだ。[82]

文化人類学者のクロード・レヴィ゠ストロースは、サルトルの考え方を西洋中心主義と批判し、文化が多様であることと、人間も多様であることを説き、人文学に対立する考え方として「人類学」を掲げた。[83] またミシェル・フーコーは、「人間」という概念は「最近の被造物にすぎない」として、間もなく消えゆく可能性もあることを指摘した。[84] このような、さまざまな文化を認めようという構造主義者たちの考え方を「文化相対主義」というが、ヘッドスカーフは、いわば実存主義と文化相対主義の戦いの場でもある。つまり西洋的な近代人こそが解放された自由な人格で、すべての人類がそこを目指すべきという考えと、そうではない生き方も積極的に認められるべきという考えの衝突が起きているのだ。

　結局、ひとつの型にはめようとする実存主義よりも、多様性を肯定する文化相対主義の方を、徐々に多くの人が正しいと思うようになり、西洋においても、文化相対主義が主流を占めている。しかし、多様な文化を認めていった先には、また新たな問題も発生している。

　文化相対主義は、排除されていた文化や差別されていた人々を復権させたが、人間は多様でいいという考え方や、人それぞれでいいという考え方は、無反省な現状肯定に陥る危険性も持っていた。そのため文化相対主義は、相互に不干渉でいようとする排他主義を生み出し、むしろ相互理解や、より良い世界の構築を、妨げかねないものになっていった。

　そうして生じた文化相対主義の袋小路による他文化への不干渉は、他者への無関心や無理解、文化間の対立をも生むことにもなった。なぜヘッドスカーフを被ろうとするのか、あるいはなぜ被ることに嫌悪感があるのかを考え理解することへの無関心や、被りたいならイスラム圏に行けばいいといった排他主義は、文化相対主義の成れの果てでもある。

　こういった議論は、日本の社会にとっても無関係ではないはずだが、今のところ日本の社会では、衣服に民族性を復活させようという議論はない。たとえば「クール・ビズ」、つまり涼しい仕事着という名称で提案された衣服政策は、ほとんど国民服の議論の延長にあるにもかかわらず、意識的か無意識的か、民族性を盛り込んでいない。同じような発想で、クール・ビズよりも少しだけ先行した、沖縄の「かりゆしウェア」とは対比的である。かりゆしウェアは、ネーミングからして沖縄らしさを追求している。

クール・ビズは、近代の身体の抽象形であるスーツに対抗しようとしている衣服であり、そういう意味では、グローバルではなくローカルな身体を取り戻そうとする動きでもある。きっかけとしては、主に二酸化炭素排出量をめぐる環境保全の問題ではあったが、それも含めてさまざまな近代的空間のほころびがもたらした衣服である。

共働き夫婦が増加せざるをえないような経済状況で、男性が家事をすることが要望されるようになり、インターネットなどの環境の変化によって、在宅勤務が増加することが見込まれ、職場と家庭という、近代的な公私の領域の区分が揺らいだのが、二一世紀初頭の日本だった。その空間にふさわしい身体の模索がクール・ビズであり、涼しさを追求することもまた、模索の一部として位置づけることができる。

残念ながらクール・ビズには、新しい空間や新しい身体への提案が、具体的に込められているとは言い難い。だが、エスニシティから逃れたクール・ビズに、依然として、国民服や、かりゆしウェアや、多くの近代化された民族衣裳が持ちえなかった、近代の身体を変えていく可能性が秘められていることに変わりはない。そのことを強く認識して、うまく活用できるかは、これからの私たち次第である。

ただ、クール・ビズのように、民族性を超越したところで身体を取り戻す方向に、世界が向かう可能性は低い。前述のように、世界の分裂の象徴のように取り扱われることが多くなったヘッドスカーフだが、そのようにみなされるのは、非イスラム圏にとって、イスラム圏が無視できないほど大きな存在になりつつあるからである。その結果として、お互いに不安による恐怖心が駆り立てられ、象徴としてのヘッドスカーフが、政治性を帯びることになったのだが、だからといって、そこに未来がないわけではない。たとえば、豊かになったムスリム向けにファッション・マーケットが創出されるようになり、ムスリム女性用の衣服をデザインするハナ・タジマのような人物が活躍するようにもなっている。

タジマは、「ムスリムの女性服も、自己表現の手段になりうる」と、明快に宣言している。タジマによれば、「毎日どのヒジャブを選ぶかは、女性たちにとって、それ自体が解放になっている[85]」という。もちろんそのためには、迷うほど選べる対象があるくらい、ヘッドスカーフがファッション・アイテム化されていることが前提となる。ファッションには、ヘッドスカーフから、宗教心の表れや、抑圧の道具といった意味を奪い去り、自分の身体を確認する喜びにしてしまうような力がある。二項対立による行き詰まりを打破するのは、そういったファッションの軽やかさなのかもしれない。

9 反社会的な身体

裸体と犯罪

エリック・ギルは『衣裳論』において、人間は「衣服をまとう動物」ではなく、はじめから「衣服をまとっていた動物」であり、むしろ人間を定義するなら「衣服を脱ぎ去る動物」にすべきだろうと主張している。

そして、人間と他の動物との本質的な相違を、「人間が衣服を着ているのに他の動物は着ない」ことにではなく、「人間は着物を脱ぐことが出来るが他の動物にはそれが出来ない」[86]

ことに求めるべきだとして、人間にとっての「自然らしさ」は、「衣裳を脱ぎ捨てる」ことの先にあるのではなく、「衣裳を着ること」[87]にあると強調している。ギルによれば、裸でいることは、「正常な男なら持っているはずのものを持っていない」[88]欠如の状態なのだ。

人間は本来服を着ているのだから、服を着ていない人間は異常者として扱っていいというギルの説は、多少乱暴ではある。というのも、なぜ裸で公衆の面前に出てはいけないのかを、論理的に説明しろと問われると、途端に困難に直面するからだ。

私たちの社会にはさまざまな権利があるが、誰かに理不尽に生命を奪われない権利や、自分の持ち物を人に奪われない権利は、非常に重要な権利とされている。それぞれ「生存権」と「所有権」と名前がつけられているが、誰かが裸でいることで、直接的に他の誰かの生存権や所有権を脅かしているわけではない。公的な場所において裸でいることは、人をナイフで刺したり、カバンを奪ったりするのとはわけが違う。

もちろん、男性が裸でいることによって、生存権が脅かされると思う女性は多いだろう。しかし裸になっているのが老人だろうが、若い女性であろうが、罪になるのは同じである。私たちの社会では、性風俗を乱すからといった理由や、見たくないものを見せられるからといった理由で、裸でいることの罪が説明されているが、なぜ裸でいると性風俗が乱れるのか、なぜ見たくないものはたくさんあるのに裸だけが罪なのか、法律でそう決まっているからという以外の理由で説明するのは難しい。

たとえば江戸時代では、理由なき人殺しや窃盗は罪であったが、裸でいることは罪ではなかった。明治の初期に『裸体禁止令』が決められ、『違式詿違条例《いしきかいいじょうれい》』が出されて、やっと禁止になったのだ。『違式詿違条例』は、表札へのいたずらの禁止、凧揚げの禁止、祭りの妨害の禁止など、いろんな禁止事項がならんだ、現在の感覚からすると気の抜けるような法令である。その中に、裸体、入れ墨、混浴の禁止をうたう条文もある。禁止事項があるということは、それまでの社会では、それなりに裸体が見られたということだ。[89]

公の場で裸になれないのは、そこに近代社会の身体の規範から外れることを許さない権力が働いている結果である。その権力は、法律という形をとった国家権力ではあるが、それ以上に社会の構成員に倫理として内在化された権力でもある。反社会的な身体を持つ人は、反社会的な存在であり、社会の一員であることを許されないのだ。

そのため逆に、社会の一員として認められていない人に対しては、ナオミ・ウルフの次の指摘のように、公の場で裸にする権力が行使されることもある。

どの文化でも、裸の不平等は、必ずと言っていいほど力関係を表す。現代の刑務所では、男の囚人は服を着た看守の前で服を脱がされる。南北戦争前の南部では、若い黒人男性の奴隷は、服を着た白人の主人がついた食卓で裸になってサービスした。男が服を着ているところでも女が裸でいるのは当たり前というような文化のなかで生きるということは、一日中些細なことでさまざまな不平等を学ぶということだ。[90]

私たちの社会では、画像や映像の中で、女性たちが裸もしくは裸に近い状態にされることも多い。マスメディアの中であれ、ある人物を裸にしようとする力が働いているとしたら、それは、その人を人間未満の存在として、支配し従えようとする欲望が存在していることの結果でもある。[91]

社会的に対等な立場でいるなら、裸の相手を直視するのは、憚られることである。私たちは、相手が衣服を着ているから、他人を直視することができる。直視し合うことによって、はじめてコミュニケーションが成立する。対面している際のコミュニケーションには、言語だけでなく身振りや表情も含まれる。つまり裸でいることによって直視をさせないのは、コミュニケーションを拒むことでもある。コミュニケーションを初見から拒む人は、明らかな敵である。公の場で裸になってはいけない理由の一端も、そこにあるだろう。見る側にとっても、見られる側にとっても、「衣服は多少なりとも不安を解消」[92]してくれる存在なのだ。

身体の境界線

裸になってはいけなかったり、裸の人を直視してはいけないだけでなく、私たちは、許可なく他者の身体には触ってはいけないと訓練され、違反者は痴漢とされて、厳罰が用意されている。にもかかわらず、違反者は後を絶つことがない。

触ってしまいたいという衝動は、本能なのか、伝統なのか、近代的なものなのか、検証のしようがない。特殊な人の病的な行為なのか、それとも男女問わない普遍的な欲望に根ざした、誰にでも起こりうる衝動なのかもわからない。痴漢は犯罪だというポスターは数多くあるが、そもそも何をすれば痴漢なのかは説明されていない。痴漢を撲滅するためには、痴漢とはいかなる行為なのか、解体していくような作業も必要だろう。

たとえば、制服やスーツや流行の服を着て他の人と見た目を揃えながら、細かい差異によって自己表現を行う若い女性たちの身体の作り方は、機能的にはほぼ一緒のプロダクトを差別化しようとする各メーカーの手法と似通っている。プロダクトは棚に陳列され、手に取って確認される。そのことと、満員電車にすし詰めにされた身体に手を伸ばして確認する痴漢行為は、果たして無関係だろうか、といったことを考えてみる必要もあるだろう。

なぜ痴漢をするのかという問いは、なぜ自殺するのかという問いとも似ているし、なぜ流行が起こるのかという問いにも似ている。そのどれもが、身体を所有しているのは誰なのか、身体を所有するとはどういうことなのかを問いかけてくる。それらは、模倣、感染、病理、犯罪などのキーワードで語られ、そのどれをもってもすんなり説明できない点でも共通している。

盗撮も、不可解な行為である。知らない人のスカートの中や、覗いてはいけない場所を、映像を撮ることを通して見たいという欲望は、簡単には説明がつかない。直接見ることや、他者が撮った映像では満足できないのは、覗いている自分を再確認することで自我を確かめているからであろうか。覗きたいという欲望を「スコポフィリア」と呼ぶが、盗撮をスコポフィリアの一種として捉えてよいかは疑問が残る。

痴漢も盗撮も、あるいは公共の場で裸になることも、自分の輪郭線や、他者との境界線が、よくわからなくなってしまった人が、そういった線をいつのまにか突破してしまったり、あるいは線の所在を確認するために行っていると考えることは可能である。許されない行為をして反社会的な存在にならないために、私たちは、自分の身体的あるいは精神的輪郭を確認するための合法的手段を、普段から身につけておく必要があるのかもしれない。

その点、異性装は、歴史上繰り返し現れる現象で、特に近代に特有というわけではないし、多くの文化に見られる普遍的な行為である。反社会的ではない境界線の突破といえる。しかしそれも、服装倒錯として異常視されることがある。

服装倒錯症は、心理学者で医者でもあるヘンリー・ハヴロック・エリスによって「エオニスム」という名がつけられているが、エオニスムは、性同一性障害でも精神疾患でもない。[93]男性が、女性と一体化したいと望んで、女性と身体を密着させるのと同じような感覚で、女性の衣服で自分の身体を包むような行為がエオニスムだ。

また、男女の服装の差が少ない社会では、服装倒錯自体が成立しにくい。現在では、どの衣服を着ても、どちらかの性に所属している、もしくはどちらかの性に所属しようとしているとみなされてしまうが、江戸時代、八つ口の開いた女性用の長着は男性物と区別されていたとはいえ、だからといって男性が着用したところで、現在男性がスカートを穿くほどの違和感があったわけではなかった。江戸時代の中期以降になると、「男も女も似たような衣服を着るという現象[94]」も起こっているが、そういう社会においては、異性の衣服を借用することは、自分の性別に悩みを抱いていることとは無関係である。

しかし近代社会においては、セクシュアリティが「実際の性行動や生殖にとっての必要性」から遊離して「観念や幻想や欲望[95]」と結びついているばかりに、衣服も強い性差を保持し続けている。直接的な性行為をすることだけが、性欲を満たすことではなくなっており、性欲を満足させるために衣服も一役買っているのだ。ファッションは「セクシュアルなものとして作られた独特な商品[96]」を身につけて、自己を構成していくことでもある。性的な意味が付与された商品がなければ、性的な存在になれないのが近代社会なのだ。

ただ、性的な意味は、次から次へと憑依する商品を変えていく。女子高生の制服は、犯罪を誘発しているので廃止すべきだという議論は常に存在するが、性的な記号を持つ服を着ているから女子高生が性の対象になるのではなく、性の対象となる存在が着ているから、その服が性的な記号を持つのだ。女子高生の制服は、女子高生だと周囲に知らしめるのが目的で、非行に走るのを防いだり、貧富の差が衣服に現れるのを防ぐために作られたのであって、性的な意味を付与した商品として開発されたわけではない。性的な意味は、あくまでも後から付与されたものである。

そもそも私たちは、自分たちの身体がどのように規律・訓練されて、どのようなものとして作り上げられているのかよくわかってない。そこに性的な意味を纏った商品が絡んでくると、ますます複雑になる。カナダのジャーナリストのナオミ・クラインによる「セクシャルハラスメントを経験すれば、自分たちの肉体が誘発すると言われるものをコントロールすることなど、とてもできないと思わざるをえない[97]」という嘆きは切実なものだ。

戦後、女性のスラックスが流行った時には、下半身の形がはっきり出るようないやらしい服は着るべきではないという議論があった。ミニスカートが流行った時には、子どもっぽくて色気がないという議論もあった。当たり前だが、服の形ではなく関係性こそが問題なのだから、どんな衣服でも性的な記号になりうる。女子高生の制服を廃止しても、また別の衣服が性的な意味を帯びるだけである。全身を布で覆っても、ちらりとのぞく目や足が、あるいは布の塊そのものが、性的な眼差しで見られることになるだろう。他者の身体との性的な関係の結び方に、普遍的な方法などないのだ。

第3章　ファッションは美を作る

1　身体のパッケージ

衣服と建築

トーマス・カーライルは、「人間のすべての流行、および、服装に関する努力の陰には、ある建築的観念が潜んでいる」と述べている。カーライルによれば、「人間の肉体と服地とは、地所と材料であり、その地所の上に、その材料を使って、一個の人間という美しい建造物が建てられる」[1]のであり、衣服を建築として捉えることに躊躇《ちゅうちょ》がない。

まるで反対の考え方もある。山崎正和は、建築とは「空間を包みたいという願い」と「空間を占有したいという願い」の、対立する二つの意志の産物で、その「包みたいという願い」の方は、衣服の延長としての要求であるとしている。[2]

衣服が建築を小さくしたものなのか、あるいは建築が大きな衣服なのか、議論をはじめたらきりがなさそうだが、今和次郎は、そのどちらとも違う立場をとっている。今によれば、

「造形は、建築と服装との二つの部門に分たれる」のであり、「建築は、石や煉瓦や木やコンクリートなどを空間に布置する造形」で、「服装は、布地を人の身体に交渉せしめて巧む造形[3]」である。すなわち、どちらかをどちらかの派生物としないばかりか、およそすべての人工物には、空間に所属するものと、身体に所属するものの、二種類しかないと断言しているのだ。確かに、衣服を建築として語ったり、建築を衣服として語るよりは、衣服と建築を違う概念とする方が、対立する要素のせめぎ合いとして造形を捉えることができる分、議論の射程は広いだろう。

ファッションには、人間を身体と強く結びついた存在として捉え、身体を基点にして、世界を把握し、作り変えようとする精神が潜んでいる。あるいは、建築が空間的態度であるのに対して、流行をデザインするファッションは時間的態度でもある。世界をまず全体的な空間から捉え、それを分割し、囲い、固定化していく建築的思考と、世界を身体から捉え、そこを中心にして、広がりつつ移り変わっていくファッション的思考は、見事に対立するものと言えよう。

ただ注意しなければいけないのは、カーライルが、衣服を「一個の人間という美しい建造物」と記述したのは、単なる詩的な比喩でもなかったということだ。ヨーロッパにおいて衣服は、実に建築的に作られてきたからである。布と補強材によって、体の上に構築してきたと言い換えれば、よりわかりやすいだろう。和服の持っているイメージとは、かなり違うのだ。

そういった考え方は、現在も引き継がれている。たとえばウージェニー・ルモワーヌ＝ルッチオーニは、「女性は身体をもっていない」と断言している。女性が持っているのは「クレージュのライン、ディオールのライン、サン・ローランのライン」[4]といった、デザイナーたちが作り出したボディラインだけというのだ。つまり、バーナード・ルドフスキーも指摘しているように、洋服を着た女性の身体は、「時おり、自動車の車体や店の外観のようにモデル・チェンジしなければならないもの」[5]として考えられていて、その時々の流行に従って、建て替えられるようにして刷新されるというのだ。

ファッション・デザイナーの三宅一生は、こういったヨーロッパの身体観や衣服観に、欧米で活躍していく中で気づいていったようだ。自身の活動を振り返って、興味深い発言をしている。

最初はパリでも、ぼくのつくったものは「自分たちを困惑させる」と言われました。

つまり、ヨーロッパの服はパッケージである。人間のからだにフィットする、ということを基本にしているからです。洋服はスポンと着ればかたちになるのに、ぼくのは、自分で着方を考えないといけない。[6]

三宅はパッケージと表現しているが、身体の上に布をかけるのではなく、甲虫類の殻でも作るようにして、身体の周囲に布を配置していくのが洋服の作り方である。

洋裁技術者の安東武男は、洋服を作ることは複雑な多面体の箱を作ることだと指摘している。安東は、日本の社会では、人間の身体は不定形な丸みを帯びた形として想像されるが、洋服を作るには、身体の表面を平らな面の連なりとして捉え直していくことが必要だと説いている。日本では多くの人が、人間を上から見た場合、潰れた薄い楕円になると想像しているが、実際は幅と厚みがそれほど変わらない、前方が狭まった台形である。洋服を作る作業とは、その四角柱の身体の周りに、隙間なく平面としての布を貼りつけていくことなのだ。[7]

アイデンティティのパッケージ・デザイン

もちろん、こういった箱を作るような服作りには例外もある。というより、ポール・ポワレやマドレーヌ・ヴィオネを筆頭に、二〇世紀のファッション・デザイナーの多くは、コルセットからスカートをぶら下げ、上身頃を建て上げていくような、構築的な服作りを否定して、肩から布を優雅に吊るす服作りに挑んできた。しかしそれでも、その根底にある、箱としての洋服という思想が消失したとまでは言えない。

箱としての洋服という思想は、今和次郎によれば、一三世紀のヨーロッパ起きた衣服史上の大きな変革に由来している。これは学術的には、貫頭衣《かんとうい》や懸衣型《けんいがた》衣服から体型服への変化と説明されている。それまでの袋を頭からかぶるような服にかわって、布を裁ち、縫い合わせて、体にぴたりと添う衣服が作られるようになったのだ。

アン・ホランダーは、そういった衣服づくりの変革の背後には、一二世紀に発達した金属製の鎧づくりがあるとしている。西洋の鎧は、金属の板を叩き曲げて、身体を包み込むような形に作られる。ホランダーによれば、これ以降、男性の衣服はすべて鎧を模倣して作られるようになったという。

ただし、鎧を模倣したのではなく、獣皮による衣服構成に由来する考え方を導入したという可能性もある。獣皮は布と違って四角い形をしていない。熊のような大きな獣であればそのまま纏うこともできるが、ウサギのような小さな動物であれば、どうしても縫い合わせる必要がある。縫い合わせる時に、まず布のように四角い形に裁断するのではなく、できるだけ無駄のないように、最初から身体を覆う形で縫い合わされるのは自然なことだろう。[8]

もともと鎧も、金属よりはるかに加工しやすい革で作られていた。一三世紀の衣服革命とは、布のテクノロジーと革のテクノロジーが、新しく金属のテクノロジーと結びつくことによって、身体観を変質させていったということなのかもしれない。いずれ、この衣服革命以降、いかなる男性服であろうとも、「男性の体型そのものをなぞる」[9]ことになった。それと差別化を図るようにして、女性服は上半身のみ体型をなぞるようになり、下半身は箱を作る方法論を受け入れながらも、男性服のズボンと対照的に、身体の輪郭とは関係なく、より巨大化していくことになった。

こうして洋服は、平面を継ぎ合わせた多面体として構成されるようになったが、それにしても三宅が、洋服を単なる箱ではなくパッケージと捉えたのは秀逸である。商品パッケージには、中身をきっちりと梱包する役割と、中に入っているものが何かを伝える二つの役割がある。パッケージをデザインするには、中に何が入っていて、それがいつどこで誰によって何に使われるものかをふまえた上で、素材を考え、ラベルに記す内容を考えなくてはいけない。中身を保護しながら誰であるのかを伝える洋服を作ることも、パッケージ・デザインとすることは同じである。

もし、住宅が家族を入れる容器のパッケージなら、衣服は個人を入れる容器のパッケージと言えるだろう。建築家が、家族や組織や自治体といった集団がどうあるべきかをめぐって空間を構成するように、ファッション・デザイナーは、個人のあり方をめぐって身体の形を作りだす。そのため建築家が「コミュニティ」という概念にこだわるように、ファッション・デザイナーは「アイデンティティ」という言葉にこだわりを見せる。衣服のデザインは、アイデンティティのパッケージ・デザインでもある。

ひょっとして服の場合、パッケージの中身は液体とでも考えた方がいいのかもしれない。人は液体と同じように、容れ物に入れないと形を保つことができない。裸のままでは社会的に存在することができず、裸で人前に出るやいなや、床にこぼれた飲み物のようにすぐさま片づけられてしまう。私たちが人の姿を保っていられるのは、衣服というパッケージが存在するからなのだ。

2 アンチ・モダンデザイン

第二の自然

身の回りにある物で、大量生産品はどれだけあるのだろうか。

テレビや冷蔵庫といった家電や、自動車やパソコンや携帯電話が、工場でベルトコンベアに乗せられて大量生産されている様子は、すぐ想像できるが、身の回りの大量生産品はそれだけではない。手にとった鉛筆や、冷蔵庫の中に並べられた食品や、この文章が書かれている本もまた、工場で大量生産されている。そしてもちろん、衣服も大量生産品である。そういうことは知識としては知っていても、なかなか普段から意識はしない。そう考えてまた身の周りを見回すと、むしろ大量生産品ではない物を探す方が難しいことに気づく。

私たちの生活と大量生産品とは、切っても切れない関係にある。大量生産であるということは、それが生産される前に、どのような形でできあがるか、あらかじめデザインされていることを意味している。そして、それがデザインされた物であるということは、どこかのデザイナーによってその形が考えられたことを意味している。つまり、私たちの身の周りの物のほとんどには、形を考えた誰かがいるのだ。

大量生産品にデザイナーがいるというのは当たり前のことだが、普段私たちが物を手にとる時には、デザイナーの存在など考えない。店頭で買おうかどうか迷う時にも、高いか安いかや、使いやすいかどうかかや、かわいいかかわいくないかは考えても、デザイナーが何を考え、どのようなメッセージを物に込めたか、デザイナーは何歳ぐらいで国籍や性別はどうなのか、どういった理由でこの形を考えついたのかといったことはまず考えない。しかし、物を創り出すことの困難さや複雑さを考えると、創り出した人が送っている生活や、抱いている価値観の影響が、大量生産品に忍び込んでいる可能性は大いにある。

身の周りが大量生産品で占められているということは、それだけ私たちが、人の手によって形を与えられた物の集まりの中で生きているということでもある。それは、人は自分たちの手によって、自分たちの生活する環境のほとんどを作り出しているということを意味してもいる。

キリスト教やイスラム教の国々では、現在でも、宇宙や地球や生物は、神が作ったのか自然に作り出されたのかといったことが論争になる。聖書やコーランを信じるべきなのか、ダーウィンの『種の起原』を信じるべきなのかが、まじめに議論されもする。しかし、自然が誰の手によるものであれ、今、私たちが生活している環境や、私たちを直接取り囲んでいる物たちは、人が作ったものであることに変わりはない。

私たちの身の周りの人工物による環境を「第二の自然」と呼んだりもするが、それだけに、環境に具体的な形を与えるデザインという行為は、途方もなく重要であり、それを司るデザイナーが、どのような立場から、どのような効果を狙ってデザインしたのかは、もっと考慮されて然るべきことなのだ。特にファッション・デザインは、人間の身体そのもののデザインである。私たちが、どのような第二の自然としての身体を生きているのか、デザイナーの考えと、その考えの奥に潜む価値観に対して、無知であっていいはずはない。

デザインの職能

デザインは多くの人が同じ物を使う社会、また、多くの人が同じ情報を受けとる社会を前提としている。それを、「マスプロダクション」と「マスメディア」で成り立っている社会と言い換えてもいい。

プロダクト・デザインはマスプロダクションを形づくる技術だが、マスプロダクションは、マスメディアがないと普及させることができない。反対に、マスメディアが情報を伝播しているのは、テレビ受像機や印刷物などのマスプロダクションを通してである。そして、そのマスプロダクションを手触りのある物にしているのも、マスメディアのインターフェイスを作り出しているのも、デザイナーなのだ。

そういった社会において、デザインを、マスプロダクションやマスメディアに形を与え、そこにメッセージを乗せる技術と定義することは可能だろう。メッセージとは、単に言語のことではなく、非言語コミュニケーションにおいて伝わる内容も含まれる。マクルーハンが、「メディアはメッセージ」という言葉で表そうとした、新しいメディアの登場によって刷新される思考プロセスや、生活スタイルもそうである。デザイナーは、プロダクトやメディアに、言語、非言語、思考、行動様式といった、あらゆるメッセージを乗せてしまうのだ。

プロダクトやメディアは、身体の拡張や、空間と身体の関係として作られる。作られるに先立って、必ずデザインがなされる。現在の社会では、マスプロダクションやマスメディアと無関係な存在がほとんどないように、デザインと無関係の存在もほとんどない。

ところがそのデザインという行為が、私たちの生活世界の輪郭を作り出すようになったのは、それほど昔のことではない。これほどまでに物に囲まれて生活するようになったのは近代になってからのことで、かつては物を作るとき、すっかり形を決めてから同じ物を大量に作ることがなかった。デザインすること自体が、なかったのだ。

もちろん昔から人が物を作る時には、ある程度は形を頭の中で決めて、ある時には実際に図面を描いて着手していた。しかし大量生産によって物が作られるようになる前は、作っていくうちに形が変わっていったり、同じ物でもひとつひとつ形が微妙に違っていることはよくあった。[10] それでもひとりの職人が、自分の責任で、最初から最後までひとつの物を作っていれば支障はなかった。

ところが、大量生産が行われるようになって、ひとつの物ができあがるまでに大勢の人が関わるようになると、事情が変わってきた。たとえば自動車を製造するとして、ある人は車軸にタイヤを取りつける作業、ある人はバンパーだけを取りつける作業、またある人はそのバンパーを作るだけの作業というふうに仕事が分業化してしまうと、それぞれがそれぞれの作業で勝手に予定を変えて、作る物をアレンジしたり、ひとつ作るごとに改良したりすることはできなくなった。作業に関わる人全員が、あらかじめ決められた通りの手順で、あらかじめ決められた通りの作業をして次の人に渡さないと、次の人が予定通りの作業をできなくなってしまうからである。そのためにも、まず完成する形をしっかりと決めることが重要になり、生産に先立ち、あらかじめできあがりの姿を決定しておく「デザイン」という概念が誕生した。

もっとも、大量生産がいつからはじまったのかわからないように、職能としてのデザインがいつ誕生したのか、明確に決めることも難しい。近代以前の社会に、工場での大量生産がなかったとはいえ、たとえば陶器や磁器などは大量生産も分業もしていた。イギリスにおけるジョサイア・ウェッジウッドや、日本における酒井田柿右衛門などは、決してひとりで作っていたわけではない[11]。彼らは工房の管理監督者として陶工たちを統括し、分業体制で製作させていた。さらにウェッジウッドや柿右衛門は、現在の製造業者と同じように、経営者として消費者の動向を意識し、どのような陶磁器を作るのか決めていた。柿右衛門に限らず日本の磁器は、遠くヨーロッパの貴族たちの趣味に沿うように作られ、輸出されてすらいたのだ[12]。

こういった陶磁器の生産は、確かにデザインの先駆けになった。しかし本格的にデザインがあらゆる分野に進出しはじめるのは、イギリスでいわゆる産業革命が起こりはじめた一九世紀の前半からである。蒸気機関がさまざまな分野に応用され、それまで人や家畜や水車の力で行われていた作業が、それとは比較にならないほどの巨大な動力によって行われるようになったときに、デザインはあらゆる物の生産に関わるようになったのだ。

大量生産と希少性

当然、衣服も、そのような大量生産品のひとつとしてデザインされている。ただし衣服は、大量生産社会を前提として、そこでの少量生産品としてデザインされている点が、他の物とは違っている。それは、衣服を着る私たち自身が、教育などの制度を通して大量生産されている現実を隠蔽するためでもある。どのような人であれ、他にいない人でなくてはならないように、どのような衣服であれめずらしくなければいけないのだ。

そのためファッションの領域では、大量生産を志向して分節化された生産過程だけでなく、近代的かつ世界的な少量生産品の流通システムも作り出していった。つまりフランスが生み出したパリ・コレクションを拠点とした、ファッション・ブランドによる生産方式のことである。

フランス的なものづくりの態度は、特に一九二〇年代に世界を席巻したアール・デコと親和性が高かった。この頃に、自分たちの身体や空間を、どのように作り出していったらいいのかわからない新興ブルジョワジーたち相手に、「クチュリエ」と呼ばれたファッション・デザイナーたちが、大勢の職人たちを従えて、趣味を有償で提供する方法を確立した。それによって、ファッション・デザイナーが、美を司る者として権力を持つシステムは完成を迎えた。

アール・デコの時代に、ファッション・デザインが一気に活気づいたのは偶然ではない。アール・デコは、アーツ・アンド・クラフツからバウハウスまでの、理念に基づいた造形運動である各モダンデザイン運動とは異なり、一九世紀後半のアール・ヌーヴォーと同様、いわば流行の装飾様式だった。そのことを評論家の多木浩二は、「近代デザインが世界の枠組みを構造的にかえようとしたのに対して、アール・デコはその枠組みへの人間の適応を快楽化しようとしたにすぎない[13]」と指摘している。アール・デコは生産の論理から導かれたのではなく、消費する側による欲望の産物だったのだ。

プラスティックなどの新しい素材を、馴染みやすい装飾で包み込んだアール・デコは、住宅の室内など、女性の領域とされて近代化から取り残されていた「生活」の領域に及んだ近代化の波でもあった。それゆえにアール・デコは、「国境を越えて消費者を魅了し、近代的なものがエリート的から民主化された基盤へと移行する中枢[14]」になりえたのだ。

二〇世紀初頭のモダンデザインの趨勢《すうせい》の中、フランスは諸外国の動きに対抗するかたちで、「装飾芸術の改革」を「ナショナル・アイデンティティ」とみなすようになっていた[15]。フランスのオートクチュールの制度化と隆盛も、こういった動きの中に位置づけられる。特に、ドイツ工作連盟などのドイツ的であるとされる、即物的で、規格化され、大量生産された日用品に対抗して、フランスは希少性があり、作家性があり、装飾的である高級品に価値を置いた。

ただ、すでに時代は、特権階級だけを相手に商業活動を行えばいいという時代ではなかった。そこでパリのクチュリエたちは、自らの創造に対する卓抜さを誇示し、富裕層向けに商品を提供しながらも、大衆全体にアピールして価値を認められようとした。それがちぐはぐながらも噛み合ったのが、第一次世界大戦後に大衆が力を持ちはじめたアール・デコの時期なのだ。

こういった創造と商業の融合のさせ方は、その後も基本的に継承されている。ラグジュアリー・ブランドは、大量生産品を少量生産の高級品と思わせるために、プロモーションを行い続けている。用途に対して必要以上に、高級な素材や高度な技術を用いたり、時には、購買者の満足度を引き上げるために、原価に対して比較にならないほどの高値で販売したりもする。それがあまりにも常態になったことで、たとえばそもそもカバンは物を運ぶ袋なのに、それが中に入れられるもの以上に高級品である不思議について、人々は考えるのを止めてしまった。

近代社会においてデザインとは、一部の人しか入手できなかった美しく良いものを大量生産できるように工夫し、値を下げて入手しやすいようにする行為のはずであった。誰でも買えるものに手を加えて、値を上げて入手困難にすることをデザインと呼ぶのは、やはり本来のモダンデザインの思想からは外れてしまっている。ファッション・デザインが他の分野のデザイナーたちに怪しい目で見られてきたのには、そういったモダンデザインの倫理からの逸脱が影響している。

確かに、ファッション・デザインだけが、モダンデザインの倫理観から外れていていいということはない。建築は、私たちが生存する空間を作っている。プロダクト・デザインは、空間と身体の間の生活世界を形づくっている。そしてファッション・デザインは、私たちの身体を作り上げている。建築やプロダクトの分野だと、自分たちが作り出すものが、どのような社会的問題を解決するかについて言及するのは当たり前のことである。一方でファッション・デザインの分野においては、そういった問題解決型の提案がなされることはほとんどない。

ただ、建築やプロダクト・デザインが持つ、物や空間によって人間を変えることができるはずだという技術決定論的な態度には、実際にそれを使う人々の心情を無視しがちになるという問題点もある。独善的なデザインを押しつけているだけ、という場合も多い。その点ファッション・デザインは、責任を持とうとしない分、押しつけもない。

とはいえ、多数派の瞬間的な感情を重視するばかりに、論理性をあまりにも無視するファッション・デザインの態度は、社会の持つ問題を、より深刻化させかねないものでもある。みんなが欲しがるという理由だけで、社会や環境にとって害になるものを垂れ流していというものでもない。建築やプロダクトは、技術によって世界はよくなると信じる「テクノユートピア」という病理を抱え、ファッションは、新しいものはよいものだと信奉する「ネオマニー」という病を抱えてきた。[16] 挙げていけばきりがないが、それぞれにそれぞれなりの、利点と問題があるのだ。

3 身体のモダンアート

無対象芸術

ロシア・アヴァンギャルドの芸術家であり、デザイナーでもあるカジミール・マレーヴィチが、『無対象の世界』で示唆しているように、モダンアートには、「具象芸術」と、「抽象芸術」と、「無対象芸術」の三種類がある。[17]

無対象芸術という呼び名は、なかなか耳にすることがないが、マレーヴィチを代表とするロシア・アヴァンギャルドの芸術家たちの他に、ピエト・モンドリアンやジャクソン・ポロックのような人々の作品も、無対象芸術に入れることができるだろう。モンドリアンやポロックの作品は通常は抽象芸術と呼ばれ、無対象芸術という概念も抽象芸術と混同されがちだが、その名の通り対象とするものがないのが無対象芸術で、一方でパブロ・ピカソの作品のように、人物や静物といった対象を抽象化したのが抽象芸術である。

無対象芸術は、何か対象となる存在を平面や立体作品として再現したのではなく、色や形や配置による構成によって、その作品以外には存在しない唯一の存在を作り出そうとする行為である。抽象芸術や具象芸術には、静物画であれ人物画であれ風景画であれ、モデルとなる対象が存在するが、無対象芸術にはモデルは存在しない。そのため一枚の絵画を見て、それが何を描いているのか、そこにどのような意味があるのか読み解こうとする態度では、無対象芸術は鑑賞することができない。

もっともモダンアートと言えば、こういった無対象芸術よりも、コンセプチュアル・アートの方が有名だろう。コンセプチュアル・アートの隆盛は、何を訴えかけようとしているか、あるいは鑑賞者に何をさせようとしているかの意図がないものは、作品としては認めないという風潮を生み出していった。そのため、モダンアートには、読み解かれるのを待っている深遠な意味が潜んでいるはずと思われがちであるが、そうと決まっているわけでもない。意味を持っていることよりも、無対象芸術のように、意味がなくても成立することの方に、よりモダンアートの特徴がある。

無対象芸術の持つ、極限まで意味を引き剝がしていくような態度は、モダンデザインにおける装飾排除の動きと同調するものでもあった。モダンデザインにおいては、誰がいつどこで何のために使うのかといった機能が重視されていき、次第に装飾によって意味を語るようなことは許されなくなっていった。デザインされた物の形から読み取れる意味は、ただ単にそれが何に使われるかという機能だけである。そのため、機能を阻害したり、使用において不必要な要素は、削り取られることが当然とされ、それがデザイナーの良心とされるようになっていった。

そういった傾向は、建築においてもさほど変わらない。近代建築においてモダニズムと呼ばれるのは、ル・コルビュジエ、ヴァルター・グロピウス、ルートヴィッヒ・ミース・ファン・デル・ローエなどの手がけた「インターナショナル・スタイル」、もしくは「機能主義」と呼ばれる作品群である。こういった建築家が目指したのは、それまでの様式から離れ、できるだけ装飾を廃し、意味に縛られることがない、自由かつ普遍的な空間を備えた建築である。

ただ注意しなければいけないのは、そういった空間は、鉄筋コンクリートやガラスといった近代的なテクノロジーと、コストを優先する商業主義の成果でもあり、さらには、実際に自由で普遍的で機能的な空間というよりは、そのように見える空間だったということだ。しかしそうだとしても、意味が複雑に絡みついた装飾を削ぎ取ろうとする意志が、モダンアートやモダンデザイン同様に、近代建築にも存在しているのに変わりはない。
翻ってファッションを考えてみると、さまざまな尺度で意味を読み取ろうとする傾向は、現在においても、とても強い。たとえばミリタリー風なのか民族調なのか、民族調ならどこの民族か、女らしさを訴えているのか中性的なのか、どのような由来の素材を使っているのか、スカートの長さにはどんな意味があるのか、といった具合にだ。アン・ホランダーは、ファッションに見られるそういった傾向について、次のような指摘をしている。

意味を読み取ろうなどという誤った衝動が起きるということは、ファッションがモダン・アートとは認められておらず、それどころか原始的アートであるかのような迷信が抱かれているということだ。農村でよく目にする類の民芸品や、はたまた北米インディアンのトーテムポールと同類で、ファッションには意図的に暗号化されたメッセージが目に見える形で組み立てられているのだと思われている、ということだ。[18]

ホランダーは嘆いているが、コンセプチュアル・アートの成立を考えてみても、意味を読み取ろうとすること自体が前近代的なこととも言えないし、そのこと自体に良し悪しがあるわけでもなく、ましてやファッションが他の分野に比べて遅れているというような話でもない。ただ、「意味を読み取ろうなどという誤った衝動」が、当たり前のように起きるのは、ファッションと、モダンアートやモダンデザインや近代建築が、一線を画しているからということに間違いはなさそうだ。

ファッションのモダニズム

ファッション・デザインにおいても、装飾を排する動きがなかったわけではない。それどころか一九世紀から二〇世紀にかけて、たくさんの試みが存在している。一九世紀後半にイギリス、アメリカ、ドイツ、オーストリアなどで、「合理服」もしくはそれに近い名称の服によって、衣服改良が提唱されたが、そこでデザインされたのは、概ね装飾を排し、流行に左右されずに、いつまでも形を変えないことを前提とした制服と呼んでもよいような衣服であった。

この背景に、モダンデザインの価値観があったことは言うまでもない。ウィーン分離派の中心となった芸術家のグスタフ・クリムトは自らデザインした衣服を着ていたし、「モダンデザインの父」と呼ばれるウィリアム・モリスもまた、自らデザインした服を妻のジェーンに着せていた。アール・ヌーヴォーを代表するデザイナー、アンリ・ヴァン・デ・ヴェルテの手がけた衣服も有名である。[19] だからと言って、これらがファッションのモダニズムであるとするのには支障がある。なぜなら、ファッションの主流にはまったくならかったからだ。

例外的に普及した衣服改良のデザインとして、最も有名なのは、アメリア・ジェンクス・ブルーマーが提案した服だろう。後に「ブルマ」としてまったく姿形を変えていくが、もともとは一八五一年に、女性の権利拡張のための反クリノリン運動として、チュニックとズボンを元に考案されたものだ。その後、自転車の流行とともに復活し、女性の運動服として形を変えながら採用され、誕生した時とはまるで別の姿で名前だけを残すことになるが、発表当時は、非難に晒されるか、まるで無視されただけであった。

同じ頃の一八五三年に、リーバイ・ストラウスがジーンズのブランドを創業しているのも注目に値する。ジーンズは、カリフォルニアでのゴールドラッシュに集まった労働者に向けて、帆布でズボンを製作したことがはじまりとされている。ジーンズが、身体を可能な限り能率的に動かさなければいけない労働者のために作られ、その後ファッション・アイテムとして日常生活に普及していったことは、私たちの生活空間もまた、身体を可能な限り能率的に動かさなくてはならない空間へと変化していったことを意味していよう。

いずれブルマもジーンズも、装飾を排した機能的な身体のための衣服として、二〇世紀に普及していく。そして二〇世紀の半ば過ぎになると、オートクチュールの世界で活躍したアンドレ・クレージュが、「「モダンである」というのは身体に近づくこと」[20]と発言し、ブルマやジーンズと同じように女性の脚の存在を公の場に晒す、ミニスカートとパンタロンをデザインすることになる。

ファッション・デザインは、物のデザインというよりは身体のデザインである。ファッションのモダニズムを考えるのであれば、衣服のデザインにおけるモダニズムではなく、身体のデザインにおけるモダニズムを考えなければいけない。クレージュの作品と、ジーンズと、ブルマの接点には、身体のモダニズムが存在している。

しかし、純粋な身体を目指したはずであったクレージュの作品や、ブルマやジーンズには、人々に受け入れられていく過程で、「若さ」という意味が、過剰に付加されていくことになる。それは近代社会が、意味を削ぎ落とした、普遍的で、自由な、零度の身体を達成できなかったことを意味してもいる。クレージュの提案したスタイルや、ジーンズやブルマとTシャツの組み合わせは、近代の身体を純粋に理念的に表現したはずであった。それらは、運動や労働に最適な身体でもあった。しかし、それらの身体は、若さというキーワードを突破口に、解放や余暇といった、機能性や合理性とは真逆の意味を獲得していくことにもなった。

これらの衣服に、そういった意味が付加されていったのは、近代的で機能的な身体の理念が露骨に表現された衣服を、そのままの姿で受け入れることに、人々が耐えられなかったからであろう。そこでTシャツに文字を配したり色をつけたり、ジーンズに穴を開けたり過剰に裾幅を広くしたりと、さまざまな手を加えたりもした。そういった行為は、余暇のための衣服をより余暇にふさわしくするための楽しい改造ではなく、自分たちの身体が近代的な理念に完全に絡め取られてしまうことへの、必死の抵抗である。

結局、クレージュやジーンズやブルマより、モダニズムの精神を形にすることに一番成功したのは、今のところスーツであろう。アン・ホランダーは、スーツこそが「モダンな自我の外装としてふさわしい服、モダンな精神に似合う身体を作りだすのに最適な服[21]」だと指摘している。ホランダーは、スーツについて、「絶えず微妙にスタイルを変えているのだが、それでいて常に同一のものに見える」こと、つまり「常に進化し続けると同時に、本質としては抽象的に同一の形態を保ち続けている」という特異性を持っていることが、「まさにモダン[22]」だと主張している。

総合芸術としての身体

モダンな身体を提案してきたのは、ファッションだけではない。服飾史家のレベッカ・アーノルドが指摘するように、ダンスなどの身体パフォーマンスや彫刻など、「身体や美やアイデンティティについての考えを、表象したり構築したりする」[23]点において、ファッションと変わらない芸術はたくさんある。その中でも、ファッションに限りなく接近したのは、二〇世紀の初頭に一世を風靡したバレエ・リュスだろう。

バレエ・リュスは、ロシア人のセルゲイ・ディアギレフが一九〇九年にパリで旗あげをし、ジャン・コクトー、パブロ・ピカソ、エリック・サティ、ココ・シャネルなど多ジャンルの表現者を巻き込んだ舞台芸術である。レオン・バクストによってデザインされた、原色使いによる東洋趣味のレオタードに身を包み、常人離れした跳躍を見せたワツラフ・ニジンスキーを、一躍、時の人にした。二九年にディアギレフが亡くなると急速に衰退していったが、ファッションに与えた影響は計り知れない。一九世紀から二〇世紀にかけて、「総合芸術」という名の下で究極の芸術とされたのは建築だが、同時代に、別の「総合芸術」として、オペラ、バレエ、ダンスなどの舞台上の身体芸術も模索された。バレエ・リュスは、その典型である。

建築という形態の「総合芸術」は、ヴァルター・グロピウスによって、バウハウスで具体的な体系として提示される。だが、そのバウハウスにおいてすら、彫刻家のオスカー・シュレンマーが舞台芸術の教師として参加し、独創的なバレエを教育に持ちこんでいる。グロピウスも建築とは違った総合芸術として、舞台芸術を無視できなかったのだろう。

リヒャルト・ワグナーの手がけたオペラも、ディアギレフのバレエ・リュスも、シュレンマーのトリアディック・バレエも、そして数多くの映画も、建築とは違い、空間ではなく身体を中心とした総合芸術であり、近代の社会にふさわしい、身体の模索だと考えることができる。そして、そういった歴史的文脈の上に、ファッション・デザインも存在している。

なかなか意識されないが、パリ・コレクションなどにおいて、年に二回ファッション・ショーをすることで作品を提示するファッションもまた、舞台上の総合芸術である。しかもファッションはそれだけに終わらず、周辺領域のデザインを巻き込んで、生活空間内の総合芸術としても作られてきた。あるいは、店舗においてはインテリア・デザインの領域と、マスメディアの領域においては写真芸術やグラフィック・デザインの領域と強い関係を結び、身体を中心とした文化を作り上げてきた。そういった意味では、ファッションは、舞台芸術と建築の間に隠れながら、両者を結びつける、公認されなかった総合芸術と言えるだろう。

ファションをはじめとした、身体を中心とした総合芸術では、その核となる身体をどのようなものとして考えるかが重要になる。近代の諸芸術が中心に据えた身体は、ジャン＝ジャック・ルソーの「自然に還れ」という標語によって生まれた「自然な身体」を基にしている。この「自然な身体」は、無為自然に放置された身体ではなく、さまざまなレベルの身体加工によって作り出される作為的な「自然な身体」である。

何もしないのが自然ではなく、何かをしないと生まれない自然なので、そのため、何が自然であるのかの解釈が分かれ、近代の身体による表現活動は、おおまかに二つの方向性に引き裂かれていくことになった。慣習的な身体形成を追放し、近代的な機能性を極限まで追求することによって、何にも縛られない自然な身体を達成しようとする方向性と、逆に、人間を機械のように取り扱う近代の機能性一辺倒から逸脱することによって、原初的で自然な身体を取り戻そうとする方向性だ。

人間の身体を機能的に追求する動きとしては、何よりも軍隊が挙げられるが、体育教育やスポーツもまた、同質の精神に基づいている。その理想を突き詰めた空間・時間・身体によって作り出されるのが、プロ・スポーツやオリンピックであり、それらに人々が熱狂するのは、そこに理想的な身体が提示されるからにほかならない。

反対に、近代の産業社会的身体からの逸脱を模索し、機能を負わされることのない多様な身体を提示することへの試みとしては、イサドラ・ダンカン、貞奴、ロイ・フラーなどを始祖とするモダンダンスや、アンリ・ド・トゥールーズ＝ロートレックが描いたような踊り子たち、土方巽の暗黒舞踏など、挙げればきりがないモダンダンスの数々が存在する。

こういった二つの身体観は、そのままファッションにも表れている。機能的な身体である軍服、スーツ、ジーンズ、Tシャツと、近代産業社会から逸脱した身体としてのオートクチュールなどの衣装である。モダニズムの波は身体にまで押し寄せ、確実にモダンな身体を作り出した。しかし、あまりにも純粋に機能的な身体に対しては、すぐさま反発が起こった。とはいえ、それを捨て去っては生きていくことができない。ファッション・デザインは、そのような揺れ動きの中で、機能的な身体を作り出すことと、そこから逸脱した身体を作り出すことの、両方に加担することになった。

モダンデザインは、機能性を追求し、装飾を排除する方向に大きく動いたが、何度も述べているように、そういった態度だけが、物を作ることにおける近代の特徴ではない。装飾を歴史的社会的な文脈から切り離して自由に引用することや、装飾排除の動きに反発して、新たに装飾的になることも、近代以降でなければありえないことなのだ。

さらには、最初のクチュリエと言われるチャールズ・ワースが、それまでの衣服制作業者とは違って、「ラベルに署名を入れるようになった」[24]ことなども、近代のものづくりを考える上で重要な事項として挙げられる。衣服を作家による作品として考えること、つまり、ある物を個人の個性の表出として捉えることも、非常に近代的な考え方なのだ。

4 インテリア・デザインの作用

インテリアの役割

人と衣服との関わり方としては、小売店で購入して着る、生産者として企画、縫製、販売する、あるいは自分で作るという他に、美術館や博物館などのミュージアムで鑑賞するという方法もある。しかしミュージアムで鑑賞することと、小売店で見たり手に取ったりすることとの違いはなんだろうか。特に百貨店のような、さまざまなブランドの商品が集められた場所は、量を集め、見比べられることを意図的に狙っており、機能としては、ミュージアムにとても近い。これは問うまでもないように思えて、実はそれほど簡単な問題ではない。

歴史的に貴重な衣服については、そもそも小売店で見る機会がないので、そういった疑問も湧かないが、販売中、もしくは最近まで販売されていた商品が、ミュージアムで展示されることもある。現役デザイナーの服を、あらためて作品として捉え直し、鑑賞するためであるが、新品の服が展示されていることに鑑賞者が違和感を覚えてもおかしくはない。

こういった困惑が起こるのは、百貨店もミュージアムも、起源をたどれば一九世紀の博覧会の空間にたどり着くということが関係している。結局、美しい物やめずらしい物を集め、分類し、並べて見せる博物学的な施設としては、百貨店もミュージアムも大きく変わらないのだ。特に衣服のように、美術品なのか商品なのか、作品なのか実用品なのかわかりにくい、境界線上にある物を展示しようとすると、百貨店とミュージアムが、同質の空間であることが露呈してしまう。ジョアン・フィンケルシュタインが言うように、「百貨店が女性の欲望のために存在していることは、博物館が男性の偉業を陳列する場所なのと似ている」[25]のだ。

それゆえ、ミュージアムで衣服の展示を行う場合には、そこでしかできない衣服との関わり方とはなにか、という問いが常についてまわる。作品や作者を解説する情報はどこまで必要か、作られた時代背景を知る必要はあるのか、衣服の作り方を知らなければ理解できないのか、自分が着た姿は想像すべきかといった、鑑賞のリテラシーについて考慮しつつ、絵画や彫刻の展示や鑑賞法との違いも意識しなくてはならない。

ミュージアムで衣服を鑑賞する意味は、それを通して人類の英知や多様性を読み解くことにある。しかし、衣服が身体と切り離されて展示されると、「単なる断片、片鱗」しか見ることができないので、「限定的な理解」[26]しかできないといった意見もある。だからといって、来訪者が着られるようにしたり、人を雇って着せておくわけにもいかない。それゆえ、衣服を展示し鑑賞することの不可能さや無意味さを説く意見は多いが、それでも展示されているものを見て、それらが着られている状態を想像し、その身体が自分の身体とどのように異なるのかを考えることは、他者を想像し理解する能力を養うことに繋がるはずである。

そのため、展示する側は、単に服を展示するだけではなく、想像力を助ける仕掛けを考え、展示空間に工夫を凝らさなければならない。鑑賞者側の想像力を刺激する空間を作り上げるのは、非常に困難なことであるが、しかし、服を販売するために陳列している空間では、普通に行われていることでもある。つまり、店舗におけるインテリア・デザインのことだ。

実は、一九七〇年代から八〇年代にかけての日本ほど、衣服を販売するためのインテリア・デザインに、意識的になった社会もめずらしい。この時代、インテリア・デザインとファッションが結びついて、ユニークな展開を見せた。ファッション・ブランドが中心になり、インテリア・デザイナーたちを巻き込んで、新しい形の商業空間を作っていった。同時にファッション誌が続々と生まれ、マスメディアやグラフィック・デザイン、広告の分野にも新境地が開かれ、ファッションを中心に消費文化が花開いた。自身もファッション・デザイナーの山本耀司と組み、デザイナーズブランドの店舗インテリアを手がけた内田繁の回顧を読むと、そのことがよくわかる。

かつてある外国のジャーナリストが、日本のファッション・デザイナーのショップ・デザインについて、「日本人はずるい」という言い方をしていたことがある。ファッション・デザイナーのまわりには超一流の他分野のデザイナーが常にサポートして、全員で外国に乗りこんでくるという意味だった。そうしたすべての才能をイッセイ・ミヤケは集約して、パリはもちろん、ニューヨークでも、ショップ展開を通してプレゼンテーションを行っている、それは最高のものになるのは当たり前であると。

よく考えてみるとそれは当然のことであって、デザイナー自身の服の表現の一部は服の置かれる空間によって大きく異なる。それを広報するビジュアル・デザインもまた重要である。もしデザイナーが自身の服を大切にするとしたならば、信頼できるインテリア・デザイナー、ビジュアル・デザイナーと協働するのは当たり前のことだろう。そうした意味において日本のファッション・デザイナーとインテリア・デザイナーとの関係は切っても切れない関係になっていた。[27]

内田は、日本でファッション・デザイナーとインテリア・デザイナーの関係が深くなったのは、「パルコ」という商業空間が出現したことの影響が大きいと指摘している。パルコは、それまでの百貨店とは違い、小さなスペースを多数のブランドに貸すことに特化した商業施設として登場した。やがて他の商業施設も、そのやり方を追随し、いつの間にか当たり前になっていったが、かつて百貨店は、自社で商品を集め、それらを百貨店の商品として販売し、売り場も百貨店が作り上げていた。ところがパルコは店舗インテリアを各ブランドに任せたので、それぞれのブランドは数あるブランドの中でどこよりも目立つようにと、他のブランドとは違う店舗づくりをしなければいけなくなった。それによって、インテリア・デザインの分野が活性化したというのだ。

店舗の役割

内田は、ブランドのアイデンティティ構築において店舗インテリアが重要であることを、真っ先に深く理解したファッション・デザイナーは、三宅一生だと指摘している。三宅はグラフィックを石岡瑛子、インテリアを倉俣史朗というように、後に世界的に評価を受けるデザイナーに仕事を任せた。

すぐに、ポスターやルックブックにおけるヴィジュアルイメージや、店舗のインテリアは、自分たちで手がけるのではなく、専門の他分野のデザイナーに任せた方がいいと考えるファッション・デザイナーが、三宅以外にも多く現れるようになった。[28] それまでも、たとえばウィンドウディスプレイをブランドの重要なメディアと考え、自分たちで知恵を絞って飾り立てるファッション・デザイナーはいた。しかし「パルコに出店したデザイナー」たちは、「ショーウインドウを否定し、店全体のデザインを通してブランドのイメージやコンセプトを伝え」[29]ることへとシフトしていった。その結果、インテリア・デザインは、店舗におけるすべての場所で必要とされるようになっていった。内田は当時のショップ・インテリアの役割を、次のように位置づけている。

各ブランドの闘いは、商品デザインの内容にあるのは言うまでもない。だがその商品を取り巻く環境がどれほど重要であるかを、インテリア・デザインが表した。商品の独自性はショップ・デザインの独自性と同じ意味を持つことになった。[30]

その当時、評論家の相倉久人は、こういった日本のファッションとインテリア・デザインの関係の深化の背景に、『アン・アン』以降のファッション写真の文化があると指摘している。相倉は、それまでファッション写真は、「服を作ったり買ったりするための単なる手引き」としての役割しか担っていなかったが、『アン・アン』が「見て楽しむ」ためのものに変え、その結果、人々が着心地ではなくイメージを買うようになったと述べている。そして、そのファッション誌を空間化したのがショップであり、そこでは「店の内装と商品がまったく等価のイメージとして、店内の空間を満たすように配置[31]」されるようになったと論じている。

相倉が述べているように雑誌が先なのか、あるいはむしろインテリアが先なのかは定かではないが、おそらく同じ方法論が、違うメディアにほぼ同時に現れたのだろう。ファッション・デザインを中心にして、さまざまなメディアと、そのメディアにメッセージを乗せる技術としてのさまざまなデザインが複合して、新しい文化を作り上げたことがよくわかる。

ただ、ファッションとインテリアの関係は、七〇年代の日本で突然できあがったわけではない。世界で最初の百貨店がどこかについては、パリのボン・マルシェ、ロンドンのW・ヒッチコック社、マンチェスターやニューカッスルの店舗など諸説あるが、いずれにしても、一九世紀の半ばまでには百貨店のシステムは確立しており、その頃からファッションと店舗インテリアには深い繋がりがあった。[32] 特に店舗におけるインテリア・デザインとファッションは、住宅のインテリアと主婦のファッションが共同して家庭らしさを演出するための、見本としての役割を果たしていた。

しかし同時に百貨店には、近代化や合理化の結晶であるモダンデザインが、都市から家庭に至るまで埋め尽くしはじめた時代における、「中流階級の女性の趣味が逃避できる安全地帯[33]」としての役割も期待されるようになった。もちろん、物を売ろうとする強い意図があるので、百貨店が善意だけに満ちた空間というわけではないのだが、たとえば顧客にトイレを提供したことによって、女性が一日中、街に滞在できるようになったことなどは、些細なことでいて、女性たちが自由を得るためには不可欠なことでもあった。[34] 百貨店は徐々に、女性たちが社会的に共有できる、自分たちの空間としての役割を果たすようになっていったのだ。

女性たちが共有できる社会的空間という役割は、それ以降、店舗の持つ重要な役割として多くの場所に引き継がれていった。パルコの店舗も、ファッション・デザイナーたちがブランドの服を通して、それぞれの考える身体観を提案する場であると同時に、それに反応した同じ身体観をもつ人々が、共有できる空間として作られたのだ。

服を買うことによって自分の身体を作ることが主流になりはじめた七〇年代には、ブランドのもつ人間観を汲み取り、具体的に空間として表現するインテリア・デザインは、非常に大きな役割を果たした。現在、インターネットによる販売が増えたことで、その役割が変わりつつあるとはいえ、それでも店舗は、社会の中にバラバラに存在する人々を、バーチャルではなくリアルに繋ぎとめる装置として作用している。

5 布の人類史

衣服以前

トーマス・カーライルに言わせれば、衣服は次のように定義される。

衣服組織こそは、人間の霊魂がその最も外側の蔽い、すべてを包む上衣として、着ているものであり、その中に、人間の他の組織のすべてが包含され遮蔽されており、人間の全能力が作用を果たし、人間の全自我が「生き動きまた在る」のである。[35]

カーライルは人間を、霊魂と物質的組織から形成される存在だと定義した。そして、衣服も身体も人間の一部をなす物質的組織であり、物質的組織の一番外側である衣服は、非常に重要な組織であると説いている。つまり人間にとっての衣服は、カタツムリの殻のようなものということであろうが、果たしてカーライルの説に賛同するかはおいておくとしても、衣服が物質であり、組織であるという視点は重要である。衣服は、その材料が皮革なのか毛皮なのか、あるいは布であっても麻なのか、綿なのか、絹なのか、羊毛なのか、または化学繊維なのかで、作られ方も異なれば、背負ってきた歴史も大きく違ってくる。

少し思い出してみるだけでも、「シルクロード」という言葉がある。名づけたのはもちろん後世の学者だが、東西の古代文明を繋ぐ道に名前がつけられていることからしても、絹という繊維の重要性がわかる。そのシルクロードでは、絹糸や布だけでなく、養蚕技術も少しずつ西進していった。養蚕は、地中海貿易を盛んにしたのち、イタリアまでたどり着いている。現在でもイタリアは、シルク製品が有名なだけでなく、ミラノ・コレクションをはじめとして、ファッションの一大中心地になっている。

古代のシルクロードは中国とローマをつないだが、絹の道は長い中断後に、日本を起点に反対方向へと海の上で復活を遂げてもいる。第二次世界大戦前の日本は生糸が主な輸出品で、世界一の生産量を誇り、一番の輸出先はアメリカだった。日本は絹によって、列強の仲間入りを果たした。そこでアメリカは輸入超過を解消するため、代用品として化学繊維を研究するようになり、さらに日米間で戦争の機運が高まると、絹の輸入を止めてしまう。すると絹の代わりとして開発されたナイロンやポリエステルは、代用品どころか新しい産業として巨大化する。だが、皮肉なことに、敗戦後、日本はアメリカからその製造法を学び、輸出産業として戦後復興を支え、経済大国へと押し上げる手段にしていった。ほんの少し思いつくままにあげてみても、絹にはこれだけ壮大な歴史がある。

しかしこれは、絹という繊維や布の歴史であり、それがすなわち衣服の歴史というわけでもない。衣服の歴史と布の歴史は、微妙にずれている。

布と衣服は、素材と加工品の関係にあるとばかりは言えない。ヨーロッパでは一三世紀に、布を裁ち、縫い合わせ、体にぴたりと添うような衣服が作られるようになり、布は材料として認識されるようになるが、それまで布は、決して何かの材料ではなかった。布は布のまま、生活の中で生かされていた。

布は糸を撚り、織り機によって丁寧に織られなければならない。初期の人類が造り出した中では、飛び抜けて複雑な物体であった。それゆえ布はとても貴重で、むしろ布製の衣服は、いつでも布に戻せるようにと可逆的に作られた。一三世紀以降、そういった約束事が反故にされ、複雑になった衣服を作るために、衣服職人のギルドが作られるようになった。それと同時に、徐々に布は単なる素材になっていった。

たいがいの服飾史の本は、「人はなぜ服を着たのか」の説明からはじまっているが、服の発明以前に「服」という概念や物が存在したはずはない。最初に身につけたのは、服以前の毛皮や布のはずである。その何かを身につけていくうちに、「服」と「着る」という概念が、長い時間をかけて形成されたのだ。

それゆえ、「人はなぜ服を着たのか」ではなく、「人はなぜ布を身につけたのか」という問いの立て方も必要だろう。文化人類学者の深作光貞が指摘するように、服飾史においては「ふんどしや腰布には、〝衣〟としての市民権をもつ資格がない」[36]とされているが、服になる以前の「ふんどしや腰布」こそが、服飾史の序章としては重要なのだ。

布の発明

それにしても初期の人類は、なぜ布を思いつくことができたのだろうか。実際にあるものはあるのだから問うても仕方のない問いではあるが、人類が布を手に入れるまでのプロセスを想像してみることはおもしろいだろう。

最初の布は、フェルトではないかという説がある。フェルトは不織布というジャンルに分類されるが、動物の毛が絡まったものである。住まいの中に動物の毛を敷き詰めて、踏んでいるうちに大きな布になっていったのではないかと推測されているが、この説は少し怪しい。なぜなら、動物が身近にいるためには計画的に牧畜が行われているのが最適だが、そもそも牧畜の目的のひとつは、布に使う家畜の毛を得ることである。ゆえに布の出現以前に、牧畜が行われていた可能性は低い。あるいは、屠殺した動物の毛皮から抜けた毛や抜いた毛を敷き詰めた結果、フェルトができたとも考えられるが、狩猟採集や原始的遊牧の社会で、敷き詰めた毛がフェルトになるまで一箇所に定住していた可能性は高くないだろう。

織物よりも編み物の方が早かったのではないか、という説もある。編み物は、人間が自分の髪の毛を編むことからはじまったという説だ。確かに刃物のない原始社会では、非常に強靭な繊維である髪の毛を、現在のように綺麗に切りそろえることはできなかったであろう。実は髪の毛は濡らすと簡単にちぎれるので、短くすることはさほど難しくはないのだが、長く伸ばしていると首回りを保温してくれるので役に立つ。しかし、そのままでは邪魔になる。そこで編むことによってまとめていたのではないかというのが、その根拠である。

フェルトにしても編み物にしても、その起源がどうであったか、本当のところは謎である。そういった繊維を織ったり編んだりしたものとは別に、毛皮を衣類として用いた歴史も無視できない。衣服と呼べそうな最古のものが、毛皮でできていた確率は高い。しかしどうにかして人類は織物を発明し、なぜか、それを纏うことをはじめたのだ。

布の最も簡単な織り方は、縦糸を何本も平行にピンと張り、横糸を杼《ひ》などにくくりつけて、手で右から左、左から右へと、縦糸一本置きに上下させながら渡していく方法である。人の手が無理なく届く範囲は肩幅程度なので、難しい機械を用いない織物は、人の肩幅より狭くなることが多い。

ただ、こういった織り方にしても、何かしら縦糸を張る道具は必要となる。それ以前に、布を織るためには、糸を績《う》んだり紡いだりしなくてはならない。糸は絹や木綿だけでなく、麻をはじめとしてさまざまな原料から作られたが、原始社会から存在する技術であっても、複雑な手順を必要とするため、現代社会では、普通の人々は、糸を紡ぐことも布を織ることもできない。それぐらい布が高度で貴重な産物であったからこそ、恐る恐るしかハサミを入れられず、衣服は常に布に戻されることを考えられながら作られたのだ。

布へと戻すことができる可逆的な服として一番典型なのが、サロン型と言われる衣服だ。いわゆる巻きスカートのことだが、歴史的に考えると、サロン型は布であって衣服ではなく、ましてやスカートではない。腰から外されると、布は敷布になり、間仕切りになり、掛け布になり、家具を覆い、布として役立ち、布として愛でられ、また腰に巻かれる。

大体において人と布は、サロン型のような融通のきく付き合いをしてきた。未開社会における、腰に巻いた紐のことを「紐衣《ちゅうい》」と呼ぶが、深作は、そういった紐が、私たちの衣服と同じように社会的な記号として機能したことを指摘し、「ふんどしや腰布」のような布もまた、立派な衣服であったことを指摘している。だが、身につけるものすべてを、衣服と呼んでしまうのがよいのかどうかは、布の道具としての概念を単純化してしまうので考えものである。現在でもショールなどは衣服と呼ばないが、それはショールが布であることを辞めきっておらず、肩にかけられる以外にも役に立っているからであろう。

日本の着物もまた、可逆的な服の一形態である。かつて古着になるとき、着物は反物に戻されて流通したという。二〇世紀になって、ヨーロッパの身体観である洋服が世界中に浸透すると、各地で布は素材となり、衣服は不可逆的なものになっていった。日本も、その変化を経験している。

ただし日本の社会は、洋服を受け入れる一方で、布としての気質を留めていた和服と親しむこともすぐにはやめなかった。女性の衣服が完全に洋服になるまで、男性が洋服を着はじめてから百年ぐらい経っている。男性にしたところで、戦後になっても家庭では和服を着続けた。和服が身近であったことに加えて、布を裁ち、縫い、繕う作業のどれかが日々にある間は、かつての記憶とともに布と親密に付き合う機会はあった。

竹久夢二が一九一九年に描いた《黒船屋》などを見ると、ニットのワンピースと見間違うほど、和服がしなっと体に沿っている。もちろん夢二の絵だから、かなりの誇張は入っている。しかし、あまりに現実味のない誇張は、説得力を持たない。現在では、どちらかというと、和服はかっちりとしていて、洋服は柔らかいという気がしてしまうが、夢二の頃は、むしろ洋服の方がかっちりとしていて、和服は柔らかいという感覚の方が強かったようである。もちろん例外は数多あるが、身体感覚を変えたとまで、柳田國男が『木綿以前の事』で力説する、木綿の和服のしなやかさについて、私たちの社会は忘却してしまっている。

夢二のほかにも、和服のしなやかさを描いた「美人画家」たちは多くいる。二一世紀に入ったあたりから「美人画家」という言葉は、美しい女性の画家という意味でしか認識されなくなったが、二〇世紀には「美人画家」と言えば「美人画」を描く画家として、説明なしでも通用した。鏑木清方や上村松園といった美人画の名手たちは、美人とともに和服もよく描いた。

特に戦前の美人画は、和服の柄を描くのが半分以上としても過言ではないくらい、精緻に描きこまれている。清方の和服も、松園の和服も、二〇世紀後半以降の初詣や成人式で見かける振袖と比べると、色合いや柄が随分と穏やかだが、しかしそれらは、決してどこにでもある和服ではない。

和服のどこをどう鑑賞し、どういった情報を読み取るかの技術は、洋服の社会になり、衣服の消費のされ方や、身体との関わり方が変わってしまったことによって失われてしまった。美人画を鑑賞するには、和服に使われた布の色彩や質感の美しさと、そこに描かれたり織り込まれたりする絵柄の意味と、それによって身体を包み込む感覚のすべてを知らないと難しいだろう。美人画は、布との豊かな付き合いが生きていた社会の作品なのだ。[37]

タッチとカット

第二次世界大戦後に洋服が普及し、さらに自家裁縫による洋裁文化から既製服の文化へと移行すると、日本の社会では、布を手にすることは、ほぼなくなった。[38]どんなに布に近い存在に見えても、それにはハンカチ、タオル、毛布、カーテンなど、それ以外の用途に使われないようにと、固有の名が付けられている。布との付き合いがなくなってしまったどころか、付き合っていた頃の記憶すら薄らいでしまった。

しかしアン・ホランダーが指摘しているように、布を纏うことを早くからやめたはずのヨーロッパですら、ギリシアやローマの「ドレーパリー」と呼ばれる襞の美しい衣服を復活させたいという願いが、いまだに生き続けているのも事実である。男性が「モダニティ」を追求し、生地を裁断して縫い上げる服」を着ている一方で、女性が襞《ひだ》の美しさを見せようとする「伝統的なドレーパリーに固執している」[39]のも確かだろう。優美な布への憧れは、まだまだ健在なのだ。

実際、オートクチュールやプレタポルテのコレクションに出品するようなラグジュアリー・ブランドには、服というよりも布を売っていると言った方がいいようなブランドも多い。もちろん、しっとりしたドレープがひらひらしてればいいというものではないが、できるだけ良さを損なわずに極上の布を着られる形にするのも、衣服のデザインの王道とされている。

特に、ミラノ・コレクションで発表される服の多くは、布の上質さを伝えようとするものが多いようだ。これはファッションに限らず、イタリアのものづくりの、ひとつの特徴でもある。イタリアでは、第二次世界大戦後に、多くの家具メーカーが創業したが、単にマーケットで売れそうな形を追いかけるだけでなく、プラスティックや金属の素材開発を数多く手がけ、新しい素材や技法を用いて高級な商品を開発することに腐心した。[40]

付加価値のあるデザインを展開するには、素材の開発が不可欠というのが、戦後イタリアデザインの出したひとつの答えなのだろう。新しい素材を開発して、その素材でしか作れない表現をデザイナーが手がけたり、あるいはデザイナーが構想した形態を可能にするため、わざわざ素材を開発してオリジナリティの高さを追求している。見た目の奇抜さや、手技の細かさではなく、素材の特性と、形態と、技術の組み合わせのユニークさや最適さを求めたのだ。同じ時期に、日本が国を挙げて格安の家電を作っていたことを考えると、同じ家庭用品なのに、違いが出ていて興味深い。日本の社会も素材開発は得意であるが、耐性や機能性の追求は得意でも、素材特有の質感や表現の追求は苦手なようである。

衣服のデザインについても、イタリアと日本の差が同じように出ている。ミラノ・コレクションには、布を素材として用いる際の最適解を探ったような作品が多い。ランウェイの上でモデルが一歩進むと、裾が脚にすっと絡みついてはゆっくりと優雅に解け、また一歩進むと同じように絡んでは解ける。その間、服の上を波紋が広がるように襞が揺らめいて、魅惑的に光を反射する。

日本人として洋服作りの深奥まで到達できた稀有な人である山本耀司は、服は「タッチ」と「カット」だと言っている。それは、余計なことをせずに、質感や手触りのよい布を、一番綺麗に見えるように裁断し縫製することだけを考えればよい、という意味であろう。[41] イタリアの服は、パリの服より、そのことに忠実なのかもしれない。

その点、東京コレクションの服には、シルエットを見せようとする服が多く、布の質感を伝えようとする服は少ない。衣服を彫刻のように、しっかりした造形物として作るのは、日本のファッション・デザインの特徴になっていて、そのために独自性の高い作品もたくさん作られてきた。二一世紀になっても、アンリアレイジやミキオサカベやリトゥンアフターワーズなど、造形的なユニークさを追求できるブランドやデザイナーを、実に豊富に輩出している。

しかし、形や色や加工に独自性を出すことに、ずいぶんと労力をつぎ込み、才能を発揮している一方で、動いた時の布の襞の形やゆらめきについては、それほどこだわりを見せていないブランドやデザイナーも多い。これは、裁ち方が決まっていて、布の揺れ方に違いを見いだすことを考えなかった和服の伝統だろうか。あるいは、黎明期の日本のファッション・デザインが、パリからもたらされた写真に映ったシルエットを頼りに、クリスチャン・ディオールなどの作品を模倣するのに終始したことと関係しているのかもしれない。日本には、衣服が完成した時にどのような質感になるのか、頭の中ではっきり思い描きながらデザインできる人は非常に少ない。

私たちの生活の中で、人と布は距離を持ってしまった。だが、人と布との関係が、これから先、ますます疎遠になるとは限らない。コンピュータやネットワーク技術を利用して、着る人自身が、どういう布を着るかを、素材や柄を含めた広い選択肢の中から自由に選べるようにすることは、それほど難しいことではないだろう。自分の着るものに使う布を単に選ぶだけではなく、作り出すことに参加できる可能性も出てきている。今後は、消費者と織ることを結びつけていくことが、ブランドやデザイナーたちの新しい仕事のひとつになるのかもしれない。

6　オートクチュールの役割

チャールズ・ワース

高級仕立服と訳されるオートクチュールのデザインを行う役職は、「クチュリエ」と呼ばれる。クチュリエはサンディカ《オートクチュール組合》の会員でなくてはならず、年々条件は緩くなっているが、かつては「最低二十五人のフランス国籍の職人を雇用し、年二回ショーを開き、各ショーで最低七十五体のスタイルを披露し、パリの中心地に店を持つ」[42]と、厳しいものだった。

顧客はその年二回のショーの中から服を選び、何度もメゾンと呼ばれる店舗を訪れて、仮縫いと試着補正を繰り返し、身体にぴったり合った服を手にいれる。つまりオートクチュールは、ごくわずかの裕福な人々のためだけに衣服を作る産業なのだが、フランスのファッション界で要職を歴任し、オートクチュールのすべてに精通したフランソワ゠マリー・グローが次のように解説する通り、その役割は他にもある。

> オートクチュールは、第一に、富裕層の顧客に最高級の仕立服を提供する職人的活動である。だが、オートクチュールはまたかけがえのないモードの実験室でもあり、社会のトレンドを映す鏡という役割をも担っている。そしてメディアによる大々的な報道は、人びとをオートクチュールの夢の世界へと誘い出す。オートクチュールが贅沢を提供する対象は一部の人びとにすぎないが、与えてくれる夢を楽しむことは誰にでも可能だ。[43]

もっとも、こういった役割を担っているのは、オートクチュールだけではない。オートクチュールとよく比較される業態の「プレタポルテ」にも同様の機能がある。プレタポルテは、百貨店や路面店、あるいはオンラインショップなどで、あらかじめサイズ分けされた衣服が売られるという、現在ではまったく普通の販売方法で売られる高級既製服だが、それが当たり前になるまでには長い時間がかかっている。

プレタポルテのデザイナーは、かつてはスティリストとも呼ばれたが、現在はファッション・デザイナーと呼ばれるのが普通だろう。オートクチュールとプレタポルテの両方を手がけるデザイナーもいるが、プレタポルテだけを取り扱っているデザイナーの方が、現在では圧倒的に多い。とはいえプレタポルテは、オートクチュールあっての産業だろう。

オートクチュールが産声をあげたのは、フランスの第二帝政期である。第二帝政期とは、一八五二年から七〇年にかけて、ナポレオン三世が政権を握った時期のことだ。この時期のフランスでは、工業化や都市化が進み、鉄道や航路が発達して、都市的な生活がゆっくりと地方へと波及していった。第二帝政期を代表する政策は、セーヌ県知事のジョルジュ・オスマンによるパリ大改造であるが、これによってパリは、大きな通りをもった近代的な都市に生まれかわると同時に、パリらしさ、フランスらしさという概念を都市の中に視覚化していった。

この時期には、パサージュ、万国博覧会、百貨店といった、大量生産や大量消費のための流通販売網が整いはじめている。大量に情報を伝達するためのマスメディアとしてファッション誌が普及し、大量に同質の製品を作り出す産業技術としてミシンも完成した。これらに合成染料の発明がともなうことで、コンフェクションと呼ばれる安い既製服が流通するようになり、大衆向けの大量生産、大量消費社会への道が少しずつ開かれた。

そういった社会変動への対処として、オートクチュールのシステムを生み出したのが、チャールズ・ワースである。[44] ワースは、絹織物卸「ガジュラン」に勤めた後、一八五八年に自らのメゾンを創設している。それまでの顧客の注文に応じて服を作る形式をやめ、マヌカンつまりモデルに自分のデザインした服を着せてショーを行ってから、注文を取る方法を確立した。

オーストリア外交官夫人メッテルニヒ夫人を顧客にしたことをきっかけに、ワースは、ナポレオン三世妃ウージェニーにドレスを提供するようになった。そうしてフランスの上流階級との繋がりができると、スウェーデン王妃、ノルウェー王妃、ロシア貴族、アメリカ大富豪を次々に顧客にしていった。それと同時に、ヨーロッパの各都市に支店を出し、国際的な影響力を高めもした。

ワースは季節ごとにコレクションを行ない、クリノリン・スタイルやバッスル・スタイルなどを作り出し、流行のコントロールをはかっていった。また、アトリエ、仮縫い室、展示販売用サロン、倉庫を一箇所に結集させ、合理的な生産方法を追求した。ワースは「シック」という言葉を流行させ、その一言でもって、自分の趣味を細かく説明することなく人々に受け入れさせ、ブルジョワジーのアイデンティティを安定させるシステムを作り上げた。

こうしてワースは、大量生産のためのテクノロジーを使いつつ少量生産を維持し、分業によって制作しながら、自分の作品として衣服を世に出すシステムを作り上げ、資本主義における市場経済に洋服作りを適合させていったのだ。これらの取り組みによって、パリ・オートクチュールは確立したと言われている。

オートクチュールのシステムを具体的に整えたのはワースであるが、それはまた社会的な要請でもあった。フランスの婦人プレタポルテ連盟の総代表を長年務めたブリュノ・デュ・ロゼルは、「社会の変化に伴ってモードは否応なく変化するという現実を見据えつつ、自らの優位性を維持しなければならないと感じていたブルジョワジーは、おそらく無意識的にオートクチュールというモードのシステムを考えだした[45]」と分析している。

つまりワース以降、ブルジョワジーたちは、才能のある専門家のクチュリエに任せることによって、何を着ればいいかあれこれと頭を悩ますことなく、羨望の対象になれる方法を手に入れたのだ。しかも、オートクチュールは非常に高価なために、それに対して金銭を払う能力があるブルジョワジーだけで、独占することができるのだ。

ポール・ポワレ

第二帝政崩壊後、実質的にはブルジョワジーが支配する共和制がはじまると、宮廷という絶対的な中心がなくなり、高級娼婦やブルジョワジーの夫人たちが、ファッションの中心となった。そうして発信源が多数化するにしたがって、発信力を担うクチュリエたちも多数出現した。

文学者や画家たちとの交流をきっかけに、舞台女優とモードの関係を築いたジャック・ドゥーセ、テーラードスーツによって女性身体へ機能性を導入し、女性の日常着へと進出していったレドファン、直営の婦人と紳士ブティックを設立し、子ども服をブランド化したジャンヌ・ランヴァン、夫が経営を担当し妻がデザインを行い、部屋着、街着、散歩着、訪問着、寝巻や、お茶会、観劇、ディナー、舞踏会、旅行、スポーツ、避暑地用の服など、季節だけでなく一日を細分化することで、市場を広げたパキャン夫妻といった人々である。

それまでにも、市民革命によって、身分と衣服の結びつきが政治的に切れ、産業革命によって、着たい服をかつてより安価に手に入れることが可能になっていたが、第二帝政期には、都市、テクノロジー、メディア、百貨店、既製服など、現在に続く消費社会の基盤が形成された。こうしてナポレオン三世退位後に、中心が分散してさまざまなオピニオンリーダーが競い合う、現在の複雑なファッションの仕組みができていった。

それでもオートクチュールが産業として完成するまでには、もう少し時間がかかった。オートクチュールが、「モードの実験室」や「社会のトレンドを映す鏡」としての役割を、独占的に担うようになったのは、ポール・ポワレのおかげだろう。

ポワレは一九〇三年に自らの店を開き、オリエントを彷彿させる衣服を数多く手がけたことから、「モードのサルタン」と呼ばれた。一九〇六年には、ギリシア風のドレスをデザインしてコルセットを追放したと言われているのだが、むしろ、コルセットを廃して作った衣服によって「女たちは歩くことも、馬車に乗ることもできないと不平を言った」とポワレは述べている。ポワレ自身が「わたしはコルセットをはずし、胸部を開放したが、逆に足元のほうは束縛した」[46]と回顧しているように、ポワレは女性の身体の解放を目指したわけではなかったのだ。

むしろ、ポワレが目指したのは、身体が軽やかに見えることであって、機能的な身体そのものではなかった。しかしだからこそ逆に、機能そのものの追求よりも、機能的に見えることを目指したモダンデザインにおける機能主義に近いものがあった。

一九二〇年代の半ばまでのポワレは、「自己中心的な天才、ポワレは二十年近く、専制的な支配を行なった[47]」と言われるくらい、ファッション界の第一人者であった。ポワレは、ブラジャー、ガードル、ストッキング、ハンドバッグなどを流行らせ、ポール・イリーブやジョルジュ・ルパップにイラストを描かせて出版するという、新しい宣伝方法を生み出しもした。ポワレは、既製服や香水の販売、舞台衣装のデザイン、アーティストへの支援など、その後のファッション・ブランドがするようなことを、ほとんど手がけている。

特にユニークだったのは、次女の名前から名づけられた「マルチーヌ」という学校だった。ポワレは、「ベルリンとウィーンの専門学校で、学生がまるで鉄のコルセットか新しい鋳型に閉じ込められようとして悩んでいる」のを目の当たりにしたのが、マルチーヌ創立の動機だったと述べている。ポワレは、「ドイツ式の訓練は害あって益なし[48]」と思い、自由な発想を伸ばすような教育を目指したと回顧しているが、これは当時のフランス産業界全体の、ドイツの産業への対抗心と通底している。マルチーヌでは、一二歳前後の少女たちを設えのよい部屋に集め、自由に絵を描かせ、それをもとにインテリアテキスタイルなどを開発している。[49]

さらにポワレは、著作権の保護を主張し、一方で型紙付きカタログを販売するなど、オリジナルとコピーの問題に向き合い、ファッションを大衆相手の商売にしていく端緒を開いてもいる。しかし結局、富裕層向けのオートクチュールに固執し続けたため、台頭する大衆文化の波に、うまく乗ることはできなかった。ポワレは自分の作る服を、どこまでも特定の人のための特別な衣服と捉えたのだ。

こういったポワレのファッションへの向き合い方は、クチュリエは芸術家であるという主張に凝縮されている。ポワレは、「芸術家は不要なものも必要なものと同じように価値があると考えるものだとして、合理的な経営を目指さなかった。そしてクチュリエも芸術家同様、「遠い未来に対して感応するアンテナを持っているから、大衆に先んじた方向を提示する」[50]ことができる存在だと力説している。

ポワレには、個性への信仰があった。ポワレは、衣服を個性が表現される場として捉えていた。ポワレ自身が個性を持っていることはもちろん、子どもたちにも個性があり、単に買いにくるだけの金持ちの女性たちにも個性があると考えた。それは「一流のクチュールは、明らかに、それぞれの女性の個性を高めることを使命としている」[51]という言葉に凝縮されている。ポワレの考え方は、男性が自分の妻や娘を見せびらかしの手段にしているという、ソースティン・ヴェブレンが導き出した捉え方とはまた違うファッション観であった。

ワースやポワレは、ファッション・デザイナーというのは、きっとこういう人物に違いないという、強いステロタイプな思い込みが作り出されるのに、随分と貢献したことだろう。たとえば、女性を嫌悪しているとか、気難しい芸術家気取りだとか、従業員と顧客に対して権力者のように振る舞っているといったような人物像だ。彼らは確かに、美における権力者として振る舞った。それは、自分が個性を持った表現者であるという認識の裏返しであった。

しかしそれは、根拠あってのことでもあった。彼らは、小説家や学者が世の中に意見を問いかけるように、あるいは画家が自ら発見した空間感覚を世の中に広めるように、クチュリエという個人が身体のあり方を世に問う方法を確立したのだ。

7　デザイナーは何をする人か

プレタポルテの思想

プレタポルテは、モダンデザインの原理を具体化した衣服として、二〇世紀における二度の総力戦を経た後の、大衆社会化と消費社会化の中で登場した。プレタポルテは、自動車や家電などのプロダクト・デザインと同じように、バウハウスで行われたような、機械化と規格化の是非をめぐる議論を経て、あるいは世界恐慌後のアメリカが経験したような、商業主義の洗礼を受け、大量生産品として形づくられていった。大量生産によって、できるだけ多くの人に同じ物を所有させようとするモダンデザインの思想は、その根本に平等主義を据えているが、自由と平等のせめぎ合いの場であるファッションに、モダンデザインの影響を受け、平等思想を備えて登場したのがプレタポルテであった。

しかし他のプロダクトと違い、厄介なことに衣服は身体の上に乗せられる。体つきの生物学的な揺らぎに対しては、いくら平等思想といえども無力である。小さく軽い身体から大きく重い身体まで、人間の身体の差は、ともすれば思想の差よりも大きい。そのためプレタポルテに対しては、大量生産品でありながら身体の偏差を乗り超えていくための、さまざまな知恵を盛り込むことが不可欠であった。

また他の大量生産品とは違い、プレタポルテには、大量生産品でありながら希少性を持つことが強く要求された。プレタポルテの中には、希少性を優先するあまり、一品しか作られないような製品もある。にもかかわらず、それでもそれが大量生産だと言いうるのは、たとえ手にする顧客が一人でも、不特定多数の顧客に向けられ、規格化された工業生産品として作られるからだ。一品しか作られないプレタポルテは、工芸品や芸術作品が一品しか作られないのとはまるで意味が違う。それは、ひとつしか作られなかった大量生産品なのだ。

プレタポルテは、類例を見ない形であること、高価な素材を使っていること、限られた技術者しか作れないことなど、あらゆる手段を駆使して、希少性を確保しようとする。パリ・コレクションを中心としたファッションの生産システムは、衣服を芸術に近いものとして演出することで希少性を獲得してきた。にもかかわらずプレタポルテは、着用者を限定するような希少性や、規格から外れてまでの希少性は追求しない。代金を払ってくれれば誰に対しても販売をするし、S／M／Lなどの、あらかじめ決められた多くの人に適応できる平均的な寸法に従って生産される。希少性を何よりも追求しているように見えて、大量生産品のルールからは絶対に逸脱しないのだ。

二〇世紀のファッション・デザイナーは、そういった産業的な戦略に乗りながらも、その枠の中で表現を追求してきた。社会構造の変化によって、人間が存在のあり方を変えれば、ファッション・デザイナーは、それに合わせて、ふさわしい外見を用意するのが役割であったし、反対に外見を提示することによって、人間のあり方を提案することもできた。パリなどで行われるコレクションは、ファッション・デザイナーという個人が、人間のあり方を社会全体に対して提案するシステムとしても機能した。

衣服の生産が、商業的な行為であり、ファッション・デザイナーたちが、製品として衣服を作り出し、利益を生み、企業を運営していることに間違いはない。しかしだからといって、経済的な利益追求だけで、彼らの行動原理のすべてを説明することはできない。ルイス・マンフォードは、「人間が発明能力を発揮した原初の領域は、外的な道具作りにではなく、主として人間自身の身体器官の作り直し」[52]にあったと指摘し、バーナード・ルドフスキーは、「一般的にいって、人間は自分のからだを創造のための原材料にすぎぬとみなしている」[53]と述べたが、ファッション・デザイナーたちは、現代社会の中で、人間の身体を原材料にして、新しい人間の身体を創造する役割を、専門職として担っているのだ。

姿のデザイン

ファッション・デザインの面白さは、人間そのものの姿をデザインしているところにある。単に服をデザインするのではなく、新しい生き物の一種を創造するようにして、人間の新しい姿を提案しようとする。その中には、生活における問題を具体的に解消するような提案もあれば、実際には存在しえないようなヴィジュアル・イメージの提案も含まれる。

ファッション・デザインを身体の提案と考えると、プロダクト・デザインやグラフィック・デザインとされている分野にも、ファッション・デザインの活動範囲は広がっていると言える。身体と接続して人間を変えてしまう物や、イメージを伝えるための画像や映像も、新しい身体を提案するためには不可欠だからだ。

しかし、ファッション・デザインが、そういった汎用性の高い、総合的で普遍的な方法だと認識されることは、ほとんどない。一九六〇年に「世界デザイン会議」を日本に招致するとき、まだ学生であった三宅一生が、世界デザイン会議の部会構成のあり方に不満を感じて、

「デザインの全分野と記されているにもかかわらず、何故服飾デザインが含まれていないのでしょうか！」[54]と投書をしたのは、伝説となって語り継がれているが、それから五〇年以上たっても、デザイン全体の問題の中で、ファッション・デザインの知見が活かされることは多くない。

もっとも、三宅が投書した六〇年ごろは、自家裁縫が主流を占めていたので、ファッションは大量生産品や大量印刷物を扱うプロダクト・デザインやグラフィック・デザインとは違った形態の産業であった。だが、三宅が投書をしたのは、ファッション・デザインが他のデザインの分野より下に見られているという実感があったからで、その後もずっと、デザインの分野は、空間、グラフィック、プロダクトと分類されるだけで、そこにファッションが入ることは、ほとんどなかった。

日本の場合、国立大学でファッション・デザインを教えているところは皆無と言っていい。それは相変わらず、ファッション・デザインという技法が軽視されているからでもある。しかし、そのおかげでかえってファッション・デザインは、衣服のデザインという役割だけを与えられて、学問的あるいは産業的な区分の中に押し込められずに済んでいるので、幸いでもあった。結果として、身体の姿をデザインし、さまざまな物と接続し、それをイメージにして伝えていく領域横断的な技法として、ファッション・デザインを追求していくことが可能になっているのだ。

身体をデザインするためには、衣服を作るだけでなく、身体に隣接するあらゆる環境を、産業的な区分に縛られずに構成していくことが必要になる。そのようなアプローチは、環境も人間の一部と捉えるような考えに近い。つまり、「私」を構成するのは、意識と肉体だけではなく、所有する物や人間関係も重要な要素だという考えである。こういった考え方は、多くの人に賛同を受けているが、その割には、環境系としての人間に形を与えコントロールする技術について、私たちの社会はあまりに未熟である。

身体をデザインすることにも、他の物のデザインと同様に、見た目と機能の二つの側面がある。まずファッション・デザイナーがすべきは、人間の身体が姿形としても、位置づけとしても、今のままでいいのか、他に可能性はないのかと考えることである。効率的に身体を動かせるようにしたり、動けるように見せかけることだけが、身体のデザインとは限らない。ファッション・デザインがしばし手がける、誰も見たことのない異様な服が意味を持つのは、それによって、身体のあらゆる可能性を模索することに道を拓くからである。もちろんそれが、生き方や、精神のあり方や、身体のあり方を、時代に先駆けて可視化して、社会に提案していなければ意味はないし、同時にデザイナーには、ターゲットとコンセプトを明確にし、誰に向かって何のために提案しているかを、はっきりと示すことも求められる。というのも、提案した価値観を共有してくれる集団を形成することも、ファッションの重要な役割だからである。よりよい身体のあり方を提案し、それを共有する集団を形作り、少しでも世界を心地よい場に改良していくことが、ファッション・デザインには求められているのだ。

しかし、そういったファッション・デザインの、身体の可能性や人々の関係性の提案を優先し、機能性や安全性などの工学的な要素を必ずしも重視しない態度が、他のデザインから一線を画される原因にもなっている。プロダクト・デザインの分野では、早くから、ヴィクター・パパネックやヘンリー・ペトロスキー、あるいはドナルド・ノーマンといった、工学的なアプローチでプロダクト・デザインを論じる人々が、機能合理性を真摯に追求するデザインを重視している。[55]彼らは、誰が何のために使うかをしっかり考えて、人の害になるものや、無駄になるものは、できるだけ作るべきではないと主張している。そういった理念は、プロダクト・デザインの世界ではすでに常識だが、ファッション・デザインの世界では省みられることは少ない。

たしかに、制服など用途が明確な衣服のデザインは、彼らの警鐘をうまく受け止めることができるだろうが、しかしファッション・デザインには、それでは割り切れないところがある。というのも、その他多くの人工物と違って、ファッション・デザインが対象にしている人間の身体が、何のために使う、どのような機能を持ったもので、なぜ必要なのか、私たちは説明する言葉を持たないからだ。

それでもファッション・デザインを、あえて無理に機能合理的に説明するとなると、「人間が自分のために使う自分をデザインする」ということになる。身体は道具でもあるが、私たち自身でもある。もし、ファッション・デザインが、自分たち自身に対して、機能性ばかりを追求し、役に立たない物を不要とするような態度で臨んだとしたら、息苦しさしか生まなくなってしまうことだろう。

生きることのデザイン

論理を超えた行為であることが、ファッション・デザインに可能性をもたらしているのは否めない。デザインの世界には、「インテリア・デコレーション」や、「カー・スタイリング」という言葉がある。どちらも、デザインという本質とは離れた、表面をいじるだけの装飾行為という意味で否定的に使われることが多い。それゆえに、デザインではなく、デコレーションやスタイリングと呼ばれるのだ。

だがそれらは、物の機能にとっては本質でなくても、使う人の生活とは深く関わっている。デザインや建築の世界には、気持ちのいいほどのモダニストが多いが、モダニストたちは、使用や生産や流通におけるさまざまな合理性を追求し、すっきりとした解決を与えることに執心する。そうやって作られたスマートな物たちを素材に、想定とはまったく違った非合理な使い方を提案して、世界を広げていくのもファッション・デザインの仕事である。

機能一辺倒から離れようとする態度としては、「モノのデザインから、コトのデザインへ」という、よく聞かれる言葉も思い出される。この標語を提唱した人の一人は、インダストリアル・デザイナーの立場から日本のデザイン教育に大きな足跡を残したことで知られる小池岩太郎だろう。現在この言葉は、ハードではなくソフトやコンテンツを作ることが大事というように解釈されているが、小池が主張したのは、たとえばコップというモノのデザインではなく、一度コップの存在を忘れて、喉の渇きを潤すコトのデザインをしなくてはいけないという意味である。

小池はそれを、「既成の品物を作るのではなく、それによって果たされる効果を作る」[56]態度だと説明している。小池は、世界を把握するために、分類することからスタートした近代の精神が、かえって自分たちの行った分類によって束縛されていることに気づき、もう一度、分類のやり方を変えてみようと提案したのだ。決して、イベントを企画して消費を喚起しようという話ではない。

小池の考え方をファッション・デザインに当てはめるとしたら、ファッション・デザインに求められるのは、どのようなコトだろうか。ファッション・ショーを絡めてイベントを華々しく行うことでないのは当たり前だが、かといって「着ること」のデザインでもない。単に袖を通す瞬間という意味の「着る」でもなく、かと言って、着て体が動かしやすくなる程度のことでもなく、それを着て仕事をしたり生活すること、つまり「着て生きること」のデザインこそが、ファッション・デザインには求められているのだ。

ファッション・デザインの表現方法には、素材や色や技法などを揃えた複数の作品によってコンセプトを伝える「コレクション」というやり方があるが、ファッション・デザインがコレクションという手法にたどり着いたのは、同じテーマの作品のバリエーションを作ることで、身体観や生活像を立体的に提案することができるからである。生きることは、毎日同じ生活を送ることではないし、工場の生産システムのように最適なプロセスを繰り返すことではない、ということを伝えるのも、ファッション・デザインの役割だろう。

ただし、「着て生きること」のデザインは、ファッション・デザイナーだけの仕事ではない。服をデザインすることと服を着ることとは、行為としては違うが、同時代の身体を形づくるという点において共犯関係にある。私たちもまた、衣服を着ることによって、身体や生きることをデザインしているのだ。ファッション・デザイナーたちが、「人間が自分のために使う身体」をデザインしているのであれば、私たちは日々、「私が私のために使う私」をデザインし続けていることになる。こういった一見すると宙に浮いたような行為と、しっかり向き合うことが、ファッションにおけるデザインなのだ。

ファッション・デザイナーの活動は、身体の可能性を開拓することで人間の可能性を広げる重要なものだが、実際には、それとはまったく逆に、現在の身体における美の体系を肯定し、再生産して、固定化しているデザイナーの方が圧倒的に多い。なぜならば、既存の美しさの価値観をなぞった服によって、既存の価値観に従った身体を作った方が、より多くの人に支持され、経済的にも成功するからだ。

既存の価値観に合致した美しい服を作り、美しい身体を提案することは、美しくない身体とは何かという感覚を固定化することでもある。すでに合意された美しさや醜さを、その価値観を揺るがせることなく再生産し続けることは、社会の流動性を抹殺することになる。

ファッション・デザインは、常に革新を起こしているようでいて、実情としては、非常に保守的な活動でもあるのだ。

8　シャネルの闘い

怒りに満ちた貧乏主義

ファッション・デザイナーの活動がどのようなものであるかは、「シャネル」というブランドを見ていくだけで、かなりのところまで理解することができるだろう。

「シャネル」の創始者は、ガブリエル・シャネル、通称ココ・シャネルという女性である。シャネルは女性の自立を目指しながらも、保守的な女性観を持ち、女性らしさにどこか憎しみを抱きながらも、女性であることから抜け出すことはなかった。単に服を作るだけでなく、新しい身体での生き方を提案し、自ら実践するようなファッション・デザイナーのあり方は、シャネルが作り上げた。その後シャネルほど、その役割をうまくこなした人はいないだろう。

シャネルは、一九〇九年に帽子屋を開店し、成功への第一歩を歩み始める。シャネルの代表的な作品は「リトル・ブラックドレス」と呼ばれるアール・デコ期のワンピースと、「シャネル・スーツ」と呼ばれるジャージー素材のツーピースだ。シャネルの「リトル・ブラックドレス」は、はじめてベルトコンベアによる大量生産で作られたアメリカ産自動車のT型フォードと比較され、「シャネルとサインされたフォード」と呼ばれたが、シャネルには、合理化を徹底させたモダニストと言い切れないところがある。

シャネルのロング・インタビューを書籍化しているポール・モランは、次のようなシャネルの言葉を紹介しつつ、シャネルをモダニストどころか、「農民の系譜」と位置づけている。

彼女は言ったものだ、「わたしは女のからだを自由にしてやった。レースやコルセットや下着や詰め物で着飾って、汗をかいていたからだを自由にしてやったのよ」。シャネルとともに田舎の緑がよみがえる。[57]

さらにモランは、シャネルの作風を「怒りに満ちた貧乏主義」とまで言っている。エレガントでボリュームのあるドレスを時代遅れにして、働きやすいジャージーのスーツを女性たちに着せたシャネルは、確かに上品ではないと捉えられてもおかしくはなかった。

写真家のセシル・ビートンも、シャネルのおかげで「三十年前にはスカートを仕立てるのに十ヤードの生地を要したが、今や一ヤードほど」で済むようになったと、シャネルのコストパフォーマンスのいい服作りに着目しているが、ビートンに言わせればシャネルは、「華美に見せないことがスマートなことなのだと顧客に気づかせた最初のデザイナー」[58]でもあった。もちろんビートンは肯定的に書いているのだが、嫌味に取れなくもないような褒め方ではある。

シャネルが世に出たアール・デコの時代は、「ギャルソンヌ」の時代と言われる。ギャルソンヌとは、フランス語の少年を意味する「ギャルソン」を女性名詞化した造語で、少年のような容姿の女性を指している。ギャルソンヌが出現した背景には、第一次世界大戦の人手不足による女性の社会進出があるが、そういった社会の中で活躍する女性が、自分の意のままになる身体を求めたのは、自然の成り行きだったろう。

シャネルは、強い意志を持った女性にふさわしい身体を、衣服という形で提案し、それによって自らも社会的な役割を得て、自立した自由な女性となった。それと並行してシャネルの提案した衣服は、社会の中で生きる女性にとってのスタンダードな衣服になり、シャネルの名前はブランドとなっていった。

ヴィオネとスキャパレリ

シャネルは、女性を、男性が見せびらかしに利用する道具から脱却させたと言われる。それはシャネルがコルセットなしの実用的な服を作ったからだが、女性であるシャネル自らがデザインする側に回ったことも大きかった。

もっともアール・デコ期には、シャネル以外にもマドレーヌ・ヴィオネ、エルザ・スキャパレリといった、女性のファッション・デザイナーも多くおり、リリー・ライヒ、アイリーン・グレイ、シャルロット・ペリアンなど、女性のインテリア・デザイナーも活躍している。女性像の提示という点なら、シャネルと並んで活躍したのは画家のタマラ・ド・レンピッカだろう。特に、自動車のハンドルを握りながら、冷ややかな眼差しでこちらを見つめる自画像は、時代を象徴する一枚になっている。シャネルだけが特別というわけではない。

この時代の女性ファッション・デザイナーたちは、自分たちの手によって、自分たちの身体をデザインしていった。シャネルは、その中の一人である。シャネルは、自分とポワレのどちらが、女性をコルセットから解放したかにこだわっていたが、むしろその点でシャネルと比べられるべきは、マドレーヌ・ヴィオネだろう。
ただ、ヴィオネの作った服は、女性が労働するのにふさわしいものとは言えない。ヴィオネは、布を斜めにして裁断するバイアス・カットで有名である。縦糸が重力に対して垂直でなくなることによって、布は自重によって豊かなドレープを出すことができる。布は、斜めに引っ張ると襞《ひだ》ができるのだ。ヴィオネの服は、シャネルが作った街中の衣服とは違う、優雅なドレスだった。
それでもヴィオネが新しい身体をデザインしたと言えるのは、豊かなドレープを出すために、身体に活発に動くことを求めたからだ。ビートンは、ヴィオネについて、「素材の使い方で、彼女ははじめて女性の解剖学的人体組織を人目にさらした」[59]と評価しているが、それは布が纏わりつくことによって、身体の輪郭が浮かび上がってくることを指していた。ヴィオネの服には、コルセットを使わない身体こそが美しく、軽やかで身体に負担をかけないのが良い服だという思想が存在している。ヴィオネの服は古典ギリシアを彷彿とさせるので、古代への回帰と捉えられがちであるが、ヴィオネの作り出す自然な身体は、ルソー以降の近代的な考え方の産物である。[60]
もう一人、シャネルと比較される女性といえば、エルザ・スキャパレリだろう。イタリア出身のスキャパレリは、モードは楽しむものという信念のもと、シュルレアリスムをファッションに取り入れようとした。そもそも最初にスキャパレリを有名にしたのはだまし絵《トロンプルイユ》のセーターだったので、シュルレアリスムへの接近は自然なことだった。スキャパレリは、ショッキング・ピンクなどの派手な色を使い、金糸、樹脂、ガラス、ファスナーなどを使った舞台衣装のようなドレスを作っている。

こうしたスキャパレリの芸術を強く意識した服作りを、シャネルは徹底して批判したと言われているが、歴史的事実としては、三〇年代になるとスキャパレリがシャネルを圧倒し、その肩幅の広いシルエットは、終戦まで、女性服のスタンダードとなった。

あくまでも女性の主体性を強調したかったシャネルと違い、スキャパレリは、女性を見られる性でありながら、自らを演出する性として位置づけ直し、同時に「作品」として衣服を見せることに成功した。シャネルとスキャパレリの立場の違いは、見る人と見られる人との権力関係は、必ずしも見る側が強いとは限らず、視線を集めることもまた、近代社会においては権力であることを思い起こさせる。

ディオールとクレージュ

第二次世界大戦が勃発してまもなく、一九四〇年にパリが陥落すると、シャネルは店をたたんだ。そのため引退したものだと思われ、歴史の中の存在としてのみ思い出されるようになっていたが、終戦から一〇年も経った一九五四年に、突然、店を再開している。クリスチャン・ディオールが登場したからだ。

ディオールは、一九四七年に、いわゆる「ニュー・ルック」で華々しくデビューした。当時着られていた他の服とは比較にならないほどの分量の布を使った優雅なスカートによって、戦争気分を払拭したことが評価されたと言われている。ただ、ここで特筆すべきは、コルセットも復活させたことだ。それがシャネルにしてみれば、許せないことだった。[61]

ディオールはその後、Hライン、Aライン、Yラインなど、いわゆる「アルファベット・ライン」をはじめ、数々のヒットを生み出していく。ディオールは富裕層向けにオートクチュールを手がけていたが、ディオールの作品は、戦後世界における大衆化と、世界中を結びつけるマスメディアと、人種を超えて洋服の身体観が共有されていったことを背景に、情報としてグローバルに広がっていった。ディオールの提唱したラインは日本でも流行するほどで、アメリカや日本では、型紙を販売したり、コピーされることで、富裕層以外にも大きな影響力を持った。

ディオールが「ニュー・ルック」で提案したのが、ドレスではなく「バー・スーツ」だったことも時代を反映している。もはや上流階級がドレスで踊っている場所が、ファッションの中心的な舞台ではなくなっていたのだ。

ディオールが活躍した時代には、「プレタポルテ」という言葉が作られ、それを紹介する雑誌として『エル』が創刊され、若者を中心に支持を得ていった。オードリー・ヘップバーンやジェームス・ディーンが、映画を通して若者らしさを作り上げていった時代でもあった。そういった中でシャネルは復帰し、五六年に「シャネル・スーツ」と呼ばれるジャージー素材のツーピースを発表した。シャネルは、ポワレがコルセットを取り払った時に、ポワレを偽の解放者と非難したのと同様に、ディオールのニュー・ルックを偽物のスーツと理解したのだろう。

実際のところ、ディオールとシャネルの勝負は、どちらに軍配が上がったのか不明だ。ディオールは、シャネル復活の翌年の五七年に亡くなっている。そしてさらに重要なのは、その五七年に、クリストバル・バレンシアガが、「サックドレス」を発表していることである。サックドレスは、女性の体型をまったく構築しない服である。肩から吊るされ、身体の周囲に浮いた服だ。そして次の時代のスタンダードになっていったのは、このサックドレスだった。[62]

サックドレスの系譜がスタンダードになっていくのに大きな貢献をしたのが、バレンシアガの弟子のアンドレ・クレージュだった。クレージュについては、マリー・クワントとどちらがミニスカートの元祖かということばかり言われるが、クレージュの服の特徴は、スカート丈の長さよりもサックドレスから引き継いだ構造にある。クレージュは、女性を二〇歳若返らせたと自認しているが、その主張に対しシャネルは、クレージュが成熟した女性ではなく少女を理想とし、大人の女性の体型を否定していると非難している。

クレージュが活躍した六〇年代は、ビートニク、テッズ、モッズ、ロッカーズ、みゆき族、ヒッピーなど、ストリート・ファッションが資本主義世界の各地で生まれた時代だった。そういう世相を受けクレージュは、ファッションにおける重要なこととして次の三点をあげている。

①現代女性は働く女性であり、車を乗りまわすなど、活動的な生活をしている。したがって、その服はかさばらず、動きやすいということが基本になる。女性の服は気取

りではなく、行動性が重視されなければならない。
②現代女性は男性と平等であることを望んでおり、現にますます男性と対等な存在になっている。女性はもはやオブジェ〔男にみられる対象〕ではなく、シュジュ〔男をみる主体〕になろうとしているのだ。女性は服装のなかで、この男女平等を表現すべきである。これは男性の服を女性のものとしてとらえることで実現されるだろう。
③現代女性は自分に巻きつけられた性のタブーという鎖を全部、アクセサリー・ショップに放り投げてしまいたいと思っている。つまり、自分の性の衝動や欲望がノーマルなものとして認められ、受け入れられることを望んでいるのである。したがって、女性は自分の肉体をみせることができなければならない。服でごまかさずに、あるがままの肉体を強調する必要がある。[63]

クレージュの掲げた、行動力に価値を置くこと、男女平等、性の衝動や肉体の肯定といった条件は、シャネルの考えと、そう遠くなかっただろう。もし両者に違いがあるとすれば、シャネルが、企業を牽引し社会を変革する実業家という女性像を提案したのに対して、クレージュの提案した女性像が、男性と平等にスポーツを楽しむような若々しい消費者だったことだ。ロラン・バルトは、シャネルの作る女性像については、その女性がおかれている「環境や職業、レジャーや旅行」について想像できるが、クレージュの作る女性像については、「彼女が何をしているのか、両親はどんな人か、収入は何なのか、疑問さえ浮かんでこない」[64]と述べている。

シャネルは七一年に亡くなっている。シャネルが亡くなる頃には、プレタポルテを中心としたファッション・システムは完成していた。ファッション産業は、希少性を維持しながら大量生産をしなければならない矛盾を、オートクチュールを存続させ、それを頂点とした価値のピラミッドを作り上げることと、その一方で、ライセンス産業によって服以外の他業種にまで進出していくことで解決した。そして、そのシステムの中で最大の効果をあげたブランドのひとつが、ココ・シャネル亡き後の「シャネル」だった。

カール・ラガーフェルドは、一九八二年から二〇一九年に亡くなるまで、シャネルのデザイナーを務めたが、ココ・シャネルの死後、方向性を失いかけていた「シャネル」というブランドを復活させた立役者として知られている。パリ・コレクションに詳しければ、ラガーフェルドの顔が思い浮かばない人はいないような有名人であるにもかかわらず、ラガーフェルドがデザインした「シャネル」と名の入った服は、ラガーフェルドではなく、「シャネル」

の服として受け入れられていった。

その服は、シャネルという個人の名前がつけられているにもかかわらず、シャネルがデザインしていない、ということは皆が知っていた。さらには、その「シャネル」の服をデザインしているのが、ラガーフェルドという有名な男性であることも承知されていた。しかもラガーフェルドが、自分の名前を冠したブランドのデザイナーでもあり、クロエやフェンディといった他の有名ブランドのデザイナーを務めていることも、了解されていた。ココ・シャネルは、自らを手本とし、自立した女性の身体や生き方を衣服で提案し、販売することで共感する集団を作り上げたはずだった。そういった諸々をわかっていながら、多くの人が「シャネル」というブランドだからという理由でラガーフェルドのデザインした服を購入し、ブランドに自己同一化できるのは、とても不可解である。

ピエール・ブルデューは、ド・ゴールのあとを継いでフランスの大統領になることと、シャネルを継ぐことは同じだと述べている。そしてマックス・ウェーバーの「カリスマの日常化」という概念に触れながら、それは「世界に非連続を導入したただ一人の出現をいかにして持続可能な制度へと変形するのか」[65]という問題だと説いている。

ブルデューは、ファッション産業が、「創造者のカリスマ的権力を断固肯定すると同時に、この置換不可能なものさえ代替可能だと肯定する場」だと指摘している。そして、「創造者としての権力」が継承されるのは、「作品の希少性」ではなく「生産者の希少性」が保持されているからだとする。つまり、その名前で生産できるということにこそ稀少性があるのであって、誰が作っているかや、何が作られているのかは、価値に対してそれほどの影響力を持っていないというのだ。

これから先も、シャネルの名前が有名であり続ける可能性は高い。しかしその一方で、シャネルの名前がなぜ有名になったのかが、忘れ去られる可能性も高いだろう。シャネルというブランド名は知っていても、ココ・シャネルについては知らない人も増えるにちがいない。シャネルというブランドの存在が問いかけてくるのは、ブランドがその名前によって保証しているのは何か、人々はその有名な名前を通して何を得ようとしているのかという、名と実との関係性である。

第4章　欲望と誘惑と搾取のビジネス

1　ファッション・アイテム・マーケティング

ファッション・システムと市場経済

ファッションは日常生活の一面であり、表現の一種でもあるが、多くの人々が関わっている巨大な産業でもある。どこであれ都市を思い浮かべた時、その中心部を占める商業施設のほとんどは、ファッション関連の店舗で占められている。その単純な事実を取り出してみても、ファッション産業の巨大さがわかるというものだ。繁華街のランドスケープを作り上げているのは建築だが、その中身には衣服が詰まっている。

それらの衣服が、どこで誰によって、どのように作られたかを想像してみるのも大事なことだ。すなわち原料、紡織、染色、裁断、縫製、流通、販売といった産業的な仕組みや、生産地、生産者、使用者、使用方法といった観点から、ファッションを考えることだ。

ファッション産業は、よく川の流れに例えられる。川上に繊維産業があり、川下に小売店がある。そして間の川中には、衣服製造業があるという構図だ。昨今では、川中と川下が一緒になった「ＳＰＡ（Specialty Store Retailer of Private Label Apparel）」という形態が、ファストファッションなどで盛んになっており、川上から川下にかけての分業体制は崩れかけているが、だからといって製造のプロセスが変わったわけではない。

産業としてのファッション・システムは、単に衣服を作り、供給するだけのものではない。話題を提供することで、流行を人工的に操作して市場を常に刷新していく方法や、大量生産・大量消費社会を前提としながら、付加価値の高い少量生産品で利率をあげる手法や、マスメディアでのイメージ戦略や、丁寧な接客による顧客集団の形成など、ファッション産業は他の産業にはみられない特徴的な手法を持っている。とはいえ、今では他の産業もファッション産業を模倣する形で、自らの産業にファッション・システムを取り込んでおり、どこまでがファッション産業の領域なのか、簡単には言えなくなっている。

ファッションは、大量生産によって物質的な豊かさが行き届いた市場経済社会でなくては成り立たないが、その社会が身分制度から解放されていることも不可欠だ。というのも、社会階層の移動が可能な社会での競争が、ファッションを成立させる一因となっているからである。ファッション・システムは、いかにも資本主義的な経済システムでありながら、文化制度でもあるのだ。

ファッション産業に対しては常に、無駄な浪費を作り出しているという批判がされてきた。その背後には、役に立たないものは無駄であるという、実用性に対する信仰にも似た価値観がある。それに対してファッション産業は、ひとつの姿に縛られず好きな格好ができることは、人々にとって解放にほかならないと反論する。そうすると、さらにそれに対して、それは解放に見せかけた資本主義の詐術ではないかとの指摘がされる。

ファッション産業が、対象とする年齢をひたすら下げてきたことも、大きな問題になっている。アリッサ・クォートは、本来は子どもたちの権利を認め、自立した大人と同等に扱うことを目指して積み上げられてきた社会学や心理学の研究成果を、ファッション産業が悪用して、非常に低い年齢層の子どもたちまで大人扱いすることで、子どもたちの欲望を喚起してきたと指摘している。[1] ファッション産業は、現在では逆に、人口減少による若者市場の縮小を受けて、四〇代以上までを若者扱いし、欲望を喚起することに躍起になっている。

確かにファッション産業は欲望を抱かせることは得意でも、人々に欲望を抑制させたり、適切なものを選別させることには無頓着である。買う側の美意識が問いただされるような形で、提案がされるのも常である。多くのブランドは、この美しさがわからないようでは時代に取り残されますよという、脅迫に近いメッセージを発して、消費者に購買を呼びかけている。美しく思えと命令してくる有名なブランドを良いと思わなかった時、自分は感覚が鈍いのだろうかと嫌な気分にさせられる。

しかし、欲望や危機感を煽るファッション・システムが、市場経済を繁栄に導く大きな力になってきたのも間違いない。ロバート・ロスの説明によれば、共産主義が最終的に崩壊したのは、「供給主導型の経済計画が革新と流行の需要を満たしそこねた」[2]ためだった。つまり共産圏は、景気を活性化させる起爆剤を、何も持たなかったというのだ。そしてそれとは対照的に、西側諸国側は、人々の欲望を形にした上に新たに欲望を創り出し、多岐にわたる選択を用意したおかげで繁栄したという。それこそは、ファッション・システムがもたらしたものである。

そうすると、ファッションは人々に欲望を抱くように囁く悪魔のようでもあるが、欲望を持つことは、まったく悪いこととしてのみ扱われてきたわけでもない。ロスによれば、一七世紀から一八世紀のイギリスにおいて「贅沢や消費というものは、個人には非道徳的かもしれないが、社会全体にとっては善である」[3]という考え方が現れたという。この論理は現在でも生きていて、人々は、浪費をしないようにと子どもを躾《しつ》ける一方で、消費によって経済が動くのは良いことだと躊躇なく断定する。こういった矛盾は、ファッション産業の底にずっと沈んだまま、解決されることなく残っている。[4]

ファッションに対する非難はきりがない。そしてその多くが不当な非難だとも言えない。しかし、フィンケルシュタインが指摘するように、ファッションは「社会における交流の一つの手段」に過ぎないのであって、「人間を搾取するとか堕落させると決まったわけではない」[5]というのも確かなことなのだ。

マーケティング主導

ファッション産業は、パリのオートクチュールを頂点とした価値の体系を作りあげてきたが、パリ・コレクションを中心としたファッション産業とは別に、アメリカでは、上流階級以外の人々に対して欲望の持ち方を教えていくような、マーケティング主導のファッション産業が育まれてきた。

もともとアメリカは、既製服産業が発達した地域であり、「マーチャンダイジング」や「マーケティング」という言葉にこだわって服を製造してきた歴史がある。ハイ・ブランドの発表の場であるニューヨーク・コレクションを牽引してきたデザイナーたちですら、ビジネスシーンで使える衣服を中心に提案してきた。ファッション以外の産業にモデルチェンジの考えを導入し、売り上げを伸ばすためにスタイリングを行うインダストリアル・デザイナーたちを輩出し、さまざまなプロダクトを、耐久年数よりも早く買い換えさせるようにファッション・アイテム化してきたのも、アメリカの社会だった。

アメリカの大量生産は、エンジニアのフレデリック・テイラーが編み出した科学的管理法と、フォード・モーター・カンパニーの創業者ヘンリー・フォードが作り出したベルトコンベアのアッセンブリーラインによる生産方式が融合して、誕生したものだとされる。工場は、人間のあらゆる動作をシステムに組み込み、まるでひとつの生命体のように無駄のない動きで製品を生み出していく。[6] 二〇世紀の初めには、この大量生産システムは完成していたが、一九二〇年代の世界恐慌を切り抜けるために、人々が欲しがるものを探し出して企画するマーケティングの技術と、人々が欲しがる見た目を製品に与えるデザインの技術が、双子のように誕生したことによって、さらに改良が加えられていった。

それ以降ゆっくり時間をかけ、マーケティングとデザインによって、多くのプロダクトがファッション・アイテム化していったが、そうするとファッション・アイテムの元祖である衣服は、相対的に魅力を失い、埋もれていくことになった。アメリカでは一九八〇年代にはすでに、「最新ファッションを追いかけるのは、もう重大事でもなんでもなくなっていた」[7]と言われ、「ファッションは終わった」という言葉も聞かれるようになる。九〇年代にもなると、ブランドのロゴによって掻き立てられたイメージを、高い対価で購入していた時代は終わり、「だれも着飾らなくなり、だれもが特価品を好む」[8]ようになった。

ところがそうなると、そういった価値の変化にぴたりと合った衣服産業が生み出された。ファストファッションである。ファストファッションの企業は、スウェーデンのH&M、スペインのZARA、日本のユニクロと国際色豊かだが、元祖と言えるのはアメリカのGAPだろう。製造から販売までを一貫して行うSPAの元祖も、GAPだ。

ただ二一世紀に入ってから、また少し変化が起きているようだ。アメリカでは廃墟と化したショッピングモールが問題となっている。ショッピングモールはファストファッションと手に手を取り合って、どこまでも巨大化し増え続けるかのようであったが、急激に衰退に向かおうとしている。その背景には、服がインターネットで買われるようになった変化があると言われているが、もちろん、それを牽引しているのはアメリカのアマゾン社だ。

もっとも、ショッピングモールが放棄され廃墟になっているのは、作られてから年数が経ち、設備が老朽化して飽きられてしまったといった理由や、もともと人口の少ない地域への無理な出店で、解体するよりは放置しておいた方が安上がりといった、さまざまな理由も存在する。なので、ネットによって実店舗がなくなりつつあるとは、簡単には言えない。元来、広大で人口密度の低いアメリカは、通信販売がさかんな国で、シアーズ・ローバック社は、一九世紀にはすでにカタログ販売をおこなっている。そういった歴史をふまえると、ネットでの通販は、それほど不自然なことではない。

ファストファッションとネット販売が、今後どのような展開をするか不明だが、興味深いことにアメリカは、ゾラン・ラディコービックのようなファッション・デザイナーも輩出した。ゾランは七〇年代から活躍したデザイナーであるが、ほとんど公の場には現れず、ショーもせず、広告もしなかった。富裕層から評判を得て、顧客との繋がりを確固たるものにすると、上質の布をシンプルに裁断したドレスを、ひたすら形を変えることなく販売し続け、「新しいものはなにひとつデザインしてこなかった」[9]と評されるような態度を貫いた。

ファッション・ジャーナリストのテリー・エイギンスは、「既存の秩序を切り裂いたデザイナーがもしいるとすれば、それはゾラン以外にない」と高く評価している。エイギンスによれば、ゾランは「事業を拡大するのを徹底して避け、選りすぐりの最高級の小売店だけに」商品を卸し、「ターゲットを小さく絞る」ことによって、「最小の努力で最大の効率[10]」を上げることに専念したという。もちろんゾランが成功したのは、アメリカの富裕層がとてつもなく豊かだからで、ゾランの手法が広く波及したわけでもないのだが、それでもゾランの手法に学ぶことは多い。生産者と消費者が、マスメディアやソーシャルメディアを通してではなく、対面式のコミュニケーションによって結びつき、価値を共有する集団を作り上げていく技法は、私たちの社会でも見直されていく必要がある。

2 ブランドと本物

企業ロゴとアイデンティティ

ファッションを取り巻くさまざまな問題の中心には、ブランドという信頼のシステムがある。ブランドは、オートクチュールやプレタポルテで活躍するファッション・デザイナーたちが保有する「品物を希少なものに仕立て上げる権力」[11]によってもたらされていると、ピエール・ブルデューは指摘している。

日本では二〇世紀終わりごろ、女子高生など若い女性が、高級ブランド品に過剰に依存することが問題にされた時期もあったが、現在は、ブランドはもう少し静かに日常生活に食い込んでいる。それらは、高級品というよりは日用品であろう。それにブランドは、ファッション産業の専売特許というわけでもない[12]。ブランドといえばアップルなどの電化製品や、フェラーリなどの自動車といったプロダクトを思い浮かべる人も多いだろう。

ナオミ・クラインは、食品から靴に至るまで、あらゆるブランドが、学校空間を侵食しつつあることを警告している。どのブランドの製品もファッション・アイテム化しており、子どもたちを将来の顧客にするために、ロゴのついた商品で学校空間を埋めようとしている。クラインは、「教育をブランド拡大の道具に供することに反対する議論は、国立公園保護や自然保護の議論と同じ価値をもつ[13]」と主張している。つまり、教育空間を市場化しないで守ることと、国立公園の自然を守ることは、ほぼ同じくらい困難で大事な問題ということだ。

クラインが危惧しているとおり、もはや私たちは、企業ロゴの存在しない空間を、どうやっても持つことができなくなっている。自然保護であれば、庭を作ったり鉢植えを育てることもできるが、私的なはずの居住空間から企業のロゴを締め出すことは、ほぼ無理だろう。テーブルの上のペットボトルにも、壁のエアコンにも、自分の首の裏にある襟のタグにも、企業ロゴは見つけることができる。

それどころか、ナイキのロゴマークの「スウッシュ」の刺青を、脚に彫っているナイキ社員が十数人いることを、クラインは紹介している。[14]ナイキのスウッシュは、アメリカの刺青店でもっとも人気のある柄でもあるという。ファッションが身体のデザインである以上、皮膚の上にファッション・ブランドのロゴが刻印されることになるのは、当然の成り行きなのかもしれない。しかし自らの身体を、勤めている企業の製品にしてしまうことは、組織の一部として以外に、自分が存在しないことを認めているようなものである。

ただ、ブランドにアイデンティティを依存してしまうことが、悪いことばかりとは言い切れない。アリッサ・クォートは、「どこかおずおずした感じがあったり、やや太っていたり、世間一般の見方からすれば美人ではなかったり」する子どもたちが、ブランド品を「自分の欠点を補ってくれ、社会的破滅から守ってくれる[15]」ものと信じることによって、安心して生きていけるようになっていると指摘している。実際に「ナイキのようなブランドがゲットーで子供たちの力となり、アフリカ系アメリカ人に自信をもたせた[16]」ことは、紛れもない事実なのだ。中野香織は、ブランドの存在意義を、「時代に対する嗅覚が鋭く、したたかに時代の変化の兆しを取り入れ、変化と一体となって時代を映し出し、社会が向かう方向を示し続けている」[17]ところにあるとしているが、ブランドは、人々に少し先の未来を示したり、生きていく活力を与えたりもするのだ。

私たちの世界は、今やブランドに溢れていて、何がブランドで何がブランドでなく、それぞれがどのようなブランドなのか説明するのも困難になっている。ファッション産業における高級品のブランドは、ラグジュアリー・ブランドと呼ばれているが、ユニクロやＺＡＲＡといったファストファッションも、立派なブランドである。ナイキやアディダスのようなスポーツメーカーになると、ファッション・ブランドなのか、プロダクトのブランドなのか分類することに、もはや意味はないだろう。

ファッション・ジャーナリストの山室一幸は、ブランド・ビジネスを「ロゴ・マークがつけられた雑貨ビジネスがパーセンテージの大半を占める売り上げ構成となるビジネス」と定義し、それに対して、ファッション・デザイナーによる「作家性の強いコレクションの売り上げが中心となるビジネス」を「クリエイター・ビジネス」[18]と呼んでいる。しかし、コレクション以外の方法で発表するデザイナーも増え、あるいは、作家性を主張しない大量生産の衣服を売るための東京ガールズコレクションのような仕組みもあるので、こういった二項対立的な分類も難しくなっている。

ブランドが何かを説明するのが困難ならば、ブランドがなぜ、それほどの力を持つのか説明するも困難である。ブランド品の価値は、紙幣の価値に似ている。用いられている技術や品質がずば抜けて良いとはいえ、信頼によって単なる印刷物の値段が、一定額に保証されているのが紙幣である。技術や品質に裏打ちされた信頼が、価値を高く維持させている点においては、ブランド品も変わらない。

しかし紙幣は、ほとんどの場合、国家が破綻してしまえば価値を失うことからもわかるように、国家というシステムと強く関係し、国家によって価値が支えられている。ブランド品の価値を保証しているのは、製品の品質と、それ以上に作り手の有名性である。その点、ブランド品は紙幣より芸術品に近いと言えるだろう。ただしブランド品は、誰もが持たざるをえない物に差異を持ち込んで、卓越化の道具に仕立て上げ、入手が容易なように大量生産することに意味がある。その点では、唯一性を追求する芸術品とも異なっている。

評論家のディアン・スージックは、人々がブランドに夢中になるのは、「店に並ぶのはありきたりの量産品ばかりということに気づいてはいるが、心情としてはそれ以上の何かがあってほしいと願っている」からだと指摘している。人々はブランドの名がつけられた物を購入し所有することで、人と違っていることが表現でき、同時に特別な人々の仲間に入れると信じているというのだ。そこでブランド側は、俳優やタレントやスポーツ選手など有名人を選び出し、「対象とする消費者層にふさわしいメッセージを表現でき、彼らの願望に見あうパーソナリティ[19]」として広告に起用し、ブランドと重ね合わせて見てもらうことに必死になる。

こうした事態によって、「つぎつぎにスターをつくりだす現代社会に生まれ育った子どもたち」は、「スターとブランドとを容易に結びつける[20]」傾向を持つようになったと、クォートは指摘している。マスメディアによってスターは「最上級の賛辞」で表現されるので、子どもたちは、気がつけばスターを偉大な存在として受け入れてしまう。同じように「最上級の賛辞」によって表現されるブランドも、当然のように偉大な存在として受け入れる。スターに賛辞を送るのが番組で、ブランドに賛辞を送るのがコマーシャルであることの違いは、子どもたちにとってあまり意味はない。

そしてその結果、ブランドの与えてくれる生きる力への依存が強くなりすぎ、子どもたちは「ロゴの力を借りずにどうしたら自分に自信がもてるのか」わからなくなってしまうという。子どもたちは、愛着を持っているブランドが非難されると、「母親を侮辱されたかのように[21]」感じ、人格を傷つけられていると思い込む。

ブランドによる広告活動に適切なルールを作らなければ、今後、予想もつかない弊害が出てくることに間違いはなさそうだ。しかし、私たちの社会では、自分が誰であるかが生まれによって決定されることは稀で、私たちには、自分の手でアイデンティティの縫合先を見つけ、自我を安定させることが求められている。縫合する先は数限りなくあり、それが宗教なのか、学問なのか、音楽なのか、ブランドなのかといった違いだけで、その良し悪しを決めることはできない。

コピーの倫理

人は見た目によって、自分が誰であるかを表明している。誰であるかは、アイデンティティの縫合先、つまり何に帰属しているかで規定しようとする。そして、帰属意識を積極的に表明して、自分が誰かを伝えようとするときに、帰属したい集団の誰かの見た目をコピーしようとすることが多々ある。その際には、顔や仕草を模倣するよりは、身につけているものをそっくり真似る方が手っ取り早い。

誰かの身体を真似たがる人が多いことと、衣服がコピーされやすい商品であることは、強く関係している。ブランドが、多くの人に真似したいと思われている有名人を広告塔に起用して、ブランドの知名度を上げることに成功した場合、ブランドのイメージと起用された有名人は一体化していく。その結果、そのブランドの製品を買って有名人の身体をコピーしようとする人が増えるだけでなく、ブランドの商品をコピーしようとする他社も増えることになる。広告塔としての有名人は、まさしくモデルとなり、さまざまな位相でコピーが大量生産される。

自我は着替えることによって変えられるという神話が、ファッションにあるからであろうか、ファッションには、著作権という考えがなじみにくい。たかが着替えるだけで何もかも変わってしまう程度の軽い自我は、近代社会においては未熟なものとして否定されてきたが、何者にでもなれる自由な軽薄さこそが、ファッションの魅力でもある。しかし自我を、着替えたら変えられる程度のものと仮定するなら、誰も真似できない揺るぎない個性を持った作者、という概念を理解することは難しくなる。作品を、作者の唯一無比の個性の発露とする考えも、受け入れ難いだろう。

もちろん、一貫した自我や著作権という考えがなじまない世界だからといって、制作物に対するさまざまな権利を無視していいということにはならない。ファッションの世界にも、発案者を保護していく仕組みは必要である。ただ、コピー、あるいはパクリは絶対に悪という考え方が、必ずしも普遍的な正義として認められる世界でもない。

一九九〇年代から二〇〇〇年代ぐらいまで、テレビ番組から菓子や高速鉄道に至るまで、日本のデザインがアジアで多く模倣された。それらがオリジナルより低価格で国際市場に出回ることで、日本企業が経済的な損失を受けていると問題になり、中国や韓国などアジア諸国に対して、著作権などの、オリジナリティを尊重する文化がないと非難する言葉も多く聞かれた。しかし日本において、欧米製品の安易な模倣を防ぐために、通商産業省が「グッドデザイン商品選定制度」を制定したのは、そのほんの半世紀程度前の一九五七年に過ぎない。

その頃、一九四〇年代から六〇年代にかけて、日本で最盛期を迎えた洋裁文化では、パリの最新モードを正しく理解し、それを正しく作り、正しく着用するのがよいことだという価値観が中心にあった。つまり剽窃《ひょうせつ》やパクリという概念がなく、手本通りに作ることは、むしろ賞賛されることだったのだ。[22] あとから考えると理解しがたいことに思えるが、日本において、ファッション・デザインにもオリジナリティがあり、他のブランドのものをコピーしてはいけないという厳格なルールが共有されたのは、それほど古いことではない。

こういったことはまた、アジア諸国特有の歴史でもない。ポール・ポワレの次の回顧を読むと、二〇世紀初めのアメリカでも、同様のことが起こっていたことがわかる。

道徳観念を無視した、今や習慣となって定着している意匠権侵害問題について、ここで詳しくは述べないが、こうしたアメリカ人労働者大衆の教育はいったいどうなっているのか、わたしは理解に苦しむ。彼らの多くは意匠権を認めず、まねすることは盗作だという最低限度のモラル水準にも達していないのだ。このような、アメリカでの最初の経験によって、わたしは商売上のある汚れた一面を見せつけられた。これは服飾界特有の現象であろうが、無視できないことである。

フランスに帰って、わたしの報告に憤慨した仲間を集め「グラン・クチュールを守る会」を創った。この会の活動は、意匠権侵害を組織的に防ぐことが不可能なのを証明しただけだった。アイディアの横取りや新作用のアトリエの買収がアメリカ人バイヤーの現実のやり方であり、彼らは市場を不毛のものにし、フランス・モードを二度と立ち上がれないような虚脱と不振の状態に陥れたのだ。

アメリカ商人の手口は、自分たちの粗悪な商品を好き勝手なラベルで包み隠すことであるように、わたしには思える。この国民はブランドが好きで、商品価値がわからなくてもブランドだけで価値判断をするのだ。並の商品にポワレの名をつけて売ることは、アメリカ人にとっては頭のよい思いつきであり、すばらしいやり方に思えるらしい。[23]

このようにポワレは、自分の作品がコピーされることに激怒しているが、私たちも共感可能なポワレの怒り方が、当時のフランスにおいてすら、当たり前だったわけではない。ポワレと違ってココ・シャネルは、自分の作品はどうせコピーされるのだから、防止策を講じるのは無駄だと考えた。また、そのようなことに思い悩むのは、新しいアイディアが溢れてこない証拠であり、「自分の創作能力のなさを白状するようなもの」[24]だと述べている。コピーされるなら、それより早く新しい作品を生み出してしまえばいいというのだ。

そう言いつつもシャネルは、どちらかというと目まぐるしく作風を変化させていくことはなく、むしろ普遍的な作品を考案し、作り続けている。シャネルによって提案された襟のないジャージー素材のツーピースは、品質には天地ほどの差があっても、ほぼそのままの姿でコピーされ、「シャネル・スーツ」の名で世界中に普及した。シャネルにしてみてば、それらはシャネルが直接作っていなくてもシャネルの発明品であり、それらによって世界中の女性の身体が覆われることは、自分の作品がコピーされたというより、自分の考えが世界に受け入れられたという、大きな勝利を意味したのかもしれない。事実、コピーが増えるほど、女性の生き方の提案者としてのシャネルの名声は高まっていった。

スーパー・コピー

ポワレやシャネルの時代は、彼らの名で勝手に作られ売られている製品が、どこの誰によって作られているのか、彼らにもわからないという状況であったが、現在では著作権や商標権に関する法律が国際的に厳格化され、そういったことは少なくなりつつある。

しかし散々苦労して、製品の作者が誰か、はっきりさせようと努力してきたはずなのに、現在では、名の知れたブランドの正規の製品ほど、どこで誰が作っているのか、消費者にはわからなくなっている。ファッション・ジャーナリストのダナ・トーマスは、有名ブランドのカバンの生産について、次のような実情を報告している。

あるブランドは、メイド・イン・チャイナのラベルを外側の包装紙にシールで貼っている。イタリアに製品が届くと包装紙をはがし、かわりにメイド・イン・イタリーのラベルをつける。また、別のブランドでは持ち手以外を全部中国で生産している。バッグがイタリアに送られてくると、イタリアでつくられた持ち手がつけられる。もちろん、この製品もメイド・イン・イタリーになる。[25]

ほとんど中国で作られた物を、イタリア産と称するのは詐欺のようにも思えるが、だからといって、商品の品質が落ちているとは限らない。トーマスは、中国に生産地を変えたコーチについては、「同社製品の品質は五感で感知されるかぎり、米国から中国など他国での生産に切り替えた後のほうが良くなった」[26]と述べている。中国は、衣服やカバンなどのアパレル製品の生産を大量にこなしてきたし、その中には単に安いだけではない高級ブランドの製品も多数含まれている。そういった製品を手がけてきた工場が、まったく技術を蓄積していないと考える方が不自然だろう。

こうした事態は、「本物とは何か」という問いを惹起する。問題を複雑にしているのは、たとえばそこで働いていた技術者が、自分たちが委託されて作っているブランドのコピー商品を作るようなことが起こったからだ。場合によっては、委託されている工場が、会社ぐるみで発注より多く生産して横流しする場合もある。それらは「スーパー・コピー」と呼ばれ、正規の商品とまったく同じものなのに、何分の一かの値段で売られることになる。しかし作り手が同じなら、そもそもそれはコピー商品と言えるのだろうか。これらの製品を、本物と呼ぶことができないのはなぜなのか。

また、とある日本の工場は、取引先から「日本での製造販売権を取ったと横文字の書類を見せられ[27]」、なんの疑問も持たずに見本を参考にして、ルイ・ヴィトンの生地を生産し、渡していたという。工場経営者は、本物を作っているという自負を持っていただろうから、手を抜いて粗悪品などは作らなかっただろう。見本を見て再現するだけの技術的裏づけがあったということは、ともすれば、本物以上の品質の製品を作っていたのかもしれない。

こういった製品は、製造業者を偽って市場に流しているので、法的には偽物に分類される。なので、これらを偽物だと断言することはできるのだが、だからと言って、そのことをもって「本物とは何か」という問いへの答えにはならない。イタリアのブランド直営店に並べられた、「メイド・イン・イタリー」のラベルの、イタリア産より品質のよい中国産のカバンは、果たして本物なのだろうか。あるいはイタリアの狭い工場で、低賃金の外国人労働者によって縫われているカバンの方が、本物なのだろうか。

たとえばグッチは、創業家が会社の株と権利を手放したため、創業家一族は「グッチ」の名前でカバンを販売することができずに、別のブランド名でカバン製造を行っている[28]。果たして「グッチ」というブランドから販売されているカバンが本物なのか、グッチ家の誰かの手によって手作りされたカバンが本物なのか、躊躇せずに言うことはできない。

そういった事態は、まったくグッチに限ったことではない。ブランドが買収されて、ブランドの創業者デザイナーが解雇されても、ブランドの名前はそのままで、人々もそのブランドの価値を信頼し続けるという奇妙な現象が常態化している。価値や信頼を生み出すのはブランドの名前であるが、その名前は、本来の名前の持ち主から切り離され、宙に浮いているのだ。

コピー商品を売る業者たちは、警察の取り締まりに対して「コピーと言って売ればいいし、消費者もコピーと知って買っているので問題はない」と説明したり、あるいは「我々は本物を買えないでいる女性たちの味方だ[29]」といった反論をしている。しかし、消費者がコピーと知りながらも買うのは、それが許せる範囲で本物と変わらない品質を持っていると信じ、ブランドを出し抜いて本物と同等の物を安く買えると思っているからである。そして、その背後には、本物とは一体何のことなのかわからなくなってしまった社会が控えている。

こういった問題の元をたどっていくと、ファッション産業がライセンス契約によって規模を拡大していったことが影響している。特に、七〇年代以降に洋裁文化が終焉し、消費文化が花開いた日本において、市場にライセンス商品が溢れ出したことが関係している。ライセンス商品には、「バスタオル、トイレのスリッパや名刺入れ、安物のソックス」、あるいは「電気ポットやこたつカバー」[30]など、日本人の所得でも手が届くものが揃えられ、贈答用として買われることも多かった。これらによってヨーロッパのブランドは、莫大な利益を上げたという。

ただ、当然の結果としてブランド品がインフレ状態になり、ブランド価値を下げることになったので、ブランド側もライセンス産業を見直し、九〇年代ごろからは「ブランド・マネジメント」という考えを育んでいった。むやみにライセンス契約を結んで生産を任せきってしまうのではなく、何を作るかを決め、製造業者に品質や生産量を厳しく要求し、全品を買い取り、自社で販売するようにしたのだ。そのことがかえって、外からでは、どこで誰が実際に作っているのかわからない製品を生むことになり、ブランド直営店の販売価格とは比較にならない安値で納入する下請業者が不満を抱き、ブランドの裏をかいた複雑な偽物を生み出すことに繋がったのだ。

しかし、そもそも、こうした本物が何かわからなくなってしまった世界がもたらされたのは、ブランドを手がける企業たちが、自分たちの名声を永続させるために、必ず死を迎えることになる個人の才能に依存することを避け、製品を作り出しているのが誰か問われることなく信頼されるシステムを、苦労しながらも築き上げてきたからである。

ブランドの名前で製品を作ることと、デザイナーの名前で作ることは、同じようで違う。現実には一人で作っていないとしても、デザイナーが、個人の名前で何かを発表することは、個人が意見を表明するのと同じことである。その作品を手に取る側も、そのことを期待している。クリスチャン・ディオール、クリストバル・バレンシアガといった、かつてのデザイナーの場合、作品と作家が対応しているので、美術作品のように、作家の作品として接することもできた。しかし、いくつものブランドを渡り歩き、かつ自分の名前のついたブランドを解雇されたジョン・ガリアーノのような人物が特にめずらしくなくなると、作家と作品との関係性は自明ではなくなった。作られたものが、誰の意思を具現化したものなのか、もはや誰にもわからない。

ブランドの名前で発表されるものには、個人の意見は期待されていない。かつてファッション産業は、デザイナーという個人が、人間の身体や存在の可能性を、衣服という形で社会に直接提案する機会を、ブランドという制度を作ることによって確保してきたはずだった。現在徐々に主流を占めるようになっている、デザイナーの名前よりブランドの名前で展開されるシステムでは、そのことが不可能になりつつある。何が本物かわからなくなってしまった世界とは、個人の意見に丁寧に耳を傾けなくなった世界のことでもあるのだ。

3 流行の哲学

ファッション・サイクル

ファッションは、「流行」という概念と、不可分に存在している。ファッションが美の体系としてユニークなのは、「去年の美しいものは、今年の美しいものではない」という、耳を疑うような価値観を平然と掲げているところだ。ポール・ポワレが言うとおり、私たちは、「今日礼服とされる服装でも、二〇年後には単なる扮装にしかならないことを知らねばならない[31]」のだ。

もちろん、ファッションの世界においても、「永遠に変わらない美」といった常套句は、いたるところで見ることができる。だが、「永遠の美」が存在しないことが暗に前提とされるからこそ、あえて「永遠の美」が言われるのだ。

こういった美に対する責任を持たない態度は、不誠実のようでもある。だがそれは同時に、人間存在の曖昧さや揺らぎの肯定でもあるのだ。自我は一貫していなければいけない、という近代的な人間像のもつ堅苦しさからの逃げ道を作り出し、直前の瞬間と変わってしまっていても、人は堂々と存在して構わないと保証してくれる。

ファッションは、身体が時間とともに変化することを受け入れる姿勢でもある。短期的には、昨日と違うものを着る、中期的には、流行に合わせたり成長したり老いたりするにしたがって着るものを変える、長期的には、一人の人生の長さを超えて少しずつ人々の着るものが変わる、といったさまざまな波長の変化とともに身体があり、変化する身体とともに人間があると認めることである。セイモア・フィッシャーは、女性たちが日々違う衣服を着ようとするのは、身体的変化を恐れることなく、むしろ自分には変化を引き起こす力があると主張しているからだとしている。[32] 変化を仕方なく受け入れるのではなく、生きる力として活用しているのだ。

ファッションとは、同時代の価値観や感覚をすくい上げ、身体の形として提示し、またそれによって、同時代の価値観や感覚を形作っていく循環のことである。ファッションは、ひとりひとりがどのような人物であるかを瞬時に伝えるメディアとして作用しているのみならず、広く人間がどういう存在であるかをも視覚的に伝えている。それゆえ、社会の変化に従って人間の概念が変化すれば、それを表す手段であるファッションも変化する。ファッションを考えることは、人間が現在どのような存在として考えられているのかを考えることでもある。

ただ、衣服が変化するのは、人間存在に対する社会通念の変化によってばかりではない。それよりも速く、半ば人工的に変化する流行は、「ファッション・サイクル」と呼ばれる。ファッション・サイクルは、少しずつ差異をつけながら、周期的に繰り返されている。一見、らせん状に進歩しているように見えるが、実際はまるで反対の作用であり、「永遠に同じであること」を目指した、「現状を維持する働き」である。ファッション・サイクルは、「変化が起こっているかのように信じさせる大げさな身ぶり、詐術、手先の早業[33]」を、矢継ぎ早に繰り出す。スカートの丈の長さを変えるようなことで過去との「一時的な対立[34]」を演出し、身体を新しく見せるのだ。つまり、大きな構造は微塵も変えることなく、「あたかも変化や新しい出来事がおきているように[35]」見せかけているのだ。

ファッション・デザインは、流行をコントロールする技術でもある。ファッション産業は、短期的な流行を人工的に繰り返すことで、市場における趣味の統一を図ってきた。大勢の人が、ひとつの趣味を生涯にわたって持つことは不可能でも、一瞬だけなら同調する。その同調が崩れて離散してしまう前に、次の流行を創出する。

それはちょうど、池に餌《えさ》を投げ込み、わずかな間だけ鯉を餌の方向に泳がせることに似ている。餌を食べてしまったり、餌にありつけないと、鯉はくるりと向きを変えてバラバラな方向に泳ぎ去ろうとするが、その直前に今度は別の場所に餌を投げ込む。そうすると束の間だけ、鯉はそちらに頭を向ける。そしてまた離散しようとする寸前に、別のところに餌を投げる。それが繰り返されていくことに、ファッションはよく似ている。

流行の効能

ファッションに、「目新しいもの、気の晴れるものを与え、我を忘れさせることで、人々の関心を現在にのみ集中させる社会的抑圧」[36]としての一面があることは確かだろう。だが同時に、生活環境の変化を予測できる形にした上で、社会全体で一斉に受け入れることによって、社会不安をできるだけ軽減することに貢献してきたのも確かである。[37]私たちの社会では、ひとつひとつの製品を十分な時間検討して購入するには、物が多すぎる。流行しているという理由で物を買うことによって、多くの時間が節約できるのだ。

ゲオルク・ジンメルは、人は流行を取り入れることによって、「特殊で顕著なもの」を手に入れたという感覚だけでなく、「精神的には同じことを行なっている」集団、あるいは「同じことを求めて努力している」集団に所属し支えられているという満足感も得られると指摘している。しかも、それによって、見た目にかけるエネルギーを節約でき、他の創造的活動に労力を割くことができるとも論じている。さらには、その流行に従って作り出した自分の姿への評価が芳しくなくても、自分が考え出したものではないと言い訳することで、「行為の責任をも転嫁する」ことができるという。[38] 流行している物を所有し、それによって生活環境を築き、自分を語ることとは、自分を傷つけないとても安全な方法なのだ。

また、ソースティン・ヴェブレンをはじめとして、流行の品を身につけることによって、女性たちが社会的に認められないことに対する欲求不満の補償や代償を得ている、とする意見も多い。この指摘は、社会や産業による抑圧が流行によって見えにくくされていると、否定的な立場から発せられがちではある。だが、男女を問わず、社会的に承認されたと満足を得ることができる人間など、実際にはとても限られていることも事実なのだ。飛び抜けた能力を何ひとつ持たない人間であっても、流行によって賞賛の的になる可能性があるということは、たとえ代償的行為であったとしても、自己の存在に対する不安を軽減してくれる保険になっている。その役割は、軽視すべきではないだろう。

流行の役割をもっと肯定的に認めた意見もある。セシル・ビートンは、「流行に無関心なことは世界に無関心だというようなものだ」という一八世紀の詩人コリー・シバーの言葉を引きながら、「私たちの深層の欲求を反映する流行」に無頓着であることは、「すばらしい多様性と魅力を取り逃してしまう」ことに繋がるので、「流行を問題にしない」人間は、「生活それ自体を問題にしない」人間であると諫《いさ》めている。[39] ファッションを生活観や生活様式の問題にまで広げて考えるなら、より生活をよくしようとする考え方や行動における流行を無視することが、時流に乗り遅れているとみなされるだけでなく、反社会的な行為とみなされることは確かにある。

個々人の心理的な側面からではなく、よりマクロな経済的な側面から、流行の効能を説く意見もある。ファッションは、移り変わることを前提としているが、流行という要素を生産システムに組み込み、流行に従ってモデルチェンジすることによって、市場が縮小したり停滞することを防ぐことができる。こういった仕組みができたのは、ファッション・デザインが、洋服という、かなり完成された形の商品のデザインを扱ってきたことに起因している。つまり洋服が、マーケティング論でいうところの「成熟期」の商品の代表ともいうべき存在だからだ。

成熟期とは、誕生から時間が経ち、有用な商品として認められて十分に普及したが、技術的な革新が期待できずに、表面上の差異化だけで、買い替え需要を促さなければならないような状態のことを指す。洋服においても、機能性繊維などのイノヴェーションは日々行われている。しかし、洋服の構造が画期的に刷新されるということは、これから先も、どうやらなさそうである。

自動車や家電に見られるモデルチェンジも、ファッション・デザインが成熟期の商品をデザインすることによって蓄積してきた技術の応用である。「計画的陳腐化」という名称で、マーケティングの技法として知られるモデルチェンジのシステムは、二〇世紀の前半以降、さまざまな産業によって採用されてきた。

デザイン史家のペニー・スパークは、成熟期の商品を扱うファッション産業におけるデザインのノウハウが、まず一九世紀にインテリア産業へ波及した後、「明らかに男性的な領域」[40]にも及んでいったと分析している。ゼネラル・モーターズ社でデザイナーを務めたハーリー・アールが有名だが、一九二七年以降、自動車産業の人々は、ファッション産業を手本にしてモデルチェンジという手法を編み出し、だいたい四年に一回程度のペースで、外観を一新した新車を市場に投入するようになった。これも、自動車が内燃機関とバッテリーを組み合わせることに成功し、核家族のための乗り物として形を整え、製品として成熟期に入ったからである。

もちろんその後も、世界規模で見ると、自動車はずっと普及率が伸び続けているので成熟期に入ったとは言わないが、先進国内では随分前に成熟期に達している。乗り心地や燃費などを向上し、長い目でみるとスタイルをまったく変えていったが、だからといって、基本的なテクノロジーと使用方法に大きな変化があったわけではない。同じようにして、一九六〇年代になると、今度は家電が徐々に成熟期に入り、モデルチェンジをしていくようになる。

この流行のシステムは、無理やり市場を拡大するために生まれたようにも見えるが、人間がそもそも移り変わりゆく存在であるというファッションの哲学に気づいたゆえの、近代生産システムの修正版として捉えることもできる。平等主義に導かれたモダンデザインの思想は、誰もが等しく、同一の、良い製品に囲まれた物質生活を送ることによって、幸福を達成するというものであった。しかし前章で見たように、流行と不可分に存在するファッションには、普遍性を信じ、機能と形態の一致を信奉するモダンデザイン思想とは、相容れないものがある。

モダニストたちは「純粋さ、普遍性、簡素さ、幾何学、そして規格化」を目指し、それらこそが「短命さを超越し本質と向き合う」[41]ものづくりを達成すると信じていた。それはそっくりそのまま、モダニストたちが信じる近代人の理想像でもあった。同じデザイナーを名乗りながらも、ファッション・デザインとその他のデザインの分野に、大きな溝が横たわっているのは、ファッション・デザイナーたちが、こういったイデオロギーに与しないからである。モデルチェンジなどの流行のシステムに反映されているのは、人間を、純粋でも、普遍的でも、簡素でも、幾何学的でも、規格的でもないとする、ファッションの人間観である。

実態としては、近代のデザインは、その対象がどのような製品であれ、流行を意識した商業的な要素と、機能を意識した工学的な要素と、美を意識した芸術的な要素の上に立脚している。そしてどのような商品であれ、成熟期に達すると、流行との関わりを強め、機能よりも象徴としての意味が意識され、アイデンティティを形成するファッション・アイテムへの変貌が試みられる。ファッション・デザインは、技術的な進歩と強く結びついているその他のデザインと一線を画しているが、一線を画しているだけに、同じものに取りかかる別の手法として、力を発揮してきたのだ。

4　カワイイの哲学

クール・ジャパン

「カワイイ」が、日本の文化や輸出品のキーワードのように言われることがある。それによって日本の産業がよみがえるぐらいの期待がされたこともあったが、そういった時のカワイイに対する理解は、概ね次のようであろう。

「カワイイ」とは、マンガとギャルと原宿とロリータとゴシックとパンクとビジュアル系と江戸文化とその他が境界なく融合しつつ拡散したようなカルチュアで、世界から憧れの視線を浴びている。アジアばかりか、従来は日本人が憧れの対象としてきた西洋の大人の女性までもが、「カワイイ」の模倣に励んでいる。原宿を訪れるギャルメイクの外国人女性が、制服ファッションやロリータファッションに身をつつみ、

「カワイイ」を連呼しながら大量の買い物をしているのだ。二一世紀になって、またたくまにグローバル基準になったのが、「カワイイ」である。[42]

さすがに、二一世紀になってからしばらく経つと、カワイイ日本のサブカルチャーに対する輸出品としての期待は、これほど楽観的ではなくなった。日本は戦後、綿製品などの繊維産業での輸出で復興を果たしたあと、家電や自動車で輸出を支えてきた。その後のパソコンやスマートフォンの時代になると、グローバル化の影響もあって、うまく輸出産業を育てることができなかったが、だからといってアニメやマンガやロリータ服が、それらの代わりになるはずがない。

「カワイイ」が産業として注目を集めたのは、二一世紀になって日本政府がはじめた二つの「クール」な政策のうちのひとつ、「クール・ジャパン」によってだ。アニメやマンガやロリータ服の輸出が、クール・ジャパンの一環として企画され、カワイイはそのスローガンとして掲げられた。ちなみに、もうひとつのクールな政策は「クール・ビズ」だが、そのどちらにもファッションが関係しているのは興味深い。クール・ビズは温暖化対策のためなので、実際に涼しいことを狙っての「クール」だが、とはいえクール・ジャパンの「クール」

の、カッコイイという意味と無関係でもないだろう。

この「クール」という言葉は、世界的に見ると、「九〇年代のブランドの重要なキーワード」であり、一時は「奇抜な腕時計、奇妙なフルーツジュース、キッチュなジーンズ、ポストモダンのスニーカーに、男女共用のコロン」まで、「クール」の名が冠された。クール・ジャパンは、九〇年代のイギリスの国策「クール・ブリタニア」[43]を手本として、韓国のコンテンツ振興院による文化輸出政策、いわゆる「韓流」を横目に採用された、少し時代遅れのネーミングである。

それゆえクール・ジャパンには、取ってつけたようなところがあるが、日本のサブカルチャーがカワイイとされ、それゆえに評価された歴史は、実はそれほど浅くもない。たとえば、一九一四年の開店の際に、自らが経営する「港屋絵草紙店」を、「かあいい木版画や、カードや、絵本や、詩集や、その他日本の娘さんたちに向きさうな絵日傘や、人形や、千代紙や、半襟などを商ふ店」[44]と説明した竹久夢二まで遡ることもできるだろう。あるいは、海外での評価ということであれば、一九七〇年にパリで「ジャングル・ジャップ」を開店した高田賢三の活躍ぶりについての、長沢節による次の説明も、それに当てはまるだろう。

彼はぜいたくで尊大な西洋の大人美に対して、安っぽいけれどかわいらしい子供美のようなものを真正面からぶっつけて、あちらのファッション界をあっといわせてしまったのだ。それまでのヨーロッパではそれはまったく欠落したものだったのであるが、ケンゾーにとってみれば、かわいらしくて安っぽいファッションなんか、日本にいたときからずっと長い間手がけていたものなのだ。つまり日本のファッションといえば、もともとそれしかなかったのである。それがヨーロッパと対等に並ぶものとは誰も思ってはいなかったのだが、ケンゾーだけがそれを臆面もなくやってのけたわけなのだ。[45]

高田が「安っぽいけれどかわいらしい子供美」を作ったのは、長沢が指摘するように、日本にそれしかなかったからだが、なぜそれしかなかったかといえば、戦後の民主化政策の中で上流階級が消滅し、欧米に比べてもいち早く大衆社会を迎えていたからである。つまり、戦後の裕福とはいえない若者たちに向けて作った服が、「かわいらしくて安っぽいファッション」だったのだ。それゆえ、戦後におけるカワイイは、戦前の上流階級的な価値観に対する、大衆文化側からの侵略としてはじまったと、捉えることができる。

カワイイが大衆にとっての武器になりえたのは、もともとカワイイが機能主義的でモダンなものへの抵抗であり、近代が否定した装飾的なものへの愛着でもあるからだろう。「かわいいは正義」という言い方を、いつからか耳にするようになったが、これは、建築家のアドルフ・ロースによる「装飾は罪」という、モダンデザイン全体の標語にもなった言葉を茶化したような対義語になっている。[46] 伝統に立脚した豪華で正統的な装飾ではなく、かといって大衆のためにと上から授けられたような、モダンデザインの無装飾を美しいとする価値観でもない、大衆が自分たちの手で、物や空間を自分のものとして所有する装飾技法が、カワイイなのだ。

つまるところカワイイは、およそクールという価値観ではない。だから「クール・ジャパン」という名称は、世界への価値観の発信という点で、明らかに言葉の選択ミスだった。カワイイは、スマートで格好が良いというより、無駄で役に立たないからこそ温かみがあるという意味を持った言葉なのだ。

ポストモダン

無駄なものがあってもいいではないかという主張として、カワイイは、一九七〇年代に出現した「ポストモダン」という言葉と近くもある。ポストモダンに関してはさまざまな解釈があるが、デザインにおける装飾を、真剣に考え直そうとした運動として位置づけることもできる。もちろん製品化する段階や、使用する段階で、物に装飾を施すことは、ポストモダン以前も以後も、モダンデザインには始終つきまとっていた。装飾は、「女性的な趣味」や排除されるべき存在とされ、見ないようにされてきただけである。

たとえばバウハウスという、モダンデザインを極限まで極めたような運動のすぐ後に、ナチスのオカルトめいたデザインがドイツを席巻してしまったことは、私たちには理解不能に思えるが、それも、見ないことにしていた装飾主義が不意に浮上したゆえである。多木浩二は、ナチスのデザインとモダンデザインは「世界像の対立であった」[47]と述べているが、清潔で混乱のない無機的な世界を望む心情と、意味に満ちあふれ装飾で覆い尽くされた世界を望む心情は、常に同居し対立してきたのだ。

装飾を重視することの多い、スタジオ・アルキミアなどを代表とするポストモダンのデザインへの評判は、必ずしも良くないが、ポストモダンが装飾を肯定的に扱うことによって、「女性のモダニズムとの出会いは初めて、文化的に正当とみなされる出口に遭遇することになった」と、ペニー・スパークは述べている。モダンデザインが勃興《ぼっこう》して以来、やっと「女性が自ら住み、楽しみ、個人と集団のアイデンティティを発見するための手段として活用する空間」が作られるようになったというのだ。ポストモダンによって、装飾的なものはついに「価値のあるものとみなされる」ようになったと、スパークは指摘する。[48]

原色を使い、大胆な形で、機能に縛られない象徴性を追求し、女性たちの表現手段にもなったポストモダンのデザインが、二一世紀的なカワイイの、ひとつの源泉であることに間違いはないだろう。またカワイイが、スパークがポストモダンについて指摘したような、「アイデンティティを発見するための手段」として作用している点も類似している。もちろんカワイイは、通常、女性を幼児性の中に押し込める、男性中心的で差別的な言葉と考えられている。カワイイと呼ばれる物や現象も、女性による自律的な文化と考えられないことが多い。しかし、保護の対象とされるような立場にいることを開き直り、あえて幼児的な記号を駆使することで、見下し愛でようとする人々を逆にコントロールしようとするのが、サブカルチャーとしてのカワイイの特徴でもある。

美術評論家の松井みどりは、カワイイという感覚が持っている、弱者を支配することの肯定と、近代のもつ禁欲的な合理性の否定という二面性をうまく操れば、「消費社会、因習的な女性観、そしてモダニズムの美学」に揺さぶりをかけることができると主張している。松井によれば、カワイイに執着する人々は「幼年時代の無垢で幸福な状態へのノスタルジア」を持ち、「自分たちの幼児性にこだわっている」ことに違いはないのだが、一方で「彼らと社会とのズレ」に意識的で、その違和感を表現しようと試みていることも指摘している。[49]そこで松井は、アメリカの批評家スーザン・ソンタグが過剰な人工美を指した「キャンプ」[50]という概念との類似を指摘しながら、カワイイは「近代資本主義の根底にある禁欲主義、勤勉主義、主体中心主義をおびやかす逸脱の記号」として、消費社会に対抗する力になりうると述べている。

カワイイは、日本の大衆が生み出したひとつの装飾主義である。その装飾は、権威づけをする道具ではなく、身体と物の関係性を密にするための手段である。そのため、関係性をより強化しようとするとすぐに装飾過剰になり、当人も制御不能なグロテスクな存在を生み出してしまいがちである。しかし、そうであったとしても、誰もが気軽に利用できることの意義は大きい。

ただ興味深いことに、日本のファションは、過剰なまでの装飾主義のカワイイとは対極の、飾らないという価値観も持っている。パリ・コレクションで名前が知れた川久保玲や山本耀司などのデザイナーが作る服にも、ユニクロや無印良品のようなブランドの服にも、これは共通して見られる傾向だ。そこには、余計な飾りがない品質の良い製品を、適正な価格で提供すべきというモダンデザインの倫理観も存在している。

シンプルな服によるシンプルな生活という価値観には、無駄な服に無駄な金をかけない、質素でストイックな自分を肯定しようとする意志も見られる。着飾らないのが美しいという価値観は、ファストファッションを代表するＺＡＲＡやＨ＆Ｍのもつ、富裕層でなくても、最新流行のファッションを安い値段で着飾れるようにするという価値観とは、かなり違ったユニークなものでもある。

そして、どうやら日本の社会は、「ロリータとゴシックとパンクとビジュアル系と江戸文化とその他が境界なく融合」したようなカワイイ・ファッションではなく、飾らない服を選んだようである。中野香織は、クール・ジャパンが売り出そうとしていたカワイイ・ファッションについて、「とことん人工的に自己完結した「カワイイ」は、むしろ、男をよせつけない鎧になっている」[51]と指摘し、カワイイが異性を排除した虚構の世界としてしか成立していないことを危惧している。つまりカワイイ・ファッションは、異性を惹きつけるための勝負服にも、生活の中の日常着にもなれなかったのだ。

ただし、クール・ジャパン的なカワイイは、「かわいい」や「カワイイ」という言葉の使われ方の中でもかなり特殊であり、カワイイという概念そのものが、時代遅れなものとなって消滅していくわけではない。たとえば、前述した「かわいいは正義」という言葉の他にも、「カワイイはつくれる」という言葉もある。

「カワイイはつくれる」とは、花王のシャンプー「エッセンシャル」が、クール・ジャパンと同時代の二〇〇六年に、ターゲットを三〇代から二〇代へと変更してリニューアルした際に、評判を呼んだキャッチコピーのことだ。[52] 外資系のヘアケア製品のマーケットの参入や、資生堂「TSUBAKI」などの国内ブランドに対抗しようとして提示されたこの「カワイイ」は、決してロリータのことではなかった。この言葉に限らず、カワイイは微妙に意味をずらし、生き続けていくのだろう。

ところで、「カワイイはつくれる」という言葉が二〇代女性の反応を呼んだのは、つくる努力をすれば自分もかわいくなれる可能性があると、希望を抱くことができたからでもあった。しかしそれは同時に、かわいくないのは、つくる努力をしていないからだ、という脅迫の言葉でもある。それは、ナオミ・ウルフが憂いた「どんな女性も努力と意志があれば「美」を手にすることができるというアメリカン・ドリーム[53]」と、ほぼ同じものであろう。かわいいは正義で、つくれるものであるならば、かわいいをつくらないのは悪、ということになる。

だからといって、マスメディアによって提示されるカワイイの理想に、完全に一致するまで作り込むことなど、およそ不可能であろう。私たちの身体には、それぞれ生来的な特徴がある。にもかかわらず人々が、その不可能さを乗り越えて、カワイイを正義として定着させようとするのなら、それによって自ら苦しむことになるだけだろう。

カワイイが、「美しい」を言い換えただけの抑圧の言葉になることなく、消費社会における抵抗力になるかどうかは、政府の後押しなど無関係な人々の言葉として、しぶとく生き残れるかにかかっている。女性を特定の価値観に押し込めるための道具とはかけ離れた、たとえば男性高齢者向けのカワイイ服などが、もっと大量にデザインされるのであれば、希望はあるのかもしれない。

5 ファストファッションの夢

没個性

ファストフードとファストファッションが、日本では社会福祉として機能しているのではないかと議論されたことがあった。そもそも「福祉」とは行政による社会政策なのだから、そういう言葉で理解するのは間違っているというのが大方の反論であったが、安価で高品質な大量生産品によって、人々の生活水準が維持されているという認識は、多くの人が共有しているようだ[54]。

実際は、自炊するより安く栄養バランスのいい食事をファストフードで摂り、ファストファッションの多種多様な商品から満足のいくものを選び出すのは、与えられたものを無批判に受動的に受け入れていくのとは違った、とても高度な技能である。そこには、ブルデューのいう「文化資本[55]」の差が如実に出る。百円のレンタルDVDの中から、パッケージだけで名作を選び出すことが、それまでたくさんの映画を見ていないとできないように、ファストフードやファストファッションから満足いくものを選び出すのにも熟練がいる。

ファストファッションに対しては、主に、搾取と、環境負荷と、没個性という側面からの批判がある。すなわち、低価格を実現するために、生産から販売に至るまでのあらゆる場面で低賃金労働をさせていること、それから、必要ではない衣服を大量に買い大量に廃棄することで、資源を無駄にしてゴミを増やし環境に負荷をかけていること、そして、市場で手に入るのが同じような服ばかりで、着ることを通して自分らしさを追求することが思うようにできないにもかかわらず、そういう状況に慣れきってしまい、価格と量で満足してしまう人を増やしている、といったようなことだ。

おそらく、搾取と環境破壊は、議論を俟つことなく改善すべき問題だろうが、個性の問題はどうであろうか。皆が同じ服を着ることは、社会全体の同質化や排除の動きと無関係とは言えない。その点で、批判は真っ当であろう。ただ、人類は有史以前より、無限の選択肢の中から、自分らしさを選べたことなどなかった。ましてや、何もないところから、自分らしさを作り出すなど不可能である。人間は無限の選択肢を前にすると、途方に暮れてしまう。むしろ適度な数の物の中から選ばされていることを、主体的に選んでいると思い込んで、満足感を味わうものだろう。どんなに自由に選んでいるつもりでも、本当のところは、私たち全員が五十歩百歩の差異の範疇《はんちゅう》にいて、何かを選んでいるような気にさせられているのも確かだろう。

それに、ファストファッションは、安く大量に良い衣服を供給する素晴らしい業態とも言える。おかげで着ることを楽しめるようになった人は、世界中にたくさんいる。衣服を身分や職業を知るための道具にせず、差別の手段としないことは、ずっと人類の夢でもあった。なので、社会の構成員全員が、安く同じ服を着られるファストファッションは、理想の服でもあるのだ。

衣服の値段が安いのも、決して悪いことではない。「ファッション商品を購入する出費があまりにも大きいと、個人の社会的環境を大きく改善するための、教育や文化資本を身につけるなど他のものへと向かう余裕がなくなってしまう」[56]という危険性を回避できる。かつて家庭の女性たちは、縫い仕事や繕《つくろ》い仕事に、一日の大部分を費やしていた。物を大事に使うのは、ほとんどの場合、貧困ゆえである。そういった労働から逃れられるだけでも、安価な衣服はありがたい。

日本の社会の場合、ファストファッションが勢力を拡大しているのは、値段を気にせずに安い服を次から次に買うことが娯楽になっているという理由もあるにはあるが、人々の平均年収が減少する一方で通信費が増大するなどの要因で、衣服への支出が減少したからである。ただ、それだけではなく、衣服に対して、さほどお金をかけなくても構わないという価値観や、むしろできるだけお金をかけずに流行から大きく外れないことがスマートだ、という価値観が支持されているという理由もある。自分の収入を考えずに、衝動的に次々と服を買ってしまうようなことは愚かだという考えや、いくら資産を持っていても、それを自慢して不要な服を買うのは格好が悪いという倫理観に裏打ちされ、だから安くて良い服を買うのはいいことだ、という考えが広まったのも事実だろう。そしてこういった考えは、自らが貧困であることを覆い隠してもくれる都合のよいものでもある。

しかし一方で、安すぎる服を買うこともまた、全然スマートではないと言われはじめている。なぜなら、それによって搾取と環境破壊に加担することになるからだ。ファッション産業が、他の産業に比べて大幅に遅れた設備を使い、あらゆる場所で労働者に無理を強いて、使い捨てに近いような低品質な商品を世界規模で大量に生み出しているという認識は、いまや多くの人が持っている。とはいえ、どの商品に対してどのくらいの値段なら不当に安くなく、消費者にとっても正当な値段なのか、普通は判断がつくものではない。

デザインの社会的責任

かつて工学者のヴィクター・パパネックは、プロダクト・デザインが、「たくさんの人びとに売りつけるため」に「タイプライター、トースター、電話器、コンピュータなどのための〈刺激的な〉外装」をこしらえる仕事となってしまい、おかげで「存在理由をまったく失ってしまった」と批判した。[57] この批判は現在、同じように大量生産品となったファストファッションの衣服に、そのまま当てはまるだろう。

パパネックは、「デザイナーには強い社会的、道徳的責任感」が必要であり、子どもから老人まで、あるいは身体障害者からさまざまな体つきの人までの、それぞれの生活に合った個別的な物作りをしていくことが必要だと説いた。パパネックが警鐘を鳴らしたのは二〇世紀半ばだが、それ以降デザインが方向転換して、商業主義に過度に陥らずに済み、売り場で魅力的に見せるだけの手段になりさがることもなかったと、言い切ることはとてもできない。むしろファッション・デザインに限って言うならば、二〇世紀後半以降、それまでは担保されていた個別的な服作りを放棄してしまっている。

ただ、より多くの物を売るために「〈刺激的な〉外装」にすることは、そんなに悪いこととも言い切れない。デザインが購買を促す手段、つまり商売の有効な道具になりうることがはっきりと意識されたのは、一九二九年にはじまった大恐慌時代のアメリカだと言われている。見た目が魅力的な物と、そうではない物のどちらが売れ残ってしまうか、大恐慌の不景気ではっきりと証明されたからだ。そして、その大恐慌時代を代表するデザイナーのレイモンド・ローウィは、自分の事務所の仲間たちに次のように語りかけている。

我々の負う社会的責任を軽く見過ぎてはならない。現在の契約者数は一〇〇以上にものぼるから、我々のデザインの健全不健全は何百万人もの人の生活に影響するといってもいい過ぎではない。[58]

ローウィはデザインの魅力によって売り上げが伸びれば、それだけ多くの人々の生活を支えることができると主張した。見た目の魅力によって物が売れ、経済が活性化すれば、失業者が減り、より多くの人の生活が安定すると説いた。つまりローウィは、パパネックとは全然違う種類の「社会的責任」をデザイナーに要求したのだ。売ることこそが、デザイナーの「社会的責任」というわけだ。

果たしてデザインは、いらない物を売りつけ、生活を混乱に導いて、その結果、「存在理由をまったくうしなってしまった」のか、それとも、商品に人を惹きつける見た目を与えることによって、「何百万人もの人の生活」を支えているのだろうか。

こういった議論は、当然、ファッションの分野にも当てはまる。おそらくファストファッションは、現代における不要なものの代表だろう。それでいて、安い服を作って売ることは、多くの雇用を生み出してもいる。グローバルに展開する大量生産品の代表となったファストファッションには、今までプロダクト・デザインが抱えてきた、あらゆる道義的責任が突きつけられている。

ヘンリー・フォードは、アッセンブリーラインによる自動車の大量生産をはじめた時、自分の工場の労働者が購入できる金額まで、値段を下げることを目標としたと言われている。[59]同じように、松下幸之助もテレビを生産する際に、自社の社員が購入できるまで値段を下げることを目標としたと語られている。その目標は、大量生産によるコストダウンによって達成されていったが、アメリカにしても日本にしても、大企業がそういった主張をするようになった時期と、資本主義と民主主義がうまく連携しはじめた時期が重なるのは偶然ではない。物質的に平等になれる手段を持つことは、政治的に平等になれるために不可欠なのだ。

そういったことを考えると、従業員の誰しもが購入できる価格設定のファストファッションは、オートクチュールよりも健全だと言えるのかもしれない。しかしそうだとしたら、販売の店頭に立つ従業員ではなく、ミシンの前に座って生産している労働者たちが、気軽に購入できる値段にしなくてはならないだろう。ファストファッションは、誰もが買える服の生産を目指しているのだから、世界中の誰もが、その製品を買えるようにしなくてはならない。もはや平等の理念を、国民国家の内部だけで追求しても意味がないのだ。

とはいえ、ファストファッションの問題は、グローバルな規模でのみ起きているわけでもない。ファストファッションは、私たちにとって一番身近な販売店においても、生産者と顧客の関係を壊してしまった。顧客は広大な店舗を、マネキンと値札を頼りにさまよい、目についた服を手にとっては広げ、気に入らなければ台の上に戻す。店員は商品を説明することもなく、客によって広げられたままの商品を見かけると、静かに歩み寄っては畳むことを繰り返す。ファストファッションを誘致したショッピングモールは、そういったファストファッションの無愛想さを払拭するため、テーマパークのような設備を充実させてはいるが、そこには「かつて小さなビジネスが得意としていたきめ細かなサービスや伝統的な価値」[60]など、もはや存在していない。

ファッションは身体のあり方の問題であり、それは人間がどうあるべきかの問題である。

誰かと同じスタイルに身を包むということは、生活や生き方に対する価値観を共有することである。であるならば、価値観を提案する生産者と、それを受け入れる顧客は、単なる服を売り買いする以上の関係を築いていかなくてはならない。同じ価値観をもつ人々の接点である店舗は、生活をよりよくしていく拠点として活用されていかなくてはならない。もちろん、人によって参加のあり方や度合いが変わっても許されるべきだが、服を売り買いする以上の関係を、まったく誰も築けないような店舗が圧倒多数になるとしたら、それは社会にとって大きな損失である。

ファストファッションには、今後もさまざまなことが期待されるであろうが、平等な世界を存立基盤にする以外に、成立しようがない産業だという自覚を強く持つことが、何よりも求められている。先進国内だけの平等を達成するために、コスト削減ばかりを追求し、結果として生きにくい世界を作っては何にもならない。

6　グローバリズムに良いことはあるのか

木綿の普及

グローバル化が起きたのは、最近のことだと思われがちだが、誕生直後の人類が世界中へと移動しはじめた時から、グローバル化は進行している。もちろん、文化や文明が未分化の時期のグローバル化と、現在のグローバル化の間には大きな違いがある。それでも、現在のグローバル化も突如発生したものではなく、ルネサンス以降の変化の流れの一部と考えることはできよう。

そもそも、私たちが伝統だと思っていることでも、ルネサンス以降のグローバル化の結果であることは多い。たとえば、柳田國男は『木綿以前の事』で、江戸時代に急速に普及した木綿によって、日本人の身体が変わってしまったと述べている。柳田によれば、木綿の柔らかい肌触り、保湿保温性、染色性によって、身体の使い方に大きな変化が生じたという。当時のグローバル商品であった木綿によって、今ではかつての伝統とされている日本女性の歩き方が作られたのだ[61]。

しかし、木綿が引き起こしたのは、身体の変化にとどまらない。道具が揃い知識さえあれば、麻に比べて木綿は栽培が簡単で、生産性が高く、繊維に加工するのが容易だと言われている。文化人類学者の朝岡康二は、ちょうど明治時代において、西洋の技術をそのまま移植して殖産興業に努めたように、木綿の場合も、日本に伝来する前にすっかり完成されていた「栽培方法や綿紡織技術」をそのまま移植したから、「驚くほどの速さで普及した[62]」と分析している。近代化の前哨戦のようなことが、鎖国しているはずの江戸時代に静かに起きていたのだ。

木綿は、それまでの日常着に使われていた麻と違って、普及の最初から、生産と消費が分離していた。つまり、着る人が自分で着るために栽培したわけではないのだ。暖かい地方でしか育たない綿花は、東北地方では栽培できなかったが、木綿製品は古着商人の手を介することによって、日本中に普及していくことになった[63]。また、綿花栽培は肥料を多く使うことでも知られているが、綿花の産地には、干鰯などの金肥《きんび》が遠隔地から移入された[64]。それは木綿を着るにも、育てるにも、現金が必要なことを意味した。

木綿が普及すればするほど、栽培が盛んになればなるほど、商業経済は発達していった。肥料の効能が知れると、稲作にも金肥が使われるようになり、そのためには現金収入が必要となって、自給自足は破綻していった。さらには、商品経済が発達すると、どうしても貧富の差が出てくることになった。うまくいかなかった農家は、土地を手放さざるをえず、それをうまくいった農家が買い取ることで、富農が生まれた。[65] 木綿は、社会構造をも変えてしまったのだ。

このように木綿の普及は、日本の社会や日本人の身体に大きな変化をもたらしたが、それは鎖国中の日本に限った話ではなかった。むしろ近代の初期には、もっと大きな変化が、より大きな規模で起きていた。何よりもフランス革命が、「貴族の絹と、民衆の木綿」という意味から、「絹」と「木綿」の闘い[66]」と呼ばれたことが、雄弁に物語っている。

変化のはじまりは、それより少し前のイギリスで起きていた。イギリスは帝国主義的な膨張によって、インドから綿製品を輸入するようになっていたが、その輸入超過に困り果て、本国の産業保護のため、一七二一年には、「あらゆる種類の綿布を着用すること、または家具に使用すること[67]」を禁止した。

しかし、一度袖を通した綿の着心地は、イギリス人を虜《とりこ》にしてしまっていた。そこでイギリスは、綿布生産を機械化し、いわゆる「産業革命」を引き起こしたのだ。すると今度は、逆にインドに綿布を輸出するようになり、インドの市場秩序を破壊していった。綿布貿易は、「英国の繊維産業で革命が起こるまで、世界経済はほとんど成長をしていなかった」[68]と言われる規模の、急速な経済成長を引き起こし、世界が文字通り再編されることになった。

アメリカでは綿花栽培が、比喩ではなく、国を分裂させる事態をもたらした。経済学者のピエトラ・リボリによれば、一七九一年当時のアメリカ産綿花の世界におけるシェアは、「限りなくゼロに近い」状態であったのに、一八一五年から六〇年までの四五年間で、「米国輸出総額の半分を占める主要品目」となった。一八六一年には、ついに「年間四五万トン以上、全世界の生産高のおよそ三分の二」[69]を生産するようになっていた。

問題は、それを支えたのが奴隷制度だったことだ。一八六一年から六五年にかけて起きた南北戦争は、まさにこの奴隷制度をめぐって起きたものである。当時、綿花は土地を耕して種を蒔いてから、雑草取りなどの栽培を経て収穫に至るまで、人の手で行うしかなかった。しかも雨が降ると三、四日は収穫できないので、細かいスケジュールが立てにくかった。にもかかわらず、その大規模な収穫が、南部の広大な綿花栽培地域の、いくつもの巨大農場で同時に行われた。

収穫に適した一時期に、広範囲で大量の労働力が必要だったが、農場主は労働者を探す場所も手段も持たなかった。天候や生育の様子を見つつ、いつでも使える安い労働力を常に確保する必要が、奴隷制度を発達させたのだ。奴緑制度は「競争市場のさまざまな奇禍《きか》」から綿の生産者を救うことができた最初の「公共政策[70]」だったと、リボリは述べている。[71]

グローバル化がもたらす労働

私たちは、木綿の着物や奴隷制度を、近代以前の遺物だと思いがちだが、実はそれらは、近代の大量生産を基盤にした世界規模の市場の誕生による、恩恵や歪みの産物なのだ。

木綿への依存はその後比率を下げ、二〇世紀前半以降には、人造絹糸の開発が盛んになり、戦後にはナイロン、アクリル、ポリエステルといった石油由来の合成繊維が開発され、私たちは現在、むしろ「石油を着る時代[72]」に生きている。しかし木綿による「富者と貧者の間の著しい力の不均衡[73]」は、現在の世界においても、まだまだ大きな問題であり続けている。

興味深いことに、中国に抜かれるまで、アメリカは「綿の生産高、輸出高、農場規模、単位面積当たりの収穫高」において、二百年以上トップであり続けた。それは、「他国、とりわけ貧しい国には、追いつける可能性さえ無いに等しい」ぐらいの圧倒的な存在であった。

その背後には、「アフリカのいくつかの貧しい綿産国の国内総生産（GDP）をも上回っている」額の、アメリカ国内の綿花栽培に対する補助政策がある。アメリカは、他の産業で得た利益からの税金を、補助金として農家に回すことによって、農業大国であり続けているのだ。[74]

ただその間に、綿花を原料とした布や衣料品の生産は、人件費の安い場所を求めてアメリカから離れていき、世界中で主要生産地をめまぐるしく変化させてきた。一九三〇年代半ばには、日本が「世界の綿製品輸出のほぼ四〇パーセント」を占めるようになり、綿産業は絹産業とともに日本の近代化を牽引していった。その当時、日本の「産業労働者の半分以上が繊維業で働き、繊維製品は輸出の三分の二を占めていた[75]」とも言われている。その後、第二次世界大戦のアメリカ軍による本土空襲で、生産能力のほとんどを奪われるが、戦後の復興を支えたのも綿産業だった。

戦後の日本からの輸入超過に対して、アメリカが採った策は輸入割当による制限だった。つまり、日本からの輸入量に上限を設けたのだ。ところがその成果として、アメリカの繊維産業が復活することはなかった。今度は、香港と台湾が生産地として台頭するという結果を招いたのだ。すると、その対策として、香港と台湾に輸入割当制限が課され、その後は同じことが繰り返された。次々に主要生産国が変わっていき、ついには次のような事態を生み出すことになった。[76]

世界最大の綿シャツメーカーであるエスケル・コーポレーションは、一九七〇年代後半に香港で創業した。しかし、輸入割当を獲得できなかったため、生産拠点を中国本土へと移した。一九八〇年代のはじめに米国が中国製シャツの輸入割当抑制に動いた時、エスケルは生産拠点をマレーシアへ移した。ところがマレーシアの輸入割当も厳しくなり、次にスリランカへ移動した。さらにモーリシャスやモルジブにも拠点を設立し、世界中を飛び回り続けた。他の中国企業も割当を求めて、カシミアセーターの割当枠に余裕のある小さな島国にモンゴル製羊毛を出荷したりしていた。しかし、問題は、輸入割当に余裕のある国々ではたいていの場合、専門技術がなかったり労働力が不足したりしていたことである。そこで、中国企業はモーリシャスに労働者を、カンボジアへ経営者を本国から派遣しなければならなかった。中国人が衣類を作っていることに変わりはなかったが、そのために必要な移動時間や手間が著しく増加したのである。[77]

つまり、ある国に対して輸入規制ができるたびに、人件費の安く割当に余裕がある国に、同じ業者が工場を移していったのだ。こういったアメリカの数量割当という政策の結果、アメリカに服を売ることができる国が増えていったという側面はある。しかし、それが現地の社会にとって、素直に喜べる事態になっているわけでもない。[78]

繊維産業におけるグローバル化の問題点を象徴する事件として、二〇一三年にバングラディシュのダッカにおいて、「ラナ・プラザ」という名のビルが倒壊した事故をあげる人は多い。この事故では、一一三五人が亡くなっている。倒壊の危険性があるにもかかわらず、ビルの所有者が無理やり労働者を脅して働かせたことが、惨事を招いたのだ。[79]

この事件は、その百年前の一九一一年にアメリカで起きた、シャツブラウスの製造工場トライアングル社の火災とほとんど同じような事故であり、むしろその拡大版であった。トライアングル社の火災では、一四六人の女性労働者が焼死した。工場主は無罪になったが、やはり原因は、ずさんなビル管理であった。[80]

バングラディシュの事故は、単なる途上国における労働環境への意識欠如の問題として終わらずに、より大きな問題として議論された。というのも、女性労働者たちが作っていたのが、先進諸国で販売されているファストファッションなどの低価格衣料品だったからだ。それを耳にした先進諸国の多くの人たちは、怒りと反省を覚え、途上国での労働環境の改善を求めるようになっていった。

もちろん、そういった声で、世界が素直に変化したわけではない。外国資本の中間搾取を排除すれば、現地の人々の賃金も、労働環境も良くなる可能性があることは、いまや誰もがわかっている。そのためには、途上国の人たちが、自分たちで生産をはじめればいいことも知られている。しかし途上国には、自力で工場を立ち上げるほどの資本はない。なので、外国資本が工場を移転してくるのを、指をくわえて見ていることになり、外国資本は、現地社会の人々に低賃金労働を強いることになる。だが、かといって、低価格衣料品の低賃金労働が、途上国の人々に、犠牲を求めているだけとは言えないのも確かである。低賃金の悪条件であっても、雇用を作ってもらった方が、何もないよりよほどいいのだ。

アジア経済圏におけるジェンダー論を専門とする長田華子によれば、かつてのバングラディシュにおいて、「農村から移住してきた女性たちが就ける仕事は、家政婦のほかには建築現場での肉体労働しかなく、職業選択の余地はほとんどなかった[81]」という。ファストファッションが世界中に広がることによって、世界中で大量の雇用が生み出されたのは、紛れもない事実である。途上国の女性にとって、衣服を生産する職業は、比較的安全に現金収入を得るための数少ない手段でもある。

それに、外国資本が介在しなかったとしても、現地で平等が達成されるとは限らない。フェア・トレードなどで、消費地における売り上げのより多くが現地に還元されるようになったとしても、国際的な監視が入らないために、かえって現地の特権層に利益が集中したり、労働環境が劣悪になる可能性はある。

木綿にはじまりファストファッションに至るまで、近代的な生産方式がグローバルに広がっていくということは、それに付随してさまざまな制度や価値観が、良いものも悪いものも、グローバル化していくということを意味する。グローバリズムは、それまでの現地社会の慣習を破壊していく。壊される慣習には、人々の生活を豊かに彩ってきたものも、単に苦しめてきただけのものもあるだろう。新しく作られる慣習についても、同様だ。だが、どのような慣習であれ、破壊される速度があまりにも急であると、社会に歪みをもたらすことになる。

7 ファッションと倫理

エシカル・ファッション

ファッション産業は、労働問題の巣窟でもある。解決されなければならないことが、山のようにある。それでいて、非人道的で低賃金な労働環境を作っていると非難されるファストファッションの創業者たちは、軒並み大富豪である。

実際のところ、「搾取」という言葉を使わずに、ファッション産業の構造を説明するのは不可能に近い。それは、途上国に限った問題ではない。日本には、数多くファッション産業関連の店舗があるが、そこで販売員たちが、使い捨てのように扱われていると指摘されることも多い。販売員の過半数を占める膨大な数の若い女性たちの、五年後、一〇年後の人生が、真面目に考えられることはほとんどない。そして、これから店員になる人たちに、どのような教育をすべきかが、社会全体の問題として議論されることもない。

搾取の問題は、特に悪質な業者に限ってのことではなく、実に頻繁に耳にする。よほどしっかりした企業にも、非正規雇用と正規雇用の間に大きな差があるし、インターンなど無償労働の問題もある。ファッションのような、いわゆる「文化産業」と呼ばれる分野では、好きなことをやっているのだから、賃金のことで贅沢は言うべきではないという考え方が、いまだに当たり前のように言われている。

ファッション産業は、近代化の早い段階で、機械が発明され産業化を果たしたがゆえに、逆に遅れた産業になってしまっている。合理化されることもなく、人間の単純作業に依存する体質から抜け出せていないのだ。衣服の縫製の現場では、ミシンが発明された頃と、ほぼ同じ作業が行われており、日本の近代化を担った製糸・紡績業の女工たちと似たような姿が、依然として、世界中どこの縫製工場でも見ることができる。それに、縫製工場のような目につかない場所に限らず、開店から閉店まで声を張り上げて売り場に立ち続ける販売員たちも、人間の単純作業に依存する構造の中で働いているという点では、同じようなものだろう。

ファッション産業は、システムとして他の産業に先行してきた。流行を取り入れて市場を活性化させるだけでなく、生産と販売のネットワークを世界中に張りめぐらせ、それぞれの地域に合うよう微妙に違った商品を展開する手法を編み出し、接客においても独特のシステムを作り出してきた。それだけにファッション産業は、他の産業に先駆けてさまざまな社会問題を生み出してもきた。オリジナルとコピー、貧困や格差、環境への負荷、障害者や老人の排除など、具体例をあげると枚挙にいとまがない。

ただし、それらをいかに解決し、持続可能なビジネスとして成立させるかという提案も、他の産業に先駆けて行ってきた。労働運動においてもそうである。「国際婦人デー」とされる三月八日は、一九〇八年に、ファッション産業で働く女性たちが、自分たちのおかれた悲惨な労働環境や低賃金に抗議して、ニューヨークの街中でデモ行進したことを記念し制定されたものだ。[82]

しかし二一世紀になって、途上国におけるファストファッションの生産現場での過酷な労働が明るみになると、二〇世紀のはじめに問題になったことが、まったく解決していないことが暴露された。すると先進国では、自分たちが着ている服が、どのように作られているかについて無頓着でよいのだろうか、という反省が出てきた。原料となる木綿やポリエステルがどうやって生産されているかというような問題から、高級ブランド品を買うために、若い人たちが何をして稼いでいるかまで、ファッションにどんな問題があるのか把握する必要があると思われるようになった。やがてそれらは、自然環境や世界中の社会にたいして負荷をかけない、持続的《サスティナブル》で倫理的《エシカル》な消費を行おう、という動きを生み出していった。

「エシカル・ファッション」の推進団体のひとつである「エシカル・ファッション・ジャパン」は、エシカル・ファッションの特徴として、「フェア・トレード」「オーガニック」「アップサイクル&リクレイム」「サスティナブル・マテリアル」「クラフトマンシップ」「ローカル・メイド」「アニマル・フレンドリー」「ウェイストレス」「ソーシャル・プロジェクト」の九つを掲げている。[83] 簡単に言うと、途上国から輸入する際に不当な搾取をしないこと、農薬や化学肥料を避けること、安易に破棄せずに作り直して再利用すること、環境に負荷をかけない素材を使うこと、手仕事を尊重すること、地産地消を目指すこと、動物虐待にならないこと、できるだけゴミを減らすこと、社会にとってプラスになること、といった具合だ。

エシカル・ファッションは、さまざまな考え方が合流してできている。農薬から栽培者の健康を守ることや工場の環境改善を主張する労働運動だけでなく、ヒッピーのような反近代運動もあれば、環境に負荷をかけないことを目指したエコロジー運動や、体に害のない自然由来のものを尊ぶ健康志向もある。また、織布や縫製といった、年々規模を小さくしている日本国内の製造業を救おうとする、ナショナリズムに近い動きもある。そこに、国家間の格差や、人種間の差別の解消を訴える、人権運動も合流している。エシカル・ファッション・ジャパンは触れていないが、もうひとつユニバーサル・デザインという大きな潮流も見逃せない。それを意識して、ユニバーサル・ファッションを提唱する人々もいる。

それにしても、エシカル・ファッションというのは、妙な名称である。せめてエコ・ファッションであれば、環境に優しいことに加え、それがどんなに胡散臭かろうと、自然との調和を目指したヴィジュアルのデザインを展開することができる。しかし倫理的な見た目というのは、意味がわからない。もっとも、エシカル・ファッションは見た目のことではなく、態度の問題なので、そういった批判が不当なのは承知だが、だとすれば倫理を守るべきは、着る側ではなく企業のはずである。

とはいえ、実際問題として企業側が倫理的ではないから、消費者側の選択によって圧力をかけていく必要があるというのは、その通りであろう。しかしナオミ・クラインが主張しているように、消費者が衣服を選択することで多国籍企業の倫理に期待するのはおかしいのであって、「世界的な労働・環境基準は、すべてを広告会社のアドバイスに従う多国籍企業と会計士の共同体ではなく、法律と政府によって規制されるべき」[84]ものであろう。つまり、どの服を選んだところで倫理的であるように、政府や国際機関が保証すべきなのだ。

ファッションは生活そのものを作り出す産業であるにもかかわらず、企業がどのような役割を果たすべきかについて、これまで企業も政府も消費者も、熱心に議論をしてこなかった。ファッション産業には、昔から「スウェット・ショップ」と呼ばれる種類の工場がある。日本語では「搾取工場」と訳されているが、そういった場所では、長いこと劣悪な労働環境で、子どもや女性が酷使されてきた。現在その歴史が、途上国で何の反省もなく繰り返されている。[85]

搾取の裏には、複雑なことや考えることは、先進国の大人の男性が担うべきという偏見が存在している。発展途上国においては、子どもの労働が、やっと問題視されるようになった程度だろう。先進国においても依然として、アジア人は真面目で細かい仕事が得意に違いないという差別的な考え方や、女性は家庭で躾《しつ》けられているので、裁縫は得意だろうという決めつけが存在している。それは日本においても他人事ではなく、借金をしてまで途上国からやってきた外国人技能実習制度の実習生たちが、低賃金労働者として扱われ、残業を強制されたり、彼らに対して給料が払われなかったりするといった問題が頻出しているのも、こういった偏見に根ざしてのことである。

ダイバーシティ・マーケティング

エコやエシカルは、すべてを解決してくれるわけではない。一見、エコでエシカルな活動にも、落とし穴はたくさんある。

たとえば、再生品という意味では、古着はエコでエシカルである。しかしピエトラ・リボリは、グローバルに展開する古着市場について、「人々の善意を貧者のための衣料へと向かわせる一つのモデルであり、偉大なるビジネス」という見方だけではなく、「闇のネットワークであり、極悪非道のビジネス」という実態があることを紹介し、本当のところは「関係者でない限り、外からはほとんどわからない[84]」と結論づけている。それに古着は、先進国の途上国へのゴミの押しつけにもなっており、果たして本当に、エコでエシカルと言えるのか疑わしい。古着ひとつをとっても、表と裏が存在する。

エシカルであることを、広告戦略に利用してきた企業もある。今で言うところのエシカルとはだいぶ異なるが、その先駆けは、オリヴィエーロ・トスカーニを起用して広告戦略を行なったベネトン社だろう。トスカーニは「広告は産業だ。しかし、それは芸術でもあるのだ[87]」と宣言し、人々の目を引きつけるショッキングな写真を使った広告を作り出した。軍用のヘルメットをかぶった黒人少年と白人少年のポートレート、黒人女性に抱きかかえられた白人の赤ん坊、色とりどりの錠剤やコンドーム、絶命の瞬間のエイズ患者とその家族など、次々に議論を巻き起こすような写真でポスターを作成しては、批判や絶賛の的になった。それらは消費者に、ベネトンが掲げる倫理観に賛同するかどうか迫るもので、賛同するのであればベネトン製品を着用するようにと遠回しで要求するものだった。[88]

「ユナイテッド・カラーズ」というベネトンの社名に導かれて、多様性を提案し続けたトスカーニの広告は、あざといところはあったとはいえ、まだ正義感に突き動かされたものと言えた。しかしその後を引き継ぐようにして、多くの企業によって提唱された「多様性」は、明らかに計算尽くであった。「ダイバーシティ・マーケティング」と呼ばれるようになったその方法は、商品や企業のデザインや広告を、ひとつの統一的なイメージでまとめずに、さまざまなイメージの集合体として見せていった。広告を見る側は、そのイメージの束のどこかに自己同一化したり、多様性を肯定する態度に共感を覚えることができるというわけだ。

マーケティングという言葉は、広告だけを指すのではなく、需要や市場を作り出していく行為も指す。ダイバーシティ・マーケティングは、語義的には、さまざまな文化的背景をもつ人々に向けて、その人たちがもっている文化を否定せず、白人中心的な価値観を押しつけることもなく、商品の開発と普及を目指す態度のことである。しかし、実態は違う。

ダイバーシティ・マーケティングの出現の背景には、「文化帝国主義」への恐れがあった。文化帝国主義は多義的な概念だが、この言葉を借りて、ディズニーなどアメリカの巨大企業が、世界をひとつの市場にまとめあげ、画一的な文化で覆い尽くそうとしているという見方が広まった。[89]ダイバーシティ・マーケティングは、そういった西洋からの一方的な押しつけを回避するために生み出されたはずだったが、ナオミ・クラインは、ダイバーシティ・マーケティングの危険性を次のように説明している。

> 世界的な拡大主義の弊害を防ぐ万能薬のような顔をして、「多様性」マーケティングはあらわれた。これならそれぞれの市場向けに別の広告をつくる必要はない。広告は多様性そのものを、一度にすべての市場に売ればいいのだ。昔ながらのカウボーイ文化帝国主義の低コストを維持しつつ、地元から反感を買うリスクはかなり少ない。世界に「アメリカを味わってくれ」と叫ぶかわりに、スキットルズ・キャンディの宣伝文句のように、「いろんな味を楽しんでね」と勧める。この砂糖をまぶした多文化主義は、親切そうな顔をして乗り込み、インドの物理学者ヴァンダナ・シーバが言う「モノ・カルチャー」の均質効果を生み出す。つまり「単一《モノ》・多文化主義《マルチカルチュラリズム》」である。[90]

「単一《モノ》・多文化主義《マルチカルチュラリズム》」は、色々な物があるように見せかけて実質は単一である物の表層的なバリエーションによって世界を覆い尽くし、自分たちとは違う物を駆逐してしまうことである。多様性を主張しながら、単一性を押し付けているのだから、見るからに単一な文化帝国主義より、さらに悪質というわけだ。ダイバーシティ・マーケティングは、その手先になっているという。

ダイバーシティ・マーケティングが功を奏しているのは、世界が多様であるべきという考えが、広く支持されているからにほかならない。そういった多様性を支持する動きは、消費者の多様性だけでなく、生産者の多様性にも向けられている。中野香織は、「地球に貢献し、現地の人々と協働しながら、手間ひまかけてつくられた製品こそが、新時代のラグジュアリーである、というふうに、贅沢の基準が再定義されている」ことを指摘している。そのため、たとえばペルー産のコットンの場合、「有機肥料を使ってつくられる高品質な木綿を、フェア・トレードにより大切にされている現地職人が、ていねいに糸にしていく」といった情報が、顧客にこと細かに伝えられているという。今や、いわゆる「意識の高い消費者」にとって、安すぎる途上国製品を買うことは例外なく悪いことになっており、企業も広告戦略として、現地の生産者を大事にしていることや、自然環境の面でも現地社会に貢献していることを、強くアピールしているのだ。[91]

しかし、そういった丁寧な生産をすればするほど、価格は高くなり、生産量は減少し、できあがった製品は、それを買う余裕のある一部の消費者のためだけのものになる。それでは世界の問題のほとんどから目を逸らし、富裕層だけが、贖罪符を買って罪の意識から逃れられる世界を作ってしまう。それに、世界中の農業が有機栽培を行なったら、全人類の衣料どころか、食料すら賄《まかな》えない。そのことによって真っ先に被害を被るのは、多様性の肯定によって守ろうとしているはずの、途上国の貧困層だろう。エシカルであろうとすることが、悪いことであるはずはない。しかしエシカルであろうとする行動が、必ずしも期待通りの結果を生むとは限らないのだ。

8 マスメディアと同調作用

イメージとモデル

流行が国民国家の内部や、その枠組みを超えて広がるには、マスメディアの存在が不可欠である。近代以前にも、フランスの宮廷を中心としたヨーロッパの貴族階級や、江戸や大阪のような大都市において流行現象は存在したが、絵入り新聞や雑誌の出現によって、誰でも容易に均質な情報が手に入るようにならなければ、現在のようなファッションは成立しない。マスメディアは、ファッション・システムの重要な部分を占めており、そして一大産業でもある。

ファッションには、ヴィジュアルだけでなく、言語による表現も含まれている。ある人が、おしゃれであるという名声を勝ちとるためには、「なにが流行でなにがそうでないかについての知識」を得ながら、「一定の商品やサービスを使って知識を組織化[92]」することによって、卓越化のゲームを勝ち抜かなければならない。ファッションにおける知識の蓄積には、生まれや育ちや学校教育以外にも、マスメディアによる情報収集が大きく影響する。知識はマスメディアを介して組織化され、受け手によって組み合わされて実践され、卓越化のための武器にされる。所有している物を他者に見せるだけでなく、物についてうまく語り、より知っているということを見せることによって、他者との駆け引きを行うのだ。

二〇世紀には、ファッションにおける雑誌の影響力は絶大なものがあった。ヨーロッパにおいて、国境を隔てた上流階級の間でファッションが伝わっていくために、まず現れたのは、ファッション・ドールと呼ばれる人形であったが、一六世紀以降、版画による印刷技術が向上してファッション画が主流となり、伝わる範囲も広がっていった[93]。一九世紀には雑誌文化が生まれ、一九三〇年代に入って、ファッション写真が定着する[94]。

ファッション誌は、単に情報を伝えるだけのものではない。男性は、男性のファッション・モデルを生き方の手本にすることは滅多にないが、ファッション誌に登場するファッション・モデルを、人生のロール・モデルにもしようとする女性は少なくない。ナオミ・ウルフは、社会や文化が男性中心に構築されている中において、女性誌は「大半の女性にとって、自分たちの大衆感覚を見るたった一つの窓になっている」と指摘する。そこにおける雑誌と読者の関係は、まるで「師弟関係」と呼べるくらい絶対的なものだという。[95]

雑誌や広告を見ることで、多くの女性たちは、「ファッション写真が召喚するイメージと同一化」していくことになる。ジョアン・フィンケルシュタインが言うように、「おびただしく流されるファッションイメージ」を眺めることを通して、「この世界の中で自分が何者で、どこにいるのかという自己認識[96]」が、長期間にわたって形成されていくのだ。それが唯一の窓で師匠であれば、ファッション・モデルが絶対的な存在になるのも頷けるというものだ。

二〇世紀には、印刷物だけでなく、映像とファッションの関係も強くなった。映画が普及すると、「シネ・モード」という言葉が作られ、流行の発信源になっていく。[97] 日本において特に有名な「シネ・モード」は、オードリー・ヘップバーンの『麗しのサブリナ』でのファッションだろう。短い髪型、パンツルック、かかとの低い靴、そしてスレンダーな体型やその動かし方まで、影響を残さなかった要素はない。映画は雑誌と手を取りあって、二〇世紀後半のファッションに影響を与えてきた。

オードリー・ヘップバーンは、ファッション史上重要な映画にいくつも主演しているが、『パリの恋人』も、そのひとつだ。この映画は、クリスチャン・ディオールが亡くなる直前の一九五七年に公開されており、いかにも五〇年代のパリ・モードを堪能できる一方で、若者のファッションも見せてくれる。ジャン＝ポール・サルトルをモデルにした学者が重要な役として出てくるが、主役のオードリーは、サルトルが実際に提唱した「Existentialism（実存主義）」をもじった、「Empathicalism（共感主義）」にかぶれているという設定である。当時、実存主義者たちは、全身黒の出で立ちでパリのカフェにたむろしていたが、映画の中でオードリーも、黒ずくめのパンツルックで踊っている。

『パリの恋人』は、ファッション誌の編集部を舞台にしており、同じようにファッション誌についての映画である二〇〇六年の『プラダを着た悪魔』と見比べると、時代の差が浮き彫りになっておもしろい。実は、そのどちらの映画も『ヴォーグ』という雑誌と、それぞれの時代の編集長をモデルにしている。『ヴォーグ』は、ファッション誌の代表的な存在である。『ヴォーグ』の歴史、あるいはその歴代編集長を見ていくと、ファッションが世の中とどう関係してきたかを理解することができるだろう。

『ヴォーグ』とアメリカのファッション

『ヴォーグ』は、一八九二年アメリカで創刊したが、一九〇九年にコンデ・ナスト社が買収して、一四年にエドナ・ウールマン・チェイスを編集長に任命したことで、ファッション誌として不動の地位を確立した。

興味深いことに、一九一四年からの百年間で編集長に就いたのは、チェイスを含めて、ジェシカ・デイヴィス、ダイアナ・ヴリーランド、グレース・ミラベラ、アナ・ウィンターの、わずか五人しかいない。編集長が長期にわたって、絶対的な権力を持つのも『ヴォーグ』の特徴である。

チェイスは、事務見習いとして一八歳で入社し、一九一四年から四六年まで編集長を務めた。チェイスの作り出した『ヴォーグ』は、いわゆる「クラス・マガジン」と呼ばれる種類の雑誌で、つまり上流階級の女性のための情報源だった。『ヴォーグ』は、チェイスの編集によって、「服装のみならず、風俗習慣、礼儀作法についても、女性が教えられるところの多い雑誌」になった[98]。編集者も良家の子女が多く、花嫁修業とまではいかないまでも、結婚前の社会経験ぐらいの位置づけで働いたようだ[99]。上流階級による、上流階級のための雑誌であった。

チェイスの『ヴォーグ』が成功したのは、スナップ写真を掲載したからだと言われている。「正装した人々や有名人」が「競馬場、街の通り、スポーツ場、旅行に出発したり、旅から帰ったとき」を狙って撮影した写真を掲載することで、「大衆の面前に人の私生活を見せた」[100]のだ。それらは、ファッション写真として掲載されたわけではなかったが、読者たちは、そこに憧れを見出していった。上流階級向けの実用情報が、いつのまにか、大衆の欲望を掻き立てるイメージとしての役割を担っていたのだ。

当時の上流階級が着ていたのは、パリから輸入した服だった。そのため『ヴォーグ』は、国際的な雑誌という性格を持たざるをえなかった。結果、パリで発表された服と、それを着るアメリカの上流階級の人々という掲載内容と、それに憧れる一般読者層という、今とそれほど変わらない構造ができあがった。

続いて一九五二年に、編集長をチェイスから引き継いだのは、ジェシカ・デイヴィスだった。六三年まで編集長の座にあったデイヴィスには『アメリカ婦人既製服の奇跡』という著作があるが、戦後のアメリカ人らしく、大量生産と民主主義を信じた人であった。

当時のアメリカ女性の服といえば、シャツブラウスとスカートというのが定番だった。それらの衣服は安価で、動きやすい。エレガントで装飾的な上流階級のドレスの、対極的な存在であった。[101]こういったアメリカの実用的な女性服の形成には、第二次世界大戦によって、パリから服が買えなくなったことが影響している。戦時体制で女性にも活動性が求められたことと、外国製品が締め出されたことで、既製服の伝統を引き継いだアメリカのデザイナーたちによってデザインされた衣服が、アメリカ市場に登場し、ナショナリズムの後押しもあって支持を得たのだ。[102]

デイヴィスが編集長になった頃には、すでにパリが戦争の痛手から完全に復活していたので、デイヴィスの『ヴォーグ』も、パリの情報をアメリカに伝える仕事をしたが、パリ・モードの不在中にアメリカの社会で育まれた衣服観が、デイヴィスの頭の中から簡単に消えることはなかった。デイヴィスは、戦後のアメリカでは、安価な建売住宅によって多くの人が快適な住居を手に入れたように、安い服によって「たくさんの女性が、美しい服を買うことができる」ようになり、おかげで「都会も地方の町でも、みんなが、きちんとした身なりをしていられる」と、力説している。[103]

デイヴィスは、アメリカのファッションには、三つの特徴があるという。すなわち、どのようなファッションをするかにおける「個人の自由」があること、「大量生産」によって誰もが流行の品を買えること、「大量輸送」によってアメリカのどこででもファッションに親しめること、の三つである。ファッションは、「アメリカの自由の原則、幸福の追求の原理のひとつ」であり、アメリカ政府が服装統制をしたことがないのは、アメリカの歴史において非常に誇るべきことだと、デイヴィスは強く主張している。[104] それゆえ、服を選ぶときにも自由の精神を尊重して「伝統的な慎しみにだけ頼るようなことは、やめなければならない」[105]と、念を押している。

デイヴィスの時代はまた、写真によって誌面が大きく変わった時代でもあった。デイヴィスは、顧客の前で服を着るモデルと、ファッション写真のモデルは、「まったく別の職業」であることを発見したと記している。そして、『ヴォーグ』が「ファッション芸術の一部として、写真の発展に大いに貢献」し、『ヴォーグ』によって培われた技術は、「広告写真の劇的要素」になったとも述べている。[106] こういった新しいタイプのモデルを使ったファッション写真や広告の技術によって、『ヴォーグ』も大きく変身を遂げていくことになった。

ダイアナ・ヴリーランドとファンタジーの時代

デイヴィスの次には、ダイアナ・ヴリーランドが、一九六三年から七一年まで編集長を務めた。前述の『パリの恋人』に出てくる、ファッション誌編集長のモデルである。[107] ヴリーランドをモデルにした映画としては『パリの恋人』の他にも、ウィリアム・クラインが一九六六年に監督した『ポリー・マグーお前は誰だ?』という映画もある。『ヴォーグ』においては、この百年で一番任期の短い編集長だが、一番記憶された編集長であろう。

ヴリーランドは『パリの恋人』で描かれた通り、絶対的な権力者だった。たとえばヴリーランドが、「「世界は黒よ」と言えば、『ヴォーグ』は黒を特集」したという。読者に対する影響も絶大で、『ヴォーグ』が「セーター・ドレッシングが注目される」と書くと、誰もがセーターを着て、「スカート丈が長くなる」と書くと、本当に長くなったという。ヴリーランドの時代、「衣服は個性の表現」とされることはまずなく、何よりも「時と場所にふさわしいことが肝心」とされた。[108] つまり『ヴォーグ』は参考書ではなく、教科書だったのだ。

ヴリーランドの時代の誌面づくりは、ほとんど各ページが、舞台を作り上げるような壮大なものだった。大量の資金を投じ、贅沢な撮影がされた。

> ヴリーランドの仕事には信じられないほど経費がかかった。だからよほどの経済力がなければとても支えていけなかった。「クリスチナ女王」や「シェヘラザード」のようなルックスを作りだそうとすると、まずコンセプトに沿ってスタイル画を描き、生地見本をさがし、服を注文し、アクセサリーと髪型を決める。仕事はそれぞれ担当のファッション・エディターとともに行なわれる。全体の出来を見るためのドレス・

リハーサルはオフィスで行なわれ、ときには実際に撮影で使うモデルがこなした。それをポラロイドにおさめて、細かいところまですべて完璧かどうかチェックして本番に備える。

ヴリーランドは『ヴォーグ』のクリスマス特別号のために、スタッフを毎年エキゾチックな辺境の地に派遣した。その経費は天井知らずだった。[109]

ヴリーランドは、「ファッション写真の撮影技術を映画並みに」引き上げた一方で、「撮影用の服」を「単に目を楽しませるためだけ」の存在として扱ったという非難も受けた。『ヴォーグ』に服を提供したデザイナーたちが、「ヴリーランドが自分たちの新作よりも頭の中にある絵空事を優先させ、市場にありもしない服を『ヴォーグ』の表紙に掲載するやり方」に不快感を覚え、自分たちの服が「絵空事のために利用」されていると憤慨したとも言われている。[110]

だが、これは少し不当な評価でもある。この時代の『ヴォーグ』は、購入可能な商品情報が掲載された、いわゆるカタログ雑誌ではない。服とロケーションとモデルを使って、誌面の上にファンタジーを作り出したからこそ、読者はそこにクレジットされたブランドの名前に憧れを持ったのだ。デザイナーたちは、ヴリーランドが自分たちの衣服を素材にして、ブランドに豪華なイメージを与えてくれたと、感謝してもよかったのかもしれない。

しかしその反面、ヴリーランドが編集長を務めた時代が、若者とプレタポルテの時代へと移り変わっていく過渡期であり、ヴリーランドの手法が通用しなくなりつつあったのも、本当のことである。

ロンドンで、若者を中心にミニスカートやカラフルなタイツが流行し、「スウィンギング・ロンドン」という言葉が生まれ、同時にパリでは学生運動が、アメリカではヴェトナム反戦運動が起こりつつあった。そういった若者たちによる社会変革を、地震《アースクエイク》と引っ掛けて、「ユースクエイク」と名づけたのはヴリーランド自身だった。[111] 反抗文化《カウンター・カルチャー》の騎手たちが、教科書を必要とするはずなどなかったのだ。

ヴリーランドは『ヴォーグ』を見事に舵取りしたが、それでも時代の流れの方が速かったのだろう。もはや自分のためだけに存在する服を誂えるために、仮縫いをしに何度も出かけなくてはならないオートクチュールの時代は終わり、時代の空気を瞬時に形にしながら、素早く着替え続けていけるプレタポルテの時代に変わりつつあった。そしてデザイナーたちは、自分たちの服が、永遠のファンタジーのための素材として使われるのではなく、同時代を凝縮した、生きている画面の中に、そのままの形で写り込むことを望むようになった。

グレース・ミラベラとキャリアウーマンの時代

ヴリーランドの後任のグレース・ミラベラは、一九七一年から八八年まで編集長を務めた。コンデ・ナスト社は、プレタポルテの時代にふさわしい誌面づくりを望み、ミラベラはそれに対し、『ヴォーグ』を働く女性のための雑誌にすることで応えた。

好景気とフェミニズムが追い風になった。レーガン大統領が進める政策を受けて、「ビジネス、金融、政治の世界」へと進出した「野心溢れる女性たち」が、「重要な会議に着ていく肩パット入りのピンストライプ・パンツスーツから、便利な表計算ソフトにいたるまで[112]」の、さまざまな情報を求めていたのだ。

ミラベラはヴリーランドの下で働いていた時には、ヴリーランドの信頼を十分に勝ち得ていたが、ファッションに対する考え方はヴリーランドとは違っていた。ミラベラは「わたしはファッションの世界のはぐれ者だった[113]」と自称している。

もし「ファッション人種」の意味が、背中がくり抜かれたり、おなかに穴があいている服を着たり、上半身裸だったり、またはブラジャーもつけないでシースルーの服を着て、コンバット・ブーツでファッション・ショーの舞台をのし歩きまわるモデルに拍手喝采するということなら、「ファッション人種ではない」とはわたしにとって褒め言葉だ。わたしはその意味では決して流行大好きなファッション人間ではない。わたしはけばけばしさが嫌いだ。トレンディな格好はもっと嫌いだ。ついでに、いきあたりぱったりのばかげたファッション・ゲームも好きではない。ファッションに強い影響力を持つ人たちは、そんなわたしがファッションを嫌っていて、まったく認めていないと決めつける。[114]

ミラベラは、ファッションとは「女性をめぐる問題」であり、「女性の生きる姿勢」をめぐる「スタイルの追求」であり、「女性がどのように生き、どう闘っているか」を、自分たちで表現することだと述べている。ファッションは、「女性たちが生活を楽しみ、喜びを見つけるのを助ける手段[115]」であって、決して贅沢ではなく、必要なものだと主張している。

ミラベラには、女性たちが、「便利でかっこいい手帳や携帯電話やポケットベルを欲しがっているのと同じ次元で、機能的に満足でき、自分をかっこよく見せてくれる服」を欲しがっている、という信念があった。そのためには、「女性たちが生活を合理的に運営し、効率よく働けて、競争に負けないために利用する道具の一つ[116]」として、衣服を紹介するファッション誌へと、『ヴォーグ』を作り変えなければならなかった。

ミラベラには、働く女性向けの雑誌という明確な方針があったので、愛されるためではなく仕事上で活躍するために、ダイエットよりエクササイズを推奨し、栄養や健康問題を取り上げた。ミラベラは、「男性のために美しく装いましょうともはや提案しなかった[117]」と回顧しているが、そういった態度は時代に合ってもいた。ダナ・キャランをはじめとして、カルバン・クラインやラルフ・ローレンなど、アメリカから世界的なデザイナーが現れ、ニューヨーク・コレクションも重要度を増していたが、ニューヨークのデザイナーたちは、フェミニズムと好景気の後押しもあり、キャリアウーマンのための仕事着を作っていった。それは、ミラベラが欲しがっていたものでもあった。

しかしミラベラの考え方と、社会の雰囲気と、ファッションの方向性が合致した時期は、それほど長くはなかった。ミラベラが編集長を務めたころ、『ヴォーグ』には同じような読者を持つ『ハーパース・バザー』の他に、異質なライバル誌が二つあった。『エル』と『WD』である。

八〇年代の半ば頃から、プレタポルテとそのファッション・ショーが注目を浴びるようになると、若々しい服を若々しいモデルに着せて、日常的でポップな誌面構成をした『エル』は、若者たちの大きな支持を得た。ノンフィクション作家のジェリー・オッペンハイマーによれば、「ミラベラの編集哲学」が、「読者がその必要性にすら気づいていなかったものを提案する」ことだったのに対し、『エル』の若い読者たちは、雑誌に提案されるまでもなく「身につけるものから食べ物、部屋のインテリアまで、すでに自分のスタイルをさりげなく生活に取り入れていた」という。[118] ミラベラは、取り扱うものや方針はヴリーランドとはまるで違っていても、同じように、女性の生き方としてのスタイルを読者に投げかけていた。だが新しい読者層には、それは不要などころか、押しつけがましいものだったのだ。

もうひとつの新しいタイプのライバル誌『WWD』は、いわゆる「セレブ」の情報を扱うことで部数を伸ばした。『WWD』は「Women's Wear Daily」、つまり女性服日報という意味の業界誌でありながら、「デザイナーとその顧客である上流人士のゴシップ[119]」を取り扱うことで注目を浴びた。華飾の世界が嫌いなミラベラにとっては、そういったものは、取り扱うべきではないと思えた上に、苦手なトピックであったことだろう。しかし、もともと上流階級のスナップを載せることで大きくなった『ヴォーグ』の読者たちの興味は、次第にゴシップの方へと向かい、ミラベラは『ヴォーグ』から追い出されることになった。

アナ・ウィンターと広告の時代

一九八八年に、ミラベラの後を継いで『ヴォーグ』の新しい編集長になったアナ・ウィンターは、『エル』が取り上げていた若々しいプレタポルテを、『WWD』が取り上げていたセレブたちに着せることで、新しい読者を得ていくことになる。

ウィンターは、ツイッギーと同じ一九四九年の生まれである。ツイッギーがモデルとして活躍していた頃、ウィンターは、バーバラ・フラニッキの手がけるロンドンの「BIBA」で、店員として働いていた。[120]ウィンターは、根っからのプレタポルテ文化の人間だった。『エル』や『WWD』を参考にすることに、抵抗はなかったことだろう。

ウィンターが編集長として最初に手掛けた八八年の『ヴォーグ』一一月号では、『ヴォーグ』史上初めて、表紙にジーンズが登場した。この表紙でウィンターは、安価なジーンズと高価なTシャツという、それまでは考えられないような自由な組み合わせを自分たちで提案することで、ファッション業界と読者に衝撃を与えるとともに、デザイナーたちからコーディネートの権限を奪ってしまった。

さらにウィンターは、一九八九年五月号の表紙にマドンナを使い、巻頭特集では一〇ページにわたってマドンナの自宅を紹介した。マドンナは、当時まだ新人の域を超えていなかったが、これ以降、セレブの日常の中にデザイナーたちの服を挿入して、誌面を構成する方法が確立されていった[121]。

ウィンターはまた、パリ・コレクションを積極的にも紹介しているが、当時パリ・コレクションで躍進を見せていたプレタポルテのブランドを特徴づけていたのは、構築的かつ非日常的な服と、大規模なファッション・ショーである。この頃のパリ・コレクションでは、ファッション・ショーが回を重ねるごとに、エンターテインメントとしての要素を増加させていた。「セミヌードのコスチューム、奇抜な髪形やメークアップ、凝った舞台装置」や、「スーパーモデルと呼ばれる一日一万ドルの花形選手[122]」によって、パリ・コレクションは、ファッション関係者以外からも注目を浴びるようになっていた。ウィンターは、コム・デ・ギャルソンなどの新進ブランドを評価し、一方でスーパーモデルを誌面に登用してセレブに仲間入りさせていった。

ウィンターの前の編集長のミラベラは、こういった演出的なショーを行うプレタポルテのブランドに対しては、当然、否定的であった。「ステージでファッション・ショーが開かれるようになったころから、服の崩壊は始まった」と断言している。ミラベラは、デザイナーたちの力を入れる部分が「デザインではなく、プレゼンテーション、つまりいかに見せるか」になってしまい、パリ・コレクションの空間が、観客を楽しませるためだけに、「大げさな動作や絶叫やショックを引き起こす仕掛け」で満たされるようになってしまったと嘆いている。[123] ミラベラは、そういったデザイナーの代表としてクリスチャン・ラクロワをあげているが、そのラクロワのTシャツこそが、ウィンターが最初に手掛けた『ヴォーグ』の表紙で、モデルが着ていたものだった。

ウィンターは、チェイスのように上流階級の結束を高めることも、デイヴィスのようにアメリカの既製服産業を支援することも、ヴリーランドのように幻想的な世界を作り上げることも、ミラベラのように働く女性のスタイルを提案することもなかったが、経済システムの中に雑誌をうまく位置づけた。

雑誌は書店での売り上げだけでなく、広告によっても収入を得ている。富川淳子は、二一世紀になって「広告獲得を目的にした誌面作りをする雑誌が目立ってきた[124]」ことを指摘しているが、ウィンターの『ヴォーグ』はまさにその典型である。『ヴォーグ』を開くと、確かに質の高い記事もあるが、記事よりも広告が圧倒的に多い。それは、それだけ広告収入を得ていることを意味している。

『ヴォーグ』に掲載されている広告は、各ブランドによって緻密に構成されている。ほとんどの広告には、写真以外にブランド名しか記されておらず、記事としてのファッション写真とほとんど区別がつかない[125]。それら審美的に完成度の高い広告は、当然、他の雑誌にも掲載される。富川は、「雑誌の個性よりも広告主へのアピールが優先されてしまう状況が起きている」と指摘しているが、広告主へのアピールが成功することで、誌面に広告が占める率が増えるほど、ますます雑誌に個性がなくなっていくという状況に陥っている。そのため、もはやどの雑誌を見ても、得られる情報に大差はないはずなのだが、それでも不思議なことに、『ヴォーグ』とその編集長の影響力は、依然として衰えることがない。

歴史を振り返ってみると、『ヴォーグ』の編集長たちは、時代によって大きく編集方針や主張を変えてきたが、『ヴォーグ』のファッション・システムの中での役割と、その重要さは、ほとんど変化がなかったと言える。というのも、ファッション誌が果たしてきた、情報を伝え同調させるという機能の前においては、情報の内容がどのようなものであるかは小さな問題だからだ。その役割は今後も残り続けるだろうが、今後、印刷物としてのファッション誌が、独占的にその役割を果たしていくのかは、未知数である。誌面の同質化が、ファッション誌消滅の予兆である可能性も否定できないだろう。

第5章　からだを作り出すちから

1 生活技術としてのファッション

自家裁縫の力

災害など、何か悲惨なできごとが起きると、「こんな時こそファッションで元気を」などと言われることがある。これはまったく反対の意味の、「今は浮かれたことをしている場合ではない」という自粛をうながす言葉と表裏一体といえよう。これらはファッションを、人間にとって不可欠で基本的な活動として考えていないという点で、一緒なのだ。

ファッションは、人間が生きることと切り離せない。歴史上のどんな生活でも、人々がどのような見た目でいるべきか考えられなかったことはなかった。見た目が、その人が誰であるかの情報にならなかったこともない。

もちろん、近代社会のファッションを、それ以前の社会のものと一緒にすることはできないが、近代社会においても、それ以前の社会と変わることなく、見た目の問題は、深く社会の基盤に突き刺さっている。にもかかわらず、私たちは前近代に比べて、自分の姿を自分の力でよりコントロールできるようになったわけではない。

ロバート・ロスは、一八世紀のイギリスやフランスでは、男性が衣服を手に入れるのに、主に三つの手段があったと説いている。仕立屋に発注すること、古着や既製服を購入することと、そして、家族や使用人の女性に作ってもらうことである。恵まれた立場にいれば、買うしかない現代に比べると、むしろ手段が多いだけでなく、自分の意思を伝えやすくもあった。

女性の場合は、これに加えて自分で作るという選択肢が存在したが、その一方でヨーロッパでは、一九世紀に至るまで、女性の既製服はほとんど存在しなかった。そのことは、アン・ホランダーが指摘するように、「貧富に関わらずほとんどの女性が裁縫技術を身につけているか、あるいは少なくとも裁縫を理解」しており、「たとえ裁断や縫製の才能がない女性であっても、自分のドレスの構成くらいは正確に知っていた」[1]ということを意味している。もちろん、それにともなう苦労を考えれば、単純に喜ばしいことではないが、女性は男性以上に、自分の姿に対して影響力を持つことができたのだ。

女性たちは、自分の服に自分で手を加え、流行に合わせるようなこともしていた。というよりも、服とは、ほころびを直し、好みに応じて加工することによって、日々変化させていくものであった。大部分の女性にとって、衣服は、男性たちのように「知らない場所で未知の工程を経て作り上げられる神秘」ではなかったし、裁縫は厄介なまでの日常だった。一八世紀のロンドンにおいて、針仕事は「貧しい女性として生き抜くのにまずもって必要な技術、そしてもっとも重要な技術」[2]だったという。女性たちは日々、延々とシーツやタオルの縁かがりをしたり、下着を縫ったり、繕いものをした。

その一方で男性にとって、服を仕立てる作業は「まるっきり神秘」であった。昔の人だからといって、皆が衣服の作り方を知っていたわけではない。昔の人はなんでも知っており、自分たちで何でも作っていたというのは、過去を理想化した眉唾ものの幻想である。しかし哲学者のエーリッヒ・フロムによる次の言葉のように、私たちと物を作ることとの関係には、再考の余地もある。

> われわれはある具体的な満足をめざして生産するのではなく、われわれの商品を売るという抽象的な目的のために生産している。われわれは、物質的なものであれ非物質的なものであれ、事物はすべて買うことによって獲得できると考えている。こうして、事物はそれにたいするわれわれ自身の創造的な努力とは無関係に、われわれのも

のとなるのである。同じようにわれわれは、自分の人格的な性質や努力の結果を、金や特権や権力のために売ることのできる商品と考えている。こうして、重点は創造的行為の現在の満足でなく、完成された生産品の価値におかれる。[3]

日本で服を作らなくても、外国から安くておしゃれな服を輸入して、それで買う側も満足しているのであれば、何の問題があるのかという考え方もある。だが、自分たちの環境を自分たちで作り出す方法を維持しておくのは、とても大事なことだ。

アメリカでは一九五〇年代にはすでに、家事労働を合理化しようとするデザインや教育が盛んになったことで、「主婦を消費者にすること」[4]が当然視され、世界中で最も豊かなはずなのに、「主婦は自らの家事のあり方を構想することも、生活様式を自らつくることも」[5]できなくなっていた。日本も間をあけずにアメリカを追いかけることになったが、私たちは、工業生産品を作り出すための生産技術に磨きをかけることばかりに力を注いで、自分の身体を含めた環境を自分自身の手で作り出すための、「生活技術」の保持を疎かにしてきた。

生活様式を自分で作ることは、余暇的な行為として理解されることが多い。余暇は、生産活動の合間という位置づけゆえ余暇と呼ばれ、余裕のある人間が暇つぶしにやるものだと思われている。しかし、よく言われるように、遠い昔の人類が、住まいを整える前にモニュメントやシンボルを建て、寒さ暑さをしのぐ服を作る前に顔や皮膚に化粧を施し、農作物を育てる前に花を植えた可能性も大いにある。現在、余暇と呼ばれている諸活動が、人類史の上で、生産と呼ばれる諸活動より後に出現したとは限らないのだ。

一七〇万年前の石器の中には、一度も使用された痕跡がないものがあるという。それらは、観賞用の装飾品として作られた可能性が高いそうだ。[6] 石器の場合は、実用品の方が先に作られていただろうから、装飾用の石器が元祖ということはないだろうが、それでも、実用性に先行して装飾があったという説は、魅力的であるし、妙に腑に落ちるところがある。なぜなら、子どもが壁から本に至るまであらゆる物にらくがきをするのを見てもわかるように、装飾が、世界を自己の中に取り込むための最初の一歩であり、決して生産を満足させた後の余暇的な行動ではないことを、私たち自身がよく知っているからである。

生活技術として衣服を作り繕うことは、確かに労働ではあったが、生活様式や自分自身を自分の手で作ることでもあった。裁縫は、女性の家事として近代社会でもしばらく生き残ったが、次第に家事労働のあり方が変化していくと、女性が自分の身体を自分で作り出す技術も、変容を迫られることになった。現在の社会では、自分の身体を形作ることは、買うという行為を通してしか達成することができない。膨大な商品の中から何を選択するかが、すべての人にとって、身につけていかなくてはいけない重要な技術となっている。

もっとも、衣服を買って組み合わせることと、慣習に従って縫製することに、身体を形成するという点において、それほどの違いがあるわけではない。伝統社会の決まりに従って衣服を縫うことは、ゼロから身体の形を生み出す、創造的で主体的な行為とは言えないだろう。だが、身体をどう形成するかが、人間のあり方と深く結びついている以上、自分で縫製して身体を作り上げる生活技術を軽視してはならない。

フロムも次のように、現代人の創造に縁遠い生活が面している危機を説いている。

> どんな種類の創造的活動の場合も、創造する人間は素材と一体化する。素材は、彼の外にある世界の象徴である。大工がテーブルを作る場合であれ、職人が宝石を削って磨きあげる場合であれ、農民が穀物を育てる場合であれ、画家が絵を描く場合であれ、どんなタイプの創造的活動においても、働く者とその対象は一体となり、人間は創造の過程で世界と一体化する。ただし、このことがあてはまるのは、生産的な仕事、すなわち私が計画し、生産し、自分の眼で仕事の結果をみるような仕事のみである。

終わりのないベルトコンベアーのうえに労働者がのっているような、現代の労働の仕組みには、このような仕事の対象との一体感はほとんど見られない。労働者は機械や会社組織の付録になっている。彼はもはや本来の彼ではない。そのため、同調以上の一体感はけっして得られない。[7]

フロムの指摘通りに、もしテーブルや穀物を作っているときですら、「創造する人間は素材と一体化する」ことができるというのであれば、作った後にまさに身体と一体化する衣服においては、なおのことであろう。

手芸という生産

生活技術は、家事労働とイコールではないが、重なり合い隣接する技術ではある。職業と家事、あるいは職場と家庭という区切り方は、自営業や農家を思い浮かべてみればわかるように、決して自明ではない。そういった場所では、職場と家庭の空間的な区別がつかないし、どこまでが職業としての仕事で、どこからが家事なのかもわからない。生活技術はそういった場での技術である。

職業と生活の区別が曖昧な空間や家族のあり方は、最近まで圧倒多数だった。それが近代になると、経済ユニットでもあった「家」から、職業に関わる部分が外部化することによって「企業」が生まれ、一方で経済活動を行わない「家庭」というユニットが新しく出現した。金銭が支払われるわけでもなく、生産として認識されることもなく、統計にも現れないことから、思想家でもあり社会活動家でもあるイヴァン・イリイチは、家事労働を「シャドウ・ワーク」[8]と呼んだが、私たちが現在思い浮かべる家事労働とは、そういった近代の家庭特有の役割のことである。

それでも、「企業」と「家庭」の二項対立によって社会全体を語れるようになるのは、二〇世紀も後半になってだいぶ経ってからである。ただ、そこに至るまでに、近代の家庭では、男性は外で生産し、女性は家の中で消費と労働力の再生産を行うという形で、性役割が固定していくことになった。そして生産集団として機能していた家が、企業の出現によって、家庭という再生産の集団として変質を遂げていくと、家事労働になることなく取り残された生活技術の一部は、「手芸」として生まれ変わることになった。

ペニー・スパークによれば、主婦が「家事を司る人」かつ「家庭環境のなかの美的な構成要素」の二役をこなすという、「現在のわれわれの家庭生活にまつわるイメージ」[9]は、ヴィクトリア朝期に形成された。そして、その頃から主婦が、「ピアノや椅子といったマーケットで購入するもの」と、花などの「自然物」と、「刺繍」などの手芸品を混合して、室内を装飾するようになったという。[10]日本においても明治二〇年代に、「広範で雑多な日常の手仕事」という意味であった手芸が、「家庭内装飾品を制作する」[11]ことへと意味を変えている。ほとんどタイムラグなく、日本もイギリスと同じような社会に変貌していったと言えよう。

手芸は、近代以外ではありえない生産形態であるにもかかわらず、近代社会における、生産や流通の合理化によって営利を追求する資本主義的な価値とは、相容れない座りの悪さを持っている。さらには、芸術や美術という近代的な美の価値観とも対立しており、それでいながら、アール・ブリュットやアウトサイド・アートといった非公式な芸術に含まれることもない。にもかかわらず、近代社会を通じて、少しも減じることなく、膨大な労力が手芸には注がれており、なのに一体どういった動機から、その労力がもたらされてきたのかは、ほとんど顧みられることもなかった。

家庭内での生活技術である手芸は、家庭内でしか通用しない反面、複数の家庭を繋ぐ契機にもなる。大量生産における職能であるデザインより、手芸の方が、総合的で自立的という側面もある。習い事や、サークルや、展示会など、手芸に関する非営利のネットワークや、インターネットでの販売などを通して、企業に所属するより容易に社会参加できるので、他者と関わる機会も多い。手芸の技術が、近代になって女性とともに家庭に押し込められることで形成され、性役割を固定化する方向で働いてきたことは否めないが、手芸にはそういった状況を打開する可能性もある。

手芸という言葉には、素人仕事という侮蔑の意が込められることが多いが、それはクロード・レヴィ＝ストロースの「ブリコラージュ」[12]という概念を想起させる。手芸は、制度化されたブリコラージュとも言えるだろう。もちろん、「制度化されたブリコラージュ」という言葉は、矛盾した言葉ではある。

ブリコラージュは、「器用仕事」や「日曜大工」などと訳されることが多いが、生産や余暇の行動を説明する言語には収まらないところがある。身の周りの物を最大限利用して何かを作り上げることで、身の周りの環境を改変し、自己を形成していくことがブリコラージュだからだ。

自己形成することは、自分のナワバリをできるだけ拡張し、居心地のいい環境を構成していくことでもあるが、同時に、社会的に承認されるように自分を整えていくことでもある。道具や食べ物や商品を生み出していくことだけでなく、自己形成も、生きることにおいて不可欠な行為である。自我を確立して社会的に承認されなければ、生きている実感を得られないのが人間であろう。手芸という形で家庭の中に息づいている生活技術は、まさしく自己を形づくる力と言える。

手芸のような生活技術は、この先の時代、小規模な共同体を支える自給自足の技術として有用になっていく可能性もある。ファッション教育も、工業生産技術を教えるだけの教育をやめて、洋裁教育をもう一度見直した方がいいのかもしれない。技術の体系を一元化しないで、別の体系を保存しておくと、社会が行き詰まった時の保険にもなる。

ただし、手芸や洋裁といった生活技術を有用にするためには、相当なバージョンアップが必要だろう。近代以前から女性によって独占されてきた、身体を縫い上げる生活技術を、男性に解放していくことも必要である。そのことによって、フロムが言うような、「創造する人間」たちが「生活様式を自らつくる」ことができる社会へと、私たちの社会が変わっていく可能性は大いにある。

2 新しい身体を作る

洋服の身体

ファッション・デザイナーの山本耀司による自伝『服を作る』は、よくある有名人の昔語りとして読みそうになってしまう本だが、丁寧に読めば、山本にとって洋服を作ることが、子どものころに出会った身体を一度否定して、新しく創造しなおしていく挑戦だったことがよくわかる。

日本における女性の洋装化は、「生活の能率化による社会的活動力の拡大」と、「非民主的な前近代的差別観からの婦人の解放」[13]をもたらしたと、歴史家の家永三郎は述べている。つまり女性たちが、動きづらい古い身体から抜け出していったということなのだが、言うまでもなく、その先には新しい身体がなくてはならなかった。山本のようなファッション・デザイナーたちは、その新しい身体を懸命に作り出していったのだ。

山本が一九八〇年代以降に海外で活躍すると、欧米ではおおむね「日本人のアバンギャルドファッション」[14]という評判を得た。山本は思わぬ反応で驚いたらしい。というのも、山本は洋裁家の母親のもとで育ち、文化服装学院でオーソドックスな服作りを学んでいたからだ。それがアヴァンギャルドという評価を得ることになったのは、山本の服に、新しい日本人の身体を形作ろうとする格闘の痕跡があったからだろう。

ただ、日本人にとって新しい身体を作らなければいけなかったのは、戦後に限ったことではなかった。男女でまるで違う近代を迎えたとはいえ、それは、近代の入り口から連綿と続けられてきたことでもある。日本の社会では、現在身につけられている服のほとんどは、「洋服」と呼ばれている。明治時代には「呉羅服《ごらふく》」や「戎服《えびすふく》」といった呼び方もあったようだが、「西洋服」が省略されて「洋服」となったというのが通説で、西洋化によって西洋の服を受け入れたと理解したゆえの名前だろう。[15]

だが、今私たちが着ている服は、西洋においても、伝統的に着られていた服とは違っている。洋服は、西洋諸国が近代化していく過程で練り上げられていった服であって、一九世紀の中ごろに、西洋的な近代化を明確に意識しはじめた日本もまた、近代的な衣服の生成に当事者として参加してきた。山本がパリで評価されるのは、近代の枠組みの中で、ヨーロッパの人間にとっても新しい衣服を作ってきたからである。

にもかかわらず、洋服という言葉がついているばかりに、私たちは自分の着ている服が、西洋から完成した形でやってきたと勘違いし、それがどのような性質のものであるか深く考えることをしない。あるいは、舶来品信仰を利用して、よくはわからないがヨーロッパからやってきたのだから間違いないだろうと思い込むことで、混乱をうまく避けてきた。

日本の男性の身体における近代化の追求は、一般的に「断髪令」として知られる「散髪廃刀令」が、一八七一年に出されたことからはじまっている。これは強制されたものではなかったが、徴兵令によって国民皆兵が予定されていたので、ほぼ強制されたと考えていい。[16]

ただ、日本人が洋服の身体の獲得を試みたのは、もっと早い時期からである。まずは、一八四一年の徳丸ヶ原での幕府軍の軍事演習が、それに当たる。[17] 西洋式の軍隊術を獲得するには、西洋的な身体でなければ不可能と判断されたのだ。もっとも、この時に幕府軍が着用したのは、あくまでも西洋式の軍服に似せた筒袖の羽織と筒袴であった。洋服もどきの和服だったのだ。

洋装化が、軍隊を契機に起きたのは偶然ではない。きっと多くの人たちは、言われるがままに従っただけなので、そこで何が起きているのかの自覚はなかっただろうし、徴兵によって軍服が支給されても、見慣れぬ西洋の服に着替えた程度の認識だったろう。しかし、その西洋の軍服を着ることこそが、機能性や合理性や互換性を追求できる身体を獲得することであり、それはすなわち近代人の身体になることだったのだ。

美の視点

軍服と並んで重要なのは、徴兵令とほぼ同時の一八七二年に、宮中において洋服が採用されたことだろう。科学史家の吉田光邦は、宮中での洋服は「文明開化のシンボル」として利用するために採用され、その際、「歴史、風土、伝統」との関連や、洋服の審美性は、まったく無視されたと指摘している。[18]

それ以降、宮中での洋服は政治的なシンボルとしてのみ用いられ、女性の洋服の普及や文化形成に、マイナスの影響を及ぼすことになったと、吉田は述べている。日本には、ハレの日とケの日に対応した「晴れ着」と「ふだん着」によるシステムがあり、一方のヨーロッパには、「労働、劇場、舞踏会、晩さん会、散歩」と、はっきり機能や目的や場所が限定された服のシステムがあり、それぞれでまったく別の原理の体系を持っていたにもかかわらず、外交目的の舞踏会用衣裳として、バッスル・ドレスを無理に輸入して普及させようとしたために、どちらの文化も継承することができなかったというのが、吉田の主張だ。

吉田は、それ以降も日本の衣服は、「政治のなかに吸収」され、「実用主義と富国強兵のスローガン」に先導されて、「美の視点」に立って衣服を作ろうという意志が芽生えることは、一切なかったと嘆いている。特に第二次世界大戦が始まるころには、和服の袖は短く切られ、「軍服まがいの国民服」も制定されたが、「ひとりとしてそれに異議をさしはさむもの、批評を加えるものは存在しなかった」ような状況で、「新しい美しい衣服をもって応えようとする態度」は、まるで見られなかったと回顧している。

吉田は随分と手厳しいが、実際のところは、吉田の指摘とは少し違っている。日本の洋装化が、「歴史、風土、伝統」や「美の視点」を置き去りにして、「実用主義と富国強兵」のみに基づいて進んでいったわけでは決してなかった。

一般的に、第二次世界大戦まで女性は和服のままで、洋装化が進んだ男性にしても、家に帰ると和服に着替えた。この習慣を、当時は「二重生活」と呼んでいたが、服に限らず、公の場は建築もインテリアも家具もすべてが洋風で、家の中は住宅様式から食器に至るまですべて和風が用いられた。実用主義に還元できない非合理な習慣が、戦後まで残ったのだ。

柏木博は、こういった事態が起きたのは、「公私の切り分け」が、西洋のデザインと日本のデザインによって行われた結果だと指摘している。[19] 二重生活の習慣が、「歴史、風土、伝統」に導かれたもので、「美の視点」を満たしていたとは言い難いが、かといって「実用主義と富国強兵」の産物でもない。確かに公私の切り分けは、彼らなりの実用の精神の産物ではあったが、それは何事においても合理性を追求する「実用主義」とは違う。人々は、「実用主義と富国強兵」に基づいた空間が社会を覆い尽くしていくのに対して、私的な空間では和服に着替えることで、実用と軍事に支配されない自分の身体を持ち続けたのだ。

また吉田が、「軍服まがいの国民服」と呼んでいる国民服が、むしろ「美の視点」の問題として議論されたことも指摘しておく必要がある。国民服は総動員体制下に、新しい「日本服」として企画されたものである。国民服は、ナショナリズムの機運の高まりを受けて、「洋服」という借り物を着ているのはおかしいという自意識によって生み出されたので、そういった意味では政治の道具であるが、そこにどのようにして日本らしさを反映するかという具体的な段階になると、「美の視点」を持ち込まざるをえなくなった。結果として、国民服と、それと対になるようにと考案された婦人標準服は、日本人が自前で近代的な身体を作り出すための、試行錯誤の塊のような存在になった。[20]

もっとも総動員体制が、次第に国民すべてを軍人化する体制へと整理されていったために、

「美の視点」はいつのまにか置き去りにされ、「実用主義と富国強兵」が素直に反映された軍人の身体を、国民全員が常時求められることにはなった。おかげで国民服は、ほぼ軍服となり、より徹底された近代の身体が、私的な領域にまで入り込んでいく結果を招いた。

そうして衣服が一元化されると、和と洋を着替えることによって成立していた、公私の空間の区別が、消失するのは当然といえた。国民服の着用を許されなかった女性たちも、公的には国民の範疇から排除されたが、軍人的身体を要求されたことに変わりはなかったので、自分たちの手によって「もんぺ」という活動性を確保した衣服を作っていくことになり、自分たちの手によって公私の境界線を消していった。アン・ホランダーは、近代の男性服と同じように「モダン度が高い女性服」は、ほとんど「上下別々のセパレーツ」[21]であることを指摘しているが、「セパレーツ」として普及したもんぺは、炊事から防空活動や勤労動員まで、場を問わず機能的に動く普遍的な身体を実現したことを考えても、「モダン度が高い女性服」と言える。

女性史について数多くの著作を残した村上信彦は、日本の女性の洋装が、「明治の看護婦、大正のバス車掌、昭和初年の紡績女工と女学生」などの制服によって普及していったのは、そこに「機能性の要求」[22]があったからだと指摘している。そして「日本の女がズボンをはきはじめた」のもまた、「日本人の体験の中から生れたのであって、けっして借りものではない」[23]と主張する。村上は、そこにもんぺを含もうとしないが、もんぺが機能性の要求を満たし、日本人の体験の中から生まれた、決して借り物ではないズボン型の衣服であることに間違いはない。

こうして吉田が指摘するように、結局は「実用主義と富国強兵」によって、洋服は生活に入り込んでいくことにはなった。だが、そこに至るまでの紆余曲折に、無視できないせめぎ合いが潜んでいたことを省略してはならない。

民主化する洋裁

総動員体制を通じ、最後には「実用主義と富国強兵」による身体観によって、国民の身体は均質化していったが、だからと言って戦後の身体が、そのまま「実用主義と富国強兵」によって形成されたかというと、そうでもない。戦後を迎えると、戦前とは比較にならないほどの「洋裁ブーム」が起こった。上からの政策ではなく、混乱の中の流行によって、戦後女性の身体は形をとりはじめたのだ。

洋裁ブームにおいて女性たちは、貧困を解消してくれる実用性ゆえに、洋服を自家裁縫していたわけではない。一九四九年におこなわれたあるファッション・ショーでは、「寒さもいとわず押しよせたわかい女性たち」が、「食事どきになると持参の包みをひらいて焼芋やふかし芋を頬ばりながら、眼をかがやかせて舞台をながめて[24]」いたという。生きがいや喜びとしても、洋裁は重要だったのだ。

だが、洋裁ブームは、戦中や戦前と断絶しているわけでもない。もし、総動員体制下に「実用主義と富国強兵」が唱えられ、およそほとんどの人に、軍人に近い身体を持つことが要求されていなければ、洋裁ブームは起こらなかっただろう。それによって、男女を問わず、身体が機能的に運動するものとして平等に扱われるようになったから、女性でも躊躇なく洋服を作って着ることができたのだ[25]。

ただし、戦後に占領軍が持ち込んだ「民主化」という概念の具体的な実践として、洋裁が行われたことも重要である。戦後の女性たちにとって、民主主義の理念はわからなくても、誰もが因習から離れて生活を楽しんでいいという民主化は理解可能であったし、洋服を作って着れば、それに参加できるという明快さも、世の中を変えていく大きな力になった。それは、女性の身体が、男性の支配下から抜け出していったということでもあった。

一九六二年まで、洋裁学校から卒業した学生は、「ほぼ一〇〇〇万人[26]」いたという。しかもその「一〇〇〇万人」は、ほとんど全員、若い女性である。「一〇〇〇万人」の身体を変えていった力は、とてつもなく強大なものである。

ところでその六二年には、東宝と日活が、お互いを意識して『銀座の恋の物語』と、『銀座の若大将』という二本の映画を公開している。面白いことに、『銀座の恋の物語』における石原裕次郎の恋人役の浅丘ルリ子も、『銀座の若大将』における加山雄三の恋人役の星由里子も、共に洋裁店に勤務している。この時代になると、洋服を作ることは、「実用主義と富国強兵」から遠く離れ、戦後民主主義によってもたらされた大衆文化における憧れの対象という、遥か彼方にまでたどり着いていた。

その後も日本のファッションは、「実用主義と富国強兵」ではなく、洋裁文化における「民主化」の実践の、延長線上を進んだ。それは、半ば呆れながら命名された「一億総中流社会」という神話とともにあった。その神話を信じて、日本の社会は、所有における平等の達成をひたすら目指し、あらゆる新製品や高級品が、国民全員に行き渡ることを望んできた。それは、「節操無き民主化作用」とも呼べるような、集合意識の働きであったが、それが、日本のファッションの独自性を生み出してもきた。

そのような社会の中で山本耀司が模索し表現してきた衣服が、ヨーロッパでアヴァンギャルドと解釈されたのは、それが、どこの社会にもない、新しい美しさを持った身体のデザインだったからだ。それは、社会を覆い尽くす大きな民主化の力の中で、歴史から切り離され、階級と無関係に誰もが所有できるようにと、産み直された身体だったのだ。

3 シンボルとしての身体

主婦の身体

『ティファニーで朝食を』は、オードリー・ヘップバーンの主演映画がとても有名だが、トルーマン・カポーティによる原作小説は、第二次世界大戦中の思い出を、一九五〇年代から振り返って述懐したという設定で、戦後の世界を描いた映画とは、時代設定が大きく異なっている。

カポーティも、オードリー・ヘップバーンが主演なのは不服だったそうだが、戦後女性の代表のオードリーでは、確かに元の設定にはふさわしくないだろう。カポーティの描く主人公のホリーは、一九二〇年代にパリで一世を風靡《ふうび》した「ギャルソンヌ」と呼ばれる女性たちの、最後の生き残りのような存在である。

舞台がアメリカなので、カポーティの描く四〇年代に、アール・デコの時代を描いたかのような煌びやかさがあっても、それほど不自然さは感じられない。ホリーは、戦前に世界中で、新しい女性として憧れ畏れられたような、自立したタイプの女性である。だから原作のホリーが、戦争の終了とともにアメリカを去るのも、意味があることなのだ。アメリカに限らず世界的にも、戦争が終わると女性の主役は主婦に代わり、戦前の職業婦人ではなくなっていた。戦後すぐの世界に、戦前のタイプの社会的に自立した女性が登場するとなると、ちぐはぐなことになる。

オードリーは、『ローマの休日』でも、『麗しのサブリナ』でも、『マイフェアレディ』でも、階級的な上昇はしても階級社会の存在は否定しない、新しい保守的なヒロインを演じて好評を得た。戦後ならではの新しい身体像を提案しつつも、保守回帰のファッションも、よく似合っていた。そういった女優に、性に自由な女性を演技させても、自立した職業婦人には見えない。むしろ主婦の亜種としての、男性に依存しきる愛人にしか見えないのだ。

『ティファニーで朝食を』が映画になったのは、一九六一年のことである。六〇年代後半には、戦後のエレガントな保守的ファッションはなりを潜め、ミニスカート・ブームが起きるので、もし映画化が五年遅れていたら、これもまたまったく違う映画になっていただろう。どこか影のあるギャルソンヌや娼婦ではなく、若々しく健康的な消費者を描かざるをえなかったはずだ。

『ティファニーで朝食を』では、ユベール・ド・ジバンシィのデザインした服が、ふんだんに使われている。ブランドの位置づけや意味からいえば、『ティファニーで朝食を』で自立した女性に着られるべきだったのは、ジバンシィよりシャネルだったろうが、六〇年頃にシャネルを着ていたら、快楽を追求しているようには見えず、禁欲的に職業をこなす女性にしか見えなかっただろう。ファッションがダイナミックに変化していく時代の谷間に、絶妙な危ういバランスで映画化されたのが、この作品なのだ。

一九四〇年代前半は、二〇年代における女性の社会進出に伴って出現した文化が、第二次世界大戦の勃発による緊迫感に圧倒され、ただの乱痴気騒ぎ《らんちき》へと堕ちていく時代だ。原作のホリーは、その空気の中で、時代特有の異様な輝きを身につけた女性だった。カポーティの『ティファニーで朝食を』を、落ち着ききった戦後になってから緊張感にあふれた時代を懐かしむ話として読むと、ホリーの躁《そう》状態も、時代がもたらしたものだと理解できる。

しかし戦争が終わるまでは、カポーティのホリーのような社交的で性に自由な女性は先端的だったが、戦後から六〇年代半ばまでは主婦が先端的となったので、性に自由な女性は、主婦失格の欠陥品にしか見えなくなった。六〇年代後半からは、また自立した女性が先端的な存在になるので、あの時代に映画化されたからこそ『ティファニーで朝食を』は、気後れしたような優雅さを備えつつ、奇妙な違和感に溢れた名作になったのだ。

映画版の『ティファニーで朝食を』の時代に、世界は、「アメリカ的な生活様式と日用品のデザイン」[27]によって席巻された。この「アメリカン・ウェイ・オブ・リビング」と呼ばれる価値観によって求められたのは、主婦の身体であった。ただし、この時代になると、主婦たちは、「家事を司る人」かつ「家庭環境のなかの美的な構成要素」[28]というヴィクトリア朝以来の役割に加えて、次々に市場に出回るようになった家庭用の電化製品のオペレーターとして、近代化された家庭における、機能的な身体の持ち主であることも求められるようになっていた。

日本の女性の日常着は、この時期に洋装化されている。このことは日本の社会に対して、決定的な影響を残した。

瑣末なことに思えても、私たちが着ている服が、どのような技術の系譜にあるのかを考えるのは、とても重要なことだ。それは、私たち自身の身体の系譜でもあるからである。日本の洋服には、主に男性服における仕立服や軍服の系譜と、女性服における洋裁教育の系譜がある。洋裁学校は一九〇〇年代から存在していたとはいえ、方法論を定着させていったのは五〇年代のことである。洋裁学校の服作りは、方法論を完成させる途上で、日本の女性の日常着を、和服から洋服へと変えてしまった。それゆえ日本の女性服には、五〇年代の時代の空気が封じ込められることになった。

その時、洋裁学校が何よりも手本としたのが、クリスチャン・ディオールの構築的な衣服だった。戦後の世界において、ディオールの美しいシルエットの服は、シンボルとして大きな意味を持った。家庭の中で最先端の家電のオペレーターを務め、室内の美的な構成要素としての役割を担った「主婦」の身体の抽象形が、ディオールの服に求められた。それ以降、ディオールは洋裁文化の底に基礎として沈殿することとなり、そこから日本のファッション・デザインは生まれていくことになった。

とはいえ洋裁学校は、元々は生活技術の系譜上にある。そこにディオールの服を基礎として接ぎ木するのには、無理があった。シンボリックなディオールの服は、シャネルが批判したように、生活のための服でも、労働のための服でもなかった。しかもディオールの提案する身体のラインは、毎年、目まぐるしく変化した。

さらには、ディオールの提案した身体は、ディオールが亡くなると、すぐさまシャネルやバレンシアガの提案した身体に取って代わられた。シャネルの身体は、キャリアウーマンのリアルクローズとして引き継がれ、バレンシアガの身体は、クレージュを経てカジュアルウェアやスポーツウェアを生み出した。

ディオールの身体は、主婦が先端的でなくなるとともに役目を終えた。日本人もまた、シャネルやクレージュの新しい身体を受け入れていった。にもかかわらず、日本の洋服作りの中には、ディオールの身体が凍結保存されることになった。日本の洋裁文化に根づいたディオールの身体は、そう簡単には消失しなかったのだ。

コム・デ・ギャルソン

日本を代表するブランドに、川久保玲がデザイナーを務める「コム・デ・ギャルソン」がある。「少年のように」という名前は、そのまま一九二〇年代のギャルソンヌを想起させるが、コム・デ・ギャルソンはギャルソンヌのような機能的な身体を提案したわけではない。そしてそこにこそ、ディオールの身体は引き継がれている。

もちろん、ディオールのボディラインを強調したフェミニンな服と、コム・デ・ギャルソンのボディラインを打ち消すような服では、違いの方が大きいように見える。コム・デ・ギャルソンの服は、パリで最初に評価された「穴開きニット」から、九〇年代に物議を醸し出した「こぶドレス」まで、着用者の身体の輪郭に沿わないものがほとんどである。そのためコム・デ・ギャルソンや、山本耀司の手がける「Y's」は、「東からの衝撃」や「黒の衝撃」などと呼ばれ、従来の西洋的な美学に基づいた洋服の常識や、女性らしさを打ち破るものとして、評価も固まりつつある。

しかし、コム・デ・ギャルソンの服を、非西洋的なものとして了解してしまうのは間違いだろう。コム・デ・ギャルソンの服は、ディオールの服と同様にして、ルソーが説いた「自然の身体」の振りをせず、あからさまに人工的なシルエットを構築している。コム・デ・ギャルソンの服は、ディオールの服のように「家事を司る人」かつ「家庭環境のなかの美的な構成要素」としての主婦の身体を抽象化した服ではないが、ディオールの身体が、戦時中の軍人を模範とした機能的な身体を否定するために現れたのと同じようにして、シャネルやバレンシアガ由来の機能的な身体を否定する、反機能的な身体の提示として登場しており、その点ではディオールの服と共通している。

コム・デ・ギャルソンの服は、構造としては、コルセットを使わず肩から吊る服を作ったバレンシアガの作品に近いものも多く、川久保に対する評価としては、同じ女性デザイナーのブランドとして、シャネルとの共通点を見出すものも多い。また、川久保自身はデザイン画を描いたり、服を縫製したりしないと言われており、洋裁学校で技術を身につけたわけでもない。しかし、身体を構築する技法としては、洋裁文化以降の日本の洋服づくりを踏襲しており、洋裁文化に根づいたディオールの服作りの系譜にあると言える。

コム・デ・ギャルソンとディオールの近さは、人々の批判に現れている。コム・デ・ギャルソンはパリ・コレクションに参加しはじめたころに、「ボロルック」や「原爆ルック」などと呼ばれ、非構築的で暗い色調の服作りが、あまりにネガティブだという批判を受けた。現在では、それらは「全く筋違いな解釈」[29]で、単なる不理解とされることが多く、むしろ「卓越した作品性の高さ」[30]を絶賛されることがほとんどである。しかし、そういった審美性における解釈とは別に、コム・デ・ギャルソンを代表とするこの時代のプレタポルテが、ファッション・ショーで「二度と目にすることのない服」を発表し、「人寄せの見世物に成り下がっている」と非難を受けたことも忘れてはいけない。

八〇年代の後半になると、「ファッションを一種の高級な芸術として描写する」[31]論調が主流になり、また、多くの人が、コム・デ・ギャルソンを着て生活することは十分に可能だと知るようになるので、コム・デ・ギャルソンが実用的ではないという批判は消えていく。これは、終戦直後の物資不足の時代では考えられないような布分量で作られたディオールの服に対してなされた実用的ではないという批判のされ方と、とてもよく似ていた。ディオールの服も、やはり日常生活ではとても着られないような、見世物としての服として考えられながらも、その後日常に浸透していったのだ。

『ヴォーグ』の元編集長のグレース・ミラベラは、「九〇年代はじめはファッションにとっては最悪の時期」だと位置づけ、プレタポルテとファッション・ショーについて、次のように回顧している。

服には何の意味もなく、心地よさも憧れも提供してくれなくなった。そんな服は女性を侮辱する以外の何物でもない。デザインのアイデアは空虚だ。形をわざとくずした服の流行によって、縫い目を目立たせたり、いい加減なステッチやまつられていない裾、ほころびた裏地さえもありがたがられた。そんな服はデザイナーの才能の枯渇を正直に証明しているだけだ。浮浪者みたいなグランジ・ルックからは誠実な服作りの精神が少しもうかがえなかった。グランジ・ルックはファッション・ショーの舞台にあがり、デザインを超えた究極の表現だと言われた。そんなのはファッション・ショーのためにでっちあげられた服だ。[32]

ミラベラは、働く女性のための機能的な服を擁護した人物であるから、コム・デ・ギャルソンなどが提案する反機能的な身体に対して、過剰に見えるくらい否定的に反応するのは当然だったと言えよう。それらは、男性に従属する主婦を肯定するものでは決してなかったが、かといって男性並みの機能的な身体の提案でもなかったからだ。

愛用者にとってコム・デ・ギャルソンの服は、「プライドをもった自立した女性」や「クリエイティブな感性[33]」の象徴として認識されていたが、周囲からは必ずしも、そういった肯定的なイメージで見られていたわけでもなかった。「怖い」「無気味」という印象を与えることもあり、街の中で着られると、その黒い衣服の容貌から、「カラス族」と名づけられもした。だが、「自立」も「クリエイティブ」も、「怖い」も「無気味」も、はっきりとした所属先を持たない、分類困難で不可解な身体という意味では同じである。それらは、ディオールの身体と同様に、シンボルとしての身体なのだ。

当然、ディオールとコム・デ・ギャルソンの身体に違いはある。ディオールはあくまでも主婦の身体の抽象形であったが、コム・デ・ギャルソンの身体は、何かを抽象化したのではないという点では、無対象芸術のような無対象身体と言えるのかもしれない。

また、ひとりひとりの身体に合わせるオートクチュールの時代のディオールと違って、プレタポルテの時代のコム・デ・ギャルソンは、誰もが違う身体を持っているという問題を、誰の身体にも合わない服を作ることで解決している。しかしそれは、誰の身体をもコルセットに押し込んで、そこに膨らんだスカートをぶら下げて、同じような身体を構築するディオールのやり方と、身体の個別性を無視している点では、そう違うものではない[34]。

もちろん、身体への負担も異なる。コム・デ・ギャルソンの服は、誰の身体にも合わないとはいえ、苦痛を強いるようなものではない。しかしコルセットで作り出すディオールの身体が、万人にとって苦痛以外の何ものでもない、ということもないだろう。

またディオールが、時代的な背景もあって、白人中心主義、男性中心主義な服作りから脱却できなかったのと違い、コム・デ・ギャルソンの服は、地域や性差を飛び越えるとともに、近代がもたらした労働の場、消費空間、私的領域の境界線を抹消する存在であったという違いもある。それを非白人の女性が提唱したことは、とても説得力をもっていた。コム・デ・

ギャルソンの服は複雑ではあったが、決してくつろげなかったり、働けなかったりする服でもなかった。

とはいえ、動きやすさや、体への負担の軽減を達成することこそが、ファッション・デザインの到達すべき究極の目標とするならば、コム・デ・ギャルソンの服は、不要で有害な存在とも言える。また、西洋的な服作りの土台の上に乗っているにもかかわらず、東洋的なアヴァンギャルドな服作りとして解釈され、日本は素晴らしいという自己満足的なナショナリズムと結びついたり、オーソドックスな服作りの文法や技法を無視していいという風潮を生むことになった弊害も無視できない。

しかし、ディオールやコム・デ・ギャルソンの作り出した、反機能的なシンボルとしての身体を、再度精査し、そこからあらためてオルタナティヴな服作りの体系を再構築していくことを怠ると、機能的な身体に一元化していこうとする社会的圧力に対抗していくことが難しくなる。それは、私たちの存在が一元化されていくことに対抗する手段を、失うことを意味してもいる。

4 ストリート・ファッションの神話

トリクル・アップ

ストリート・ファッションという言葉は日常的に使われるが、何を指すのか、いまひとつはっきりしない言葉でもある。パーティなどで着られるドレスや、仕事で着られるスーツではなく、街中で着られている服という意味であれば、カジュアルと呼ばれる領域の服のほとんどが、ストリート・ファッションに入ってしまう。

おそらく多くの場合、ストリート・ファッションは、ストリート発祥のファッションという意味で使われている。作り手のはっきりしたブランドのオートクチュールやプレタポルテではない、アノニマスなファッションという意味であろう。どうやらストリート・ファッションという言葉の裏には、ファッションは、もはや一部のデザイナーによって作られているのではないという考えがあるようだ。そういった考え方は、次のように説明されるのが典型だろう。

これまでは、流行というものは上の階層から下へポタポタと少しずつ流れ落ちて大衆へ普及すると考えられてきた。経済学の「トリクル・ダウン理論」と似た考え方だ、しかし、最近ではこの反対の現象を示す「トリクル・アップ理論」が浮上してきた。ストリートの一般消費者から面白いスタイルが出現し、それを有名デザイナーたちが拾い、応用して市場に出すという現象だ。[35]

ここで言われている「トリクル・アップ理論」は、無名の人たちにも新しいものを作り出す力があることを前提にしている。しかし無名の一般消費者が、「面白いスタイル」を新しく生み出すようなことが、本当にあるのだろうか。

実際には、街角の服とはいえ、それは必ずどこかのデザイナーがデザインしたはずである。デザイナーといっても、パリ・コレクションに出品しているようなデザイナーではなく、一人で細々とミシンを踏んで服作りをしている小規模な生産者かもしれない。あるいは既成のTシャツの上に、パソコンで作ったイラストを印刷している、グラフィック・デザイナーと呼ぶのがふさわしい人かもしれない。誰であれ、服をデザインした時点でデザイナーになってしまうわけだから、デザイナーによってデザインされていない服というのは、ありえない話である。

もっとも、そういう指摘は的外れで、ストリート・ファッションとは、服そのもののデザインではなく、一般消費者によって生み出された独特のコーディネートや着方のことを指すのだ、という見方はありうる。ファッションが身体のデザインである以上、服は単なる要素に過ぎなくなっているという考えは、説得力もある。

ストリートでのコーディネートといえば、九〇年代後半から流行した、いわゆる「裏原系」が代表的なものだろう。裏原系で好まれたのは、何の変哲もないスニーカーやTシャツで、それをどう着合わせ、着崩していくかが重要だった。ただ、それら流行のアイテムは、確かに何の変哲もなかったが、やはり裏原宿に立ち並んだ店が企画して、製造し、販売するものに限られていたのも確かなのだ。[36]

ストリート・ファッションという言葉には、ストリートという場所から自然発生的に新しいファッションが生み出されている、という神話が見え隠れしている。しかしナオミ・クラインによれば、「いわゆるストリート・ファッションと言われるものの多くは、そもそもナイキやヒルフィガーといった大ブランドによって仕組まれたもの」[37]である。あるいは音楽ジャーナリストのマット・メイソンによれば、「原宿の女子高生の間で大流行している最新のファッションは、ヨーロッパのマーケティング・コンサルタントが考え出して、中国の低賃金工場で働く子どもたちを搾取してつくったもの」[38]である。簡単に、その神話を信じるわけにはいかない。

ただ、ストリート・ファッションが企業の陰謀だと決めつけてしまうのも、偏った見方である。メイソンは、ヒップホップ・カルチャーを例にとりながら、ストリート・ファッションには、企業とストリートとの共犯と対立の関係があることを指摘している。ストリート・ファッションは、資本側からの仕掛けでもなく、一般消費者によるアイデンティティを作り出す運動でもなく、その両者がぶつかるところに生まれる渦のような存在として理解すべきなのだろう。

ヒップホップ

大量生産品と消費者のぶつかり合いとしてのストリート・ファッションは、一九五〇年代にロンドンで流行したテッズ・ファッション以降、数多く出現している。メイソンは、ディック・ヘブディジが『サブカルチャー』で分析した七〇年代ロンドンのパンク・カルチャーを意識しながら、パンクとヒップホップにＤＩＹ運動という共通点があることを認めつつも、根本的に大きな違いがあることを指摘している。パンクが少数者の反社会的な活動だったのとは違い、ヒップホップは、「若者文化において支配的な立場を維持」しており、強大な社会的影響力を持っているというのだ。特に、ヒップホップには、パンクのように社会を批判し反抗するという物語だけでなく、富を手に入れることで成功するという物語がある。つまり、儲けることに対して非常に肯定的なのだ。

ヒップホップの成功者たちは、貧困から抜け出し富を得るために、音楽を作る以外にも多種多様なファッション・アイテムをデザインしてきた。その結果、「ヒップホップ文化が育てた才能のある企業家たちは、今ではアメリカで最も裕福な人々の仲間入り」をしており、「ヒップホップはその世代の思想家や政治家、意思決定者たちを啓発する役割」も果たすようになっている。メイソンは「今までにこれほどビジネスに熱心な音楽のジャンルはなかった」と述べているが、ヒップホップの世界ではミュージシャン同様に、起業家も憧れの対象となっている。その代表的な存在が、ファッション・デザイナーとしても活躍するカニエ・ウェストだろう。

メイソンは、ヒップホップが優れたビジネスモデルになっているのは、「オープンソース」という仕組みがあるからだと説明している。デザイナーたちは、「お互いのアイデアを取り入れつつ、自分らしさを加え」て、新しい商品を作る。[39] デザイナーたちに言わせれば、「コピー」は単なる「写し」ではなく、「サンプリング」であり「リミックス」[40] なのだ。

こういった考え方は、当然、商品のオリジナリティを守ろうとする企業文化とは相容れない。しかし、その他の著作物と違って、ファッションには作者性を否定する考え方も根強い。たとえばアン・ホランダーは、「ファッションはそれ自体意志を持つ力であり、西洋の人間の集団的願望が生みだした独立した生命を持つ現象であり、デザイナーと大衆を従えて勢いよくつき進んでいく存在である」[41] と説明している。ホランダーによれば、ファッションそのものが、デザイナーと消費者の両方の上に君臨し操っているので、デザイナーの仕事は、「単にその翻案で人々を楽しませている」に過ぎないという。つまりホランダーは、作る人も着る人もファッションに支配されているので、衣服は個人の作品と考えるべきではないとしているのだ。

さらに、ジョアン・エントウィスルは、ファッションにおける作者性の不透明さを利用するのは、悪いことではないと述べている。エントウィスルは、これまでもサブカルチャーが、メインカルチャーからさまざまな表象を「流用」し、まったく別の意味をもつものへと「変形」することで、「消費文化における意味の略奪[42]」を行い、支配的なメインカルチャーに対抗する力を生み出してきたと指摘している。「流用」は、エスニシティなどがからむと、「文化盗用」の問題へと発展することもあるが、社会を健全化するためにも、「流用」は必要だということであろう。

そもそも、流行によって身体の集団的アイデンティティをデザインするファッション・デザインに、芸術作品や発明品と同水準のオリジナリティを要求するのは無理があるという主張にも、筋が通っている。模倣が許されないなら、人間は身体の形をひとりひとり変えなければいけなくなる。衣服のデザインを社会的な共有物として認め、独占を許さないようにしなければ、記号として役立てることもできなくなる。「サンプリング」や「リミックス」を行うことが、無下に悪いこととも言えないし、その行為をデザインと呼ぶことが不当とも言えない[43]。

そういったデザインのあり方の代表者として出現したのが、「A BATHING APE」というブランドであり、そのデザイナーのNIGO®こと、長尾智明であった。

発売から二五年以上たった現在でも、エアフォース1の販売権は、バスケットボール・シューズの中でも世界で最も人気がある。しかし販売権など気にもとめない人物――ヒップホップ好きの二二歳のデザイナー、東京の〝ナガオトモアキ〟は、「自分バージョン」の靴を勝手につくってしまった。

ダンスフロアに精通していたナガオは、徹底的なリミックスによって新しい靴をデザインした。彼が素材としたのは、エアフォース1の「スペシフィカリー」。彼は最初から、ヒップホップ好き向けに販売するつもりで、バスケットボール・シューズとして使うことは考えていなかった。そこで、外見はエアフォース1のデザインを残したまま、ナイキのロゴマークの「スゥッシュ」の代わりに、自分で考えた流れ星のような模様をエンブレムとして縫い付けた。そして、いままでのナイキの靴にはなかった素材と色を組み合わせた。彼はエナメル革を使い、派手な蛍光イエローから落ち着いたパステルピンクまで、数色の目立つ色使いでデザインをした。こうして「ナガオ」のデザインは、古い靴に新しく光沢感と高級な値札をつけることになった。実際にナガオの靴は三〇〇ドル以上の値段で売れた。そこでナガオは自分の店で、特別限定版として二〇〇ドルかそれ以下で自分がデザインした靴を販売した。[44]

日本のファッションには、欧米のスタイルを取り入れる際に、それぞれの文化が紡ぎ出した本来の意味を無視して、単に新しさを示す記号として消費してきた側面がある。イギリスのパンクやレゲエ、アメリカのロックやヒップホップのように、階級や人種のアイデンティティであるファッションを、単に流行における差異の記号として取り入れてきたのだ。異文化に対する理解に乏しく、深く考えずに表面をなぞっている愚行として冷笑されることもある。

しかし、元々持っていた記号と意味の結びつきを解体し、自由に表現手段として使うことは、世界を規定しようとする意味の束から逃れる創造的行為でもある。それは人種的にも、階級的にも、政治的にも縛りつけられることなく、自由に自分を変化させていきたいとする欲望の顕れでもある。NIGO®がどれほど意識的、戦略的に行ったかはわからないが、そういった自由な引用が、むしろ逆にヒップホップから参照されるようになったというのは興味深い。

おそらく、ストリート・ファッションという名称で認識されている現象は、ヒップホップのような文化集団の内部にいるデザイナーたちが、お互いに引用や参照をすることによって、新しいファッションを生み出していった成果なのだろう。であるならば、マリー・クワントがミニスカートを生み出したスウィンギング・ロンドンの時代の手法も、ヴィヴィアン・ウェストウッドのパンクの時代の手法も、ヒップホップと変わらないストリート・ファッションと言えるだろう。デザインする主体が、特権的なデザイナーから消費者に移動したのではなく、なんらかの社会的かつ文化的な集団に所属する人が、ファッション・デザインによって、その集団の価値観を表出できるようになったということである。それはファッション・デザインという技術が、広く普及した結果でもあろう。

しかし現実には、ストリート・ファッションの名の下に、服が街角から生えてくるとするような無自覚な思い込みを根拠に、ストリートを観察して流行っている服があったら、それを拾ってくるようにして、模倣品を作ってもよいとする風潮が生まれてしまっている。これでは、表現する文化は、破壊される一方であろう。ストリート・ファッションというのは、無責任に服を作ることではなく、自分の所属する文化集団を代表して、その価値観を身体の上に具体化することだということを、再度確認する必要がある。

5 ファッション・アソシエーション

趣味の共同体

二一世紀になってから、いつのまにか「衣食住」ではなく「医職住[45]」と書かれることが多くなった。衣も食も、基本的な生活基盤としてみなされなくなったわけではないが、政策として持ち出されることは少なくなった。どちらも、だいたい水と同じような、あるのが当たり前だが、それでもお金がかかるといった扱いである。

かつて私たちの社会は、物質生活を「衣食住」という枠組みで問題にして、それらを充実させることを目指してきた。戦後復興期においては、何をおいても必要な枠組みだったが、これから先、その枠組みで物質生活を捉えるのには無理がある。もちろん医や職でも物質生活は捉えることはできないが、少なくとも衣と住の間に食しかなく、その他諸々のプロダクトを含まないような世界観では、現実を把握することは不可能だろう。

今や私たちは、家電や輸送通信手段など、さまざまな製品がなければ生活できないのに、「衣食住」という捉え方には、それらを生活基盤として考える枠組みが欠けている。もう一度、歴史的な経緯をふまえて、認識の枠組みを、物と人との関係性という点から再認識して再構築する必要がある。

その際に、「ファッション」という枠組みを「衣」のかわりに使ってみることは、とても有効だろう。ファッションとは、物を使ってアイデンティティを確立したり、確認することだが、たとえば私たちにとって、アイデンティティを確認するための身体的経験は、衣服だけでなく、食にもあるはずである。食文化研究家の畑中三応子は、食が流行によって変化することを「ファッションフード」[46]という枠組みで捉えたが、人々は「ファッションフード」によって同時代的な感覚を覚えるだけでなく、「ソウル・フード」や「ナショナル・ディッシュ」と呼ばれるような、国や地域特有の食べ物によって「ナショナル・アイデンティティ」[47]を作り、民族的自覚を表現したりもする。

あるいは、音楽もそうだろう。ディック・ヘブディジやマット・メイソンが着目したように、ミュージシャンやアイドルのファン・カルチャーも、単なる視覚や聴覚への刺激を超えて、身体的に経験されるファッションであろう。そこには当然、アイデンティティや流行の問題もある。

もちろん、食は食で、音楽は音楽で、それぞれ固有の問題があるので、それらをファッションの傘下に強引に含めてしまうことは、乱暴な上に意味がない。しかし、私たちの生活の基礎的な部分に、物や情報と身体の関係性、人同士の関わり方、移り変わる自分といった問題があり、それをファッションの問題と呼ぶと、考える基盤ができるはずだ。

特に、ファッションに見られる趣味の共同体を作り出す力は、これから先、重要になるだろう。世の中にはさまざまな共同体があるが、よく耳にする「コミュニティ」以外に、「アソシエーション」という繋がり方もある。コミュニティは居住空間をベースとして生活を共にする集団のことだが、アソシエーションは何かしらの目的を達成するために結成される集団のことだ。多くの集団や組織が、両方の役割を担っていることが多いので、簡単に切り分けることはできないが、家族や村落はコミュニティであり、企業や宗教団体や学校はアソシエーションに当たる。[48]

ファッションは地域を超えて人々を結びつけ、アソシエーションを作り出す力を持っている。しかも、企業や宗教団体や学校のように、構成員をきつく縛ることのない自由なアソシエーションである。[49] ファッションが音楽と親和性が高いのも、特にポピュラー・ミュージックと呼ばれる分野が、ファッション同様に趣味の力によって世界中の人々を結びつける力を持っているからだろう。

ピエール・ブルデューは、人は生まれや育った環境によって、身につける考え方や行動様式が異なることを指摘し、それを「ハビトゥス」と名づけたが、ファッションは遠く離れていても、似たようなハビトゥスを持つ人たちを集合させる装置になりうる。コミュニティという発想だけで、人を土地に縛りつけてしまっては、ハビトゥスはコミュニティの内部で階層を固定する道具となり、ハビトゥスの異なる者同士の分断を防ぐことができない。

しかしファッションは、視覚的なコミュニケーションなので、それを用いれば、言語や人種や国籍が違っていても、一瞥《いちべつ》するだけで仲間であることがわかる。他のどの手段よりも、価値を共有していることをわかりやすく確認することができる。あらゆる距離を飛び越えて、人々を引き合わせてくれるのが、ファッションなのだ。

それゆえファッション産業は、単に衣服を売ることから、価値を共有する仲間を繋ぐ役割を担うことへと変わっていく必要がある。そのためには、まず生産者が、しっかりした価値観を提示する必要がある。建築家が、単に建物を建てるのではなく、コミュニティの形や関係性のあり方まで議論して設計しているように、ファッションに関わるなら、何が売れるかばかりではなく、個人の生活や生き方がどうあるべきかも議論すべきであろう。

生き方のスタイル

私たちは現在、消費することで自我を形成し、コミュニケーションをとっている。しかしファストフードやファストファッションで構成された世界では、消費者として、買うこととクレームを言うことでしか、社会に参加できなくなりつつある。

ジョアン・フィンケルシュタインが、「消費社会による民主化によって、社会の偉大なる調和がうまれたり、文化や美意識を高めたりはしない」[50]と警告している通り、たとえすべての人が欲しい物を手に入れることになっても、それによって満足がもたらされることはなく、さらに多くの物を手に入れ続けたいと思うことになるだけだろう。物が瞬間的な自己確認の記号として消費されるだけでは、豊かな物質生活など築けるはずはない。使用者は、消費者としての役割しか与えられず、物質世界の形成に対して主体性を喪失してしまう。

だからといって、自給自足経済が理想ということではない。人間はやはり、社会的な存在である。協働し、分業するものだ。社会がこれだけ大規模なものになってしまった以上、それに見合った規模での協働や分業は不可欠だろう。とはいえ、仕事の全体像や、誰と協働しているのかがわからないような協働も、やはりよくはない。

一九世紀後半にウィリアム・モリスは、一貫した様式で生活環境を統一することと、共同作業で連帯しながら、単純作業ではない物作りをすることによって、早急に人間性を回復すべきだと主張した。モリスは、すべての人の仕事がやりがいで満たされ、すべての人の生活が美とともにあることを望んだ。それこそが、人間の幸福だと信じたからだ。モリスの目指したところは、次の二つの文に集約されていると言っていい。

今日、文明世界の主なる義務は、すべての人々にとって労働を幸福なものにし、不幸な労働の量を極力少なくするということにある。[51]

真の芸術とは、それを製作する人にも、それを使用する人にも、幸福なものとして、民衆により、民衆のために作られる芸術である。[52]

モリスは、芸術作品という形で富裕層に独占されてしまっている美を、すべての人の手に取り返すためには、芸術作品という形態から美を解放して、美しい日用品を増やすことが必要だと主張した。柏木博は、モリスが「デザイナーと生産者と消費者との有機的関係」を望み、「デザインを通して、人々の生活様式に影響を与えていこうとしていた[53]」と分析している。モリスの考え方は、二〇世紀の世界に大きな影響を残すことになったが、生産の技術を手放さないようにしつつ資本主義に参加するというのは、現在においても、とても大事なことであろう。

衣服は実用品としてはめずらしく、ほぼ全部の生産工程を一人で行うことができるという特性がある。布を織ることからはじめるのも、決して不可能ではない。老若男女問わず、衣服を作る経験を、一度はしてみる社会も悪くないだろう。近代社会は、工程の分節化によって大量生産を可能にしたので、私たちの社会に流通している日用品と同等のものを、個人が作れないのは当たり前なのだが、かといって、生活環境のすべてを、自分が知らない技術に依存してしまうのも危険である。

多くの人が服を作れるからといって何が変わるわけでもないが、作ることを理解した人が、生活の場のあらゆるところにいることは、社会にとって保険になる。食べ物に関しても、外食や中食で間に合うといえば間に合うが、やはり自分で作ることができれば、食に関する知識を得やすく、健康維持も容易になり、何より楽しくもある。日用品も、作ることを知っていると、違う視野が開ける。

二〇世紀の後半になると、生産と消費、あるいは職業と生活は、はっきり区別できるとする考え方に、疑問が持たれることはなくなった。そして消費は、経済を活性化し生産を増加させるゆえに価値があると考えられ、生活は、職業人の健康を管理する再生産の場として固定されていった。自分たちの環境を形づくる生活技術は、ほぼ失われたと言っても過言ではない。

かつて美学者の多田道太郎は、日本の社会では、「宗教心は美学となって、美学は日常生活となって、生活のすみずみまで無意識の領域のなかでゆきわたっている」[54]と述べた。そういったことが可能だったのは、美学を表現する生活技術を、多くの人が持っていたからである。『ヴォーグ』編集長を務めたダイアナ・ヴリーランドは、一九七〇年代に来日した折に、神は日本人に「石油やダイヤ」を与えなかった代わりに、「朝、起きるときも、階段を降りるときも」、「所作、発声、表情、お化粧」に至るまで、すべての場面のすべての動作に、「スタイル」を与えたと感じ入っている。

ヴリーランドは言っている。

スタイルこそ全てよ。まさに生き方。スタイル無しじゃ価値がない。服の数じゃないのよ。[55]

ヴリーランドの言う「スタイル」とは、まさに生活技術のことであろう。

ウィリアム・モリスやアーツ・アンド・クラフツ運動以来、自分たちの生活する空間は、自分たちの手で趣味を統一して作るべき、とする考え方は、ずっと支持を得てはきた。しかし柏木が指摘するように、モリスが掲げた「生活の実質とデザインの統合、生活のデザインの総合化という理念」は、「大量生産・大量消費のマーケティングの論理[56]」に飲み込まれてしまった。出版メディアや加工技術の発達によって、過去や世界中の様式を自由に引用できるようになったにもかかわらず、それらは、一人一人が自分の手で物を作り出すことにはほとんど応用されず、少し手を加えられては、大量生産の装飾の一部として使われるにとどまっている。

私たちは、代々受け継いだ慣習に縛られることはなくなったが、かといって自分だけのスタイルを手にしたわけではなく、市場に存在する限られた物の中から選び、組み合わせるしかない生活に突き進んでいる。しかも、どんなにうまく組み合わせても、理想に到達し安住することは難しく、次々に刷新される様式に付き合わされることになる。

消費社会において、趣味や好みは、生産者がターゲットを把握するための手段としてしか意味を持たなくなった。しかし、趣味として片づけられてしまうものには、生活をどのように構成したいかの理想が込められている。その人にとって、趣味は一時的に消えるものではなく、蓄積され、未来において自分の生活世界を形づくっていくものである。趣味のアソシエーションを作ることができるファッションには、そういった可能性をすくい上げる力がある。

たとえばファッション産業にとって、店舗は単に売り買いをする場所ではない。そこは作る人たちと着る人たちを繋ぐ場所で、売買は結びつき方のひとつに過ぎない。これまでもファッション産業の販売や接客における独特のシステムは、店舗を介して趣味に基づいた集団を作り出してきた。インターネットでの販売が増えるに従い、店舗は不要になるのではないかという意見も聞かれるが、従来の店舗ではないオルタナティブなあり方を探しつつ、趣味を共有できる実空間を拠点にして、いかに生活を豊かにし、人々を幸福にするアソシエーションを築いていけるかが、これからのファッションの目指すところであろう。

おわりに　ファッションと世界の行方

ファッション研究のルーツのひとつである服飾史は、「絵画がいつどこで描かれたのか、美術史家が特定するための方法の一つ」[*]としてはじまっている。どの時代にどのような衣服が着られ、どのような装飾が流行したかがわかれば、絵画が描かれた年代が特定できるというわけだ。

しかし現在ではそれにとどまらず、服飾史は、衣服の歴史を通して、人間の人間性とは何かを考える学問になっている。別の言葉で言うならば、時代を超越した「人間らしさ」の普遍性と、時代によって異なる「人間らしさ」の振れ幅について考える学問になっているのだ。そこには、昔に何が流行ったかだけではなく、身体とそれを裏打ちする人間観が、どのように変遷してきたかを明るみにしようとする意図がある。

服飾史は、それでも衣服を研究する学問だが、ファッション研究は、衣服を研究することとイコールではない。ファッション研究は、身体と人工物の関係性についての学問であり、身体と人工物を通して人がどのように自己規定し、お互いにコミュニケーションを行い、社会と関わっているのかを解明していく学問である。そしてファッション研究が何よりも意味を持つのは、身体や人工物や人間の存在は、流行に左右されるとしているところだろう。ファッション研究は、物事はいずれ変わりゆくどころか、物事は移り変わるのが常態であり、移り変わるゆえに社会は安定した構造を持ちうるという前提で、あらゆる文化を見ていくことでもある。

ただし、依然として、ファッション研究の中心に衣服の研究があることに間違いはない。というのも、流行の中に置かれた身体と人工物の関係性による諸現象は、衣服に典型的に現れるからである。衣服を丁寧に見ていくことは、やはりファッション研究の背骨である。

衣服の研究には、大きく形態学的なアプローチと、生態学的なアプローチがある。つまり、どのような形をしているのかと、どのように使われているのかという二つの捉え方だが、それらは、それぞれ違う研究になる。形態学的なアプローチでは、過去にさかのぼり、古今東西の衣服に精通し、あるいは、毎年新しく現れる衣服に目をやり、それらがどのように作られ、どのような特徴を持っているのかを記述していくことになる。生態学的なアプローチでは、形の問題より、誰がどこでどう使い、その結果何がもたらされるかを明らかにしていくことになる。

また、形態学的アプローチと生態学的アプローチという方法論とは別に、審美的な価値観を持ち込んで評価をしていく仕方と、できるだけ客観的な分類をして、全体を把握しようとする仕方もある。これらは、人間の生み出した至宝を熟知しようとする態度と、人間の活動全体を俯瞰しようとする態度の違いでもある。

どの組み合わせのアプローチが正解ということはないのだが、しばし審美的で形態学的なアプローチの立場から、分類的で生態学的な研究に対して、なぜ美しくもない、つまらない物をテーマにするのかといった問いが発せられることがある。それを研究することで、文化や社会に対してどのような貢献があるのか、という質問である。価値のないものを論じても意味がない、とはっきり言う研究者もいる。

しかし、それに対しては、あらゆる物はそれぞれ特異性を持っており、そのどれもが研究に値するから、という返答で十分だろう。どのような物を研究することになっても、人間と物との関係の異なる側面が明らかになり、それは結局、より多角的に人間を研究することに繋がっていく。美しさを基準に対象を選ぶ研究は、人間の価値観の中心、いわば人間の芯に当たるようなものを探っているのだろうし、特異さを求めて対象を選ぶ研究は、行動の限界、いわば人間の輪郭に当たるようなものを探っていることになる。そしてファッションの哲学とは、そういったさまざまなアプローチのファッション研究によって明らかにされた「ファッション」という概念を捉え直し、世界を認識し創造する道具にすることである。

ただし、そうは言っても、ファッションという世界観が、人類の発見した普遍的なものではなく、私たちの生きている時代にだけ通用し、未来においては消滅してしまう、歴史上の刹那的な存在にすぎない可能性はある。

二〇世紀の初めから半ば過ぎまでに、近代国民国家の人々は、着るものを大きく変えた。それは、伝統衣装から洋服へと着替えた日本のような国に限ったことではなく、欧米諸国においても同様だった。だが、その変化が、人類史上かつてないほどの大きな変化だったということはない。人類には、さまざまな地域や時代において、社会や文化の変化と歩調を合わせて、着るものを大きく変えてきた歴史がある。むしろ考えるべきは、二〇世紀の半ば過ぎまでに起きた変化ほどの変化が、それ以降起こっていないのではないか、ということである。これから先、変化の時代が完全に過ぎ去り、人々が日々違う身体へと着がえることをやめ、ファッションという世界観が通用しなくなることは、十分にありえる。

このような見方に対しては、当然、反論もあろう。オートクチュールからプレタポルテへと産業の中心が移り、ミニスカートが出現した後も、めまぐるしく流行はめぐり、二一世紀に入るとファストファッションという新しい産業形態が支配的になった。それらは、小さな変化とは言えないだろう。

しかし、果たしてそれを着こなす身体は、それほど変化したであろうか。年々過剰になるダイエット、より画一化する若者たちなど、昔とは変わってしまったという言葉を聞くことは聞く。だがそういった現象は、変化というよりは、ある方向に向かって、より進んだだけと考えることもできよう。ツイッギーの身体は、いまだに憧れの身体でもある。それどころか、ココ・シャネルだって憧れのままだ。

歴史的に見ると、社会構造が固定化すると、衣服の変化は少なくなる。安定している社会では、服装の変化はゆるやかになる。逆に、構造が変わろうとする社会では、着るものも変わろうとする。ヨーロッパや日本では、近世になると、たびたび、奢侈禁止令つまり贅沢禁止令が出されたが、それは、動き出そうとする社会を抑え込もうとする政策だった。ファッションが、身分を超えて伝播するのを容認するのは、身分制度の否定を容認することにほかならなかったからだ。

私たちの時代では、服装に関してあれこれと小言を耳にすることが、年々少なくなっている。しかしそれは、皆がどんなものをどんな場所でも着ていいようになったことを意味しない。むしろ、着たいと思ったり、実際に着ることができる衣服の幅が狭くなっているのだ。だから、押さえ込もうとする力も働いていないのだ。だとすれば私たちの社会は、流動性を失い、再び固定された身分秩序の中に収まろうとしているのだろうか。

実際のところ、これから先、私たちの身体がどのようになっていくのかはわからない。他国との関係性の変化や、自然災害などの突発的な出来事が、決定的な影響をもたらすこともあるだろう。しかし、未来を見据えながらも現在を考えること、そして、現在を理解するために過去を知ることは欠かしてはならない。まず考えるべきことは、今、私たちには、どのような自我の持ち方が必要なのかということであり、そのためには、どのように身体を形づくったらよいのかということだ。

繰り返すが、ファッションは人間の姿の提案である。人間の姿の提案には、人間がどのような存在であるべきかが、はっきりと示されなければならない。

本書は、これまで執筆したさまざまな文章に依拠しているが、書き下ろしである。編集を担当してくださった宮川友里さんに、心から感謝申し上げる。また、第5章で取り上げたようなファッション・アソシエーションの構築を、京都の「コトバトフク」という店舗で、実践的な実験としてともに行っている仲間の、蘆田裕史さんと藤井美代子さんがいなければ、この本は書かれることがなかった。最後に、いつも支えてくれる千穂さんと、松本家のみなさんにも、あらためてお礼を述べたい。

二〇一九年九月　井上　雅人

注

はじめに

＊ フェルナン・ブローデル『日常性の構造』Ⅰ・Ⅱ、村上光彦訳、一九八五年、みすず書房。

第1章

1 アン・ホランダー『性とスーツ　現代衣服が形づくられるまで』中野香織訳、一九九七年、白水社、一七頁。

2 ジョアン・エントウィスル『ファッションと身体』鈴木信雄監訳、二〇〇五年、日本経済評論社、六六頁。

3 エミール・デュルケーム『社会学的方法の規準』宮島喬訳、一九七八年、岩波文庫、三二頁。

4 エミール・デュルケーム『社会分業論』田原音和訳、二〇一七年、ちくま学芸文庫、一四五頁。

5 ガブリエル・タルド『模倣の法則』池田祥英・村澤真保呂訳、二〇〇七年、河出書房新社／ギュスターヴ・ル・ボン『群集心理』櫻井成夫訳、一九九三年、講談社学術文庫。

6 社会構造と、自分の社会的位置によって、ある程度決められていたとしても、自分の意志によって変化することができるとする社会構築主義的な考え方もある。しかし、その変化しようとする意志は「主体性」と呼べるものなのか、あるいはそれすら社会構造によって決定されているのか、という議論になり、振り出しに戻ってしまう。

7 フィリップ・ペロー『衣服のアルケオロジー』大矢タカヤス訳、一九八五年、文化出版局、一五頁。

8 ロバート・ロス『洋服を着る近代　帝国の思惑と民族の選択』平田雅博訳、二〇一六年、法政大学出版局、一九頁。

9 柏木博『デザインの二〇世紀』一九九二年、日本放送出版協会、五頁。

10 セイモア・フィッシャー『からだの意識』村山久美子・小松啓訳、一九七九年、誠信書房、一二八頁。

11 アンソニー・ギデンズ『モダニティと自己アイデンティティ　後期近代における自己と社会』秋吉美都ほか訳、二〇〇五年、ハーベスト社、五七頁。

12 多木浩二『「もの」の詩学　家具、建築、都市のレトリック』二〇〇六年、岩波現代文庫、五三頁。

13 ジョアン・エントウィスル『ファッションと身体』鈴木信雄監訳、二〇〇五年、日本経済評論社、二七二頁。

14 セイモア・フィッシャー『からだの意識』一九七九年、誠信書房、一三頁。

15 エミール・デュルケム『社会学的方法の規準』宮島喬訳、一九七八年、岩波文庫、五二頁。

16 Sara E. Melzer, Kathryn Norberg, "From Royal to the Republican Body: Incorporating the Political in Seventeenth- And Eighteenth-Century France", 1998, University of California Press, p. 227.

17 ゲオルク・ジンメル『社会学の根本問題　個人と社会』清水幾太郎訳、一九七九年、岩波文庫、九四頁。

18 ジョアン・エントウィスル『ファッションと身体』鈴木信雄監訳、二〇〇五年、日本経済評論社、一六二頁。

19 ジョン・ハーヴェイ『黒服』太田良子訳、一九九七年、研究社、四五頁。

20 実は、ルソーが「自然に還れ」と書いたことはなく、またルソーがそのような主張をしていると言えるのかについても議論が分かれている（越野「ルソーの「自然」概念の二重性」『人文学報　教育学』二〇〇四年、首都大学東京、四六頁）。また、平岡昇はルソーの提唱する「自然」が、「人間の内的自然の回復への努力であり、自然状態への復帰ではない」と指摘している（平岡昇『世界の名著　ルソー』一九六六年、中央公論社、四七頁）。

21 セシル・ビートン『ファッションの鏡』田村隆一訳、一九七九年、文化出版局、二五一頁。

22 トマス・カーライル『カーライル選集1　衣服の哲学』宇山直亮訳、二〇一四年、日本教文社、三二七―八頁。

23 ジョアン・フィンケルシュタイン『ファッションの文化社会学』成実弘至訳、一九九八年、せりか書房、七〇頁。

24 ロバート・ロス『洋服を着る近代　帝国の思惑と民族の選択』平田雅博訳、二〇一六年、法政大学出版局、一七五頁。

25 特に性同一性障害をはじめとして、望まない側の性の制服を着用させられることが、いかに苦痛を強いているかが、長らく問題になっている。そこで性差を強調しない「ノージェンダー」や「ユニセックス」の制服を提案する向きもあるが、そういった制服では、自分が望む性の身体をデザインすることが困難になる。また制服を使って性別のはっきりした身体のデザインを行うことで自己構築しているのが、果たして性の不一致に悩む人だけなのか、という問題もある。既成の性役割を強化することに加担することにつながる可能性がある借り物のイメージに合わせることで自己構築しているからといって、それを禁止すべきということにはならない。

26 アン・ホランダー『性とスーツ　現代衣服が形づくられるまで』中野香織訳、一九九七年、白水社、二五四頁。

27 ナオミ・ウルフ『女たちの見えない敵　美の陰謀』曽田和子訳、一九九四年、TBSブリタニカ、一八六頁。

28 「村上信彦は、さらに進んで、本来スカートは衣服に最も大切な保温と活動性の機能を欠く不合理な服装である、と断定した」（家永三郎『日本人の洋服観の変遷』、一九七六年、ドメス出版、七一頁）といった意見など。
29 エリック・ギル『衣裳論』増野正衛訳、一九五二年、創元社、一四七頁。
30 ガブリエル・タルド『模倣の法則』池田祥英・村澤真保呂訳、二〇〇七年、河出書房新社、二四頁。
31 セイモア・フィッシャー『からだの意識』村山久美子・小松啓訳、一九七九年、誠信書房、一三〇頁。
32 前掲出、一四二頁。
33 村上信彦『流行　古さとあたらしさ』一九五七年、大日本雄弁会講談社、四五頁。
34 ナオミ・ウルフ『女たちの見えない敵　美の陰謀』曽田和子訳、一九九四年、TBSブリタニカ、二九頁。
35 セイモア・フィッシャー『からだの意識』村山久美子・小松啓訳、一九七九年、誠信書房、一四八頁。
36 ナオミ・ウルフ『女たちの見えない敵　美の陰謀』曽田和子訳、一九九四年、TBSブリタニカ、一六八頁。
37 小山栄三『ファッションの社会学』一九七七年、時事通信社、三四頁。
38 山崎正和『装飾とデザイン』二〇〇七年、中央公論新社、二六頁。
39 前掲出、六一頁。
40 前掲出、三一頁。
41 前掲出、一一三頁。
42 前掲出、一六〇頁。
43 荻野美穂『女のからだ　フェミニズム以後』二〇一四年、岩波新書、八―九頁。
44 中野香織『モードとエロスと資本』二〇一〇年、集英社新書、五〇頁。
45 小倉孝誠『〈女らしさ〉の文化史　性・モード・風俗』二〇〇六年、中公文庫、七九頁。
46 前掲出、二八頁。
47 柏木博『デザインの二〇世紀』一九九二年、日本放送出版会、四四頁。
48 アン・ホランダー『性とスーツ　現代衣服が形づくられるまで』中野香織訳、一九九七年、白水社、二二八頁。
49 ジョアン・フィンケルシュタイン『ファッションの文化社会学』成実弘至訳、一九九八年、せりか書房、九九頁。
50 前掲出、一一三頁。
51 アリッサ・クォート『ブランド中毒にされる子どもたち　「一生の顧客」を作り出す企業の新戦略』古草秀子訳、二〇〇四年、光文社、一八五―六頁。
52 須長史生『ハゲを生きる　外見と男らしさの社会学』

一九九九年、勁草書房、一三八頁。
53 前掲出、一一頁。
54 谷本奈穂『美容整形と化粧の社会学　プラスティックな身体』二〇〇八年、新曜社、四〇頁。
55 ミシェル・フーコー『監獄の誕生』田村俶訳、一九七七年、新潮社。
56 エリック・ギル『衣裳論』増野正衞訳。一九五二年、創元社、一二〇頁。
57 セイモア・フィッシャー『からだの意識』村山久美子・小松啓訳、一九七九年、誠信書房、七六頁。
58 アン・ホランダー『性とスーツ　現代衣服が形づくられるまで』中野香織訳、一九九七年、白水社、一二頁。
59 Catherine McDermott, "Designmuseum 20th design", Carlton, 1997, p. 34 写真。
60 言語以外のコミュニケーションについては、多くの研究がある。文化人類学者のエドワード・ホールは、そもそも文化とはコミュニケーションのことにほかならないとして、人間の諸活動を「相互作用、連携、生計、両性性、領域性、時間性、学習、遊び、防衛、開発」に分類し、その中で相互作用のみが言語を含み、「他の物は全て非言語的伝達過程」（エドワード・T・ホール『沈黙の言葉』國弘正雄・長井善見・斎藤美津子訳、一九六六年、南雲堂、六〇―六一頁）であるとした。また、精神医学者のジャーゲン・ロイシュも、コミュニケーションは「言語レベルで明白に意図的に行われるメッセージの伝達だけを意味しているのではない」（G・ベイトソン、J・ロイシュ『精神のコミュニケーション』佐藤悦子訳、一九九五年、新思索社、四―五頁）と主張して、非言語コミュニケーションの重要性を述べている。ホールやロイシュのような、非言語コミュニケーションに着目して自分たちの社会や文化を再検討したり、他の社会と比較する立場の研究は、人間の身体が持つコミュニケーション上の重要性にも着目してきた。その多くは、身振りなどの動作を重視してきたが、身体と物を組み合わせることによってコミュニケーションを行なっているという視点も重要である。
61 ミハイル・バフチン『マルクス主義と言語哲学』桑野隆訳、未來社、一九八九年、三四頁。
62 ロバート・ロス『洋服を着る近代　帝国の思惑と民族の選択』平田雅博訳、二〇一六年、法政大学出版局、九頁。
63 ジョアン・フィンケルシュタイン『ファッションの文化社会学』成実弘至訳、一九九八年、せりか書房、九九頁。
64 P・G・ボガトゥイリョフ『衣裳のフォークロア』桑野隆・朝妻恵里子訳、せりか書房、一九八九年、一二頁。

65 ジョアン・フィンケルシュタイン『ファッションの文化社会学』成実弘至訳、一九九八年、せりか書房、五九頁。

66 柳田國男『明治大正史　世相篇』一九九三年、講談社、二五七頁。

67 ルイス・マンフォード『技術と文明』生田勉訳、一九七二年、美術出版社、二九七―八頁。

68 アンドレ・ルロワ＝グーラン『身ぶりと言葉』荒木亨訳、二〇一二年、ちくま学芸文庫、五四三頁。

69 フィリップ・ペロー『衣服のアルケオロジー』大矢タカヤス訳、一九八五年、文化出版局、一八七頁。

70 服部幸雄『大いなる小屋　江戸歌舞伎の祝祭空間』二〇一二年、講談社学術文庫、二七―八頁。

71 小山栄三『ファッションの社会学』一九七七年、時事通信社、一五頁。

72 ジョアン・フィンケルシュタイン『ファッションの文化社会学』成実弘至訳、一九九八年、せりか書房、四三―四頁。

73 前掲出、一六一頁。

74 ソースティン・ヴェブレン『有閑階級の理論』高哲男訳、一九九八年、ちくま学芸文庫、二〇二頁。

75 ピエール・ブルデュー『ディスタンクシオンⅠ』石井洋二郎訳、一九九〇年、藤原書店。

76 さらにアーヴィン・ゴフマンは、見抜かれないようなふりをしながら、見せびらかすような戦略を「計算された何気なさ」と呼んでいる（アーヴィン・ゴッフマン『行為と演技　日常生活における自己呈示』石黒毅訳、一九七四年、誠信書房、一〇頁）。

77 ジャン・ボードリヤール『象徴交換と死』今村仁司・塚原史訳、一九九二年、ちくま学芸文庫。

78 ただし、物が象徴価値をもつ前例がなかったわけではない。わかりやすい例としては、戦国時代の茶道具がある。家臣団に恩賞として土地を与えることができなくなった時に、代わりに与えられたのが「名物」と呼ばれる茶道具であり、土地と違って何も生み出さない茶道具が恩賞として意味をなしたのは、この象徴としての価値を持っていたからにほかならない。茶道具が身分を飛び越えて所有され象徴闘争の武器になったことは、ファッションと類似しているし、何が良い物であるかを判断するために高度な知識が要求されたことも、「慎みの見せびらかし」の概念に通じるところがある。もちろんそれ以前にも、貴金属や貴石など生産手段になりえない物が価値を持つことはあったので簡単には結論づけられないが、茶道具は、人類の歴史に通底する普遍的な存在というより、戦国時代というグローバル化がはじまった時代に、ファッションをもたらすことになる近代の精神の片鱗が紛れ込み、日本の社会に浸透したものと考えた方がよいだろう。

79 ナオミ・ウルフ『女たちの見えない敵　美の陰謀』曽田和子訳、一九九四年、TBSブリタニカ、一六八頁。
80 岩井克人『貨幣論』一九九八年、ちくま学芸文庫、七〇—七二頁。
81 ゲオルク・ジンメル「女性と流行」『ジンメル・コレクション』北川東子編訳、鈴木直訳、一九九九年、ちくま学芸文庫、五六頁。
82 ゲオルク・ジンメル『ジンメル著作集7』円子修平・大久保健治訳、一九七六年、白水社、三四頁。
83 フィリップ・ペロー『衣服のアルケオロジー』大矢タカヤス訳、一九八五年、文化出版局、七七頁。
84 フランソワ＝マリー・グロー『オートクチュール　パリ・モードの歴史』中川髙行・柳嶋周訳、鈴木桜子監修、二〇一二年、白水社、一四頁。

第2章

1 ルイス・マンフォード『技術と文明』生田勉訳、一九七二年、美術出版社、一六三—四頁。
2 小倉孝誠『〈女らしさ〉の文化史　性・モード・風俗』二〇〇六年、中公文庫、一四二頁。
3 山崎正和『装飾とデザイン』二〇〇七年、中央公論新社、二八五頁。
4 モーリス・メルロ＝ポンティ『知覚の哲学　ラジオ講演一九四八年』菅野盾樹訳、二〇一一年、ちくま学芸文庫、七四頁。
5 三浦雅士『身体の零度　何が近代を成立させたか』一九九四年、講談社、八三頁。
6 ルイス・マンフォード『機械の神話　技術と人類の発達』樋口清訳、一九七一年、河出書房新社、四九頁。
7 マルセル・モース『社会学と人類学Ⅱ』有地亨・山口俊夫訳、一九七六年、弘文堂、一三二頁。
8 前掲出、一二四頁。
9 柏木博『家事の政治学』一九九五年、青土社、一七四頁。
10 ジョアン・エントウィスル『ファッションと身体』鈴木信雄監訳、二〇〇五年、日本経済評論社、二一頁。
11 三浦雅士『身体の零度　何が近代を成立させたか』一九九四年、講談社、二四四頁。
12 アンドレ・ルロワ＝グーラン『身ぶりと言葉』荒木亨訳、二〇一二年、ちくま学芸文庫、五四七頁。
13 障害者は、「障害者基本法」の第二条において、「身体障害、知的障害又は精神障害があるため、継続的に日常生活又は社会生活に相当な制限を受ける者」と定義されている。
14 『NHK　知るを楽しむ　私のこだわり人物伝』二〇〇六年三月七日放送。
15 吉増剛造「柳田国男　詩人の魂」『NHK　知るを楽しむ　私のこだわり人物伝』日本放送出版協会、二〇〇六年、一〇〇頁。

16 潮田鉄雄「はきもの」『旅の民俗』宮本常一編、一九七二年、社会思想社、四九頁。

17 マーシャル・マクルーハン／エリック・マクルーハン『メディアの法則』中澤豊訳、二〇〇二年、NTT出版、一二八頁。

18 エドワード・T・ホール『沈黙の言葉』國弘正雄・長井善見・斎藤美津子訳、一九六六年、南雲堂、八〇頁。

19 サミュエル・バトラー『エレホン 山脈を越えて』山本政喜訳、一九三五年、岩波文庫、二四九頁。

20 香内三郎「イニス、マクルーハンのメディア・コミュニケーション理論の位置（Ⅱ）」『コミュニケーション科学』二四号、二〇〇六年、東京経済大学コミュニケーション学会、二九―三〇頁。

21 ル・コルビュジエ『今日の装飾芸術』前川国男訳、一九六六年、鹿島出版会、九一―二頁。

22 ルイス・マンフォード『機械の神話』樋口清訳、一九七一年、河出書房新社、四九―五〇頁。

23 ジョアン・エントウィスル『ファッションと身体』鈴木信雄監訳、二〇〇五年、日本経済評論社、五一頁。

24 ジョアン・フィンケルシュタイン『ファッションの文化社会学』成実弘至訳、一九九八年、せりか書房、一四―五頁。

25 ジュール・ミシュレ『ジャンヌ・ダルク』森井真・田代葆訳、一九八七年、中公文庫、一〇六頁。

26 ロバート・ロス『洋服を着る近代 帝国の思惑と民族の選択』平田雅博訳、二〇一六年、法政大学出版局、二三八頁。

27 ジョアン・エントウィスル『ファッションと身体』鈴木信雄監訳、二〇〇五年、日本経済評論社、二三八頁。

28 ミシェル・フーコー『監獄の誕生』田村俶訳、新潮社、一九七七年、一四三頁。

29 小倉孝誠『〈女らしさ〉の文化史 性・モード・風俗』二〇〇六年、中公文庫、一八三頁。

30 ジョルジュ・ヴィガレロ／リチャード・ホルト「鍛えられた身体 十九世紀の体操・運動選手」『身体の歴史Ⅱ』築山和也訳、アラン・コルバン編、二〇一〇年、藤原書店、四三四頁。

31 ジャン・ボードリヤール『消費社会の神話と構造』今村仁ほか訳、一九九五年、紀伊國屋書店、一九七頁。

32 ジョアン・エントウィスル『ファッションと身体』鈴木信雄監訳、二〇〇五年、日本経済評論社、八一頁。

33 ミシェル・ド・セルトー『日常的実践のポイエティーク』山田登世子訳、一九八七年、国文社、一一八頁。

34 多木浩二『「もの」の詩学 家具、建築、都市のレトリック』二〇〇六年、岩波現代文庫、一〇頁。

35 鷲田清一『ひとはなぜ服を着るのか』一九九八年、日本放送協会出版、二九頁。

36 二一世紀になると、ファッション・モデルの痩せすぎや、摂食障害が問題になり、二〇〇六年にモデルのアナ・カロリーナ・レストンが拒食症で亡くなると社会問題にもなった。二〇一七年には、LVMHとケリングが、「モデルのための雇用関係およびウェルビーイングに関する憲章」を制定し健康診断書の提出、一六歳未満のモデルの不使用、キャスティング要件からのサイズ規定の削除などを決めている。(http://www.kering.com/ja/news-ja/lvmhtokeringumoderunotamenogu_yong_guan_xi_oyobi_uerubiinguniguan_suruxian_zhang_wozuo_che-0)

37 荻野美穂『女のからだ　フェミニズム以後』二〇一四年、岩波新書、二三九頁。

38 小倉孝誠『〈女らしさ〉の文化史　性・モード・風俗』二〇〇六年、中公文庫、一五三頁。

39 ナオミ・ウルフ『女たちの見えない敵　美の陰謀』曽田和子訳、一九九四年、TBSブリタニカ、二二頁。

40 前掲出、三九頁。

41 前掲出、三六〇頁。

42 アンドレ・ルロワ＝グーラン『身ぶりと言葉』荒木亨訳、二〇一二年、ちくま学芸文庫、五四七頁。

43 ヨハン・ホイジンガ『ホモ・ルーデンス』高橋英夫訳、一九七三年、中公文庫、三九二頁。

44 アン・ホランダー『性とスーツ　現代衣服が形づくられるまで』中野香織訳、一九九七年、白水社、一四頁。

45 前掲出、一三七頁。

46 前掲出、二五四頁。

47 ロバート・ロス『洋服を着る近代　帝国の思惑と民族の選択』平田雅博訳、二〇一六年、法政大学出版局、四九頁。

48 前掲出、五八頁。

49 ロバート・ロス『洋服を着る近代　帝国の思惑と民族の選択』平田雅博訳、二〇一六年、法政大学出版局、一〇四頁。一九世紀のフェミニストの嘆きは、一八五〇年頃の、初期のフェミニストであるスーザン・B・アントニーによるもので、ロスは、この言葉に対して「現代から見てもまったくその通りだ」と感想を述べている。

50 ポール・ポワレ『ポール・ポワレの革命　二〇世紀パリ・モードの原点』能澤慧子訳、一九八二年、文化出版局、三九頁。

51 コルセットが終焉を迎えたのは、第一次世界大戦によって金属が不足し、鋼の補強帯を製造することができなくなったことも要因の一つと考えられている(スティーヴン・カーン『肉体の文化史　体構造と宿命』喜多迅鷹・喜多元子訳、一九七七年、文化放送開発センター出版部、三三頁)。

52 アン・ホランダー『性とスーツ　現代衣服が形づくら

53 れるまで』中野香織訳、一九九七年、白水社、九一頁。
54 デズモンド・モリス『ウーマンウォッチング』常盤新平訳、二〇〇七年、小学館、三九三頁。
55 小倉孝誠『〈女らしさ〉の文化史　性・モード・風俗』二〇〇六年、中公文庫、二一三頁。
56 アン・ホランダー『性とスーツ　現代衣服が形づくられるまで』中野香織訳、一九九七年、白水社、一九六頁。
57 柳田國男「昔風と当世風」『柳田國男全集　一七』一九九〇年、ちくま文庫、四四頁。
58 ナオミ・ウルフ『女たちの見えない敵　美の陰謀』曽田和子訳、一九九四年、TBSブリタニカ、二一一頁。
59 アン・ホランダー『性とスーツ　現代衣服が形づくられるまで』中野香織訳、一九九七年、白水社、一九一頁。
60 バーナード・ルドフスキー『みっともない人体』加藤秀俊・多田道太郎訳、一九七九年、鹿島出版会、一二八頁。
61 家永三郎『日本人の洋服観の変遷』一九七六年、ドメス出版、八一頁。
62 アン・ホランダー『性とスーツ　現代衣服が形づくられるまで』中野香織訳、一九九七年、白水社、八九頁。
ジャン・ボードリヤール『消費社会の神話と構造』今村仁ほか訳、一九九五年、紀伊國屋書店、二〇二頁。
63 E・ルモワーヌ＝ルッチオーニ『衣服の精神分析』鷲田清一・柏木治訳、一九九三年、産業図書、二〇〇一頁。
64 デイアン・スージック『カルト・ヒーロー　セレブリティ・ビジネスを読む』小沢瑞穂訳、一九九〇年、晶文社、一八〇―一頁。
65 ジェシカ・デーヴス『アメリカ婦人既製服の奇跡』坂隆訳、一九六九年、ニットファッション、二七一―二頁。
66 E・ルモワーヌ＝ルッチオーニ『衣服の精神分析』鷲田清一・柏木治訳、一九九三年、産業図書、一九〇一頁。
67 ピエール・ブルデュー「オート・クチュールとオート・キュルチュール」『社会学の社会学』田原音和監訳、一九九一年、藤原書店、二五六―七頁。
68 デイアン・スージック『カルト・ヒーロー　セレブリティ・ビジネスを読む』小沢瑞穂訳、一九九〇年、晶文社、一八〇―一頁。
69 吉田光邦「近代日本のファッション的文化構造の中でスタイルについて考える」『よそおいの美学』安田武編、一九八一年、作品社、六七頁。
70 村上信彦『服装の歴史1　キモノが生れるまで』一九七四年、理論社、一八七―八頁。
71 家永三郎『日本人の洋服観の変遷』一九七六年、ドメス出版、四四頁。
72 朝岡康二『古着』二〇〇三年、法政大学出版局、五頁。
73 アンドレ・ルロワ＝グーラン『身ぶりと言葉』荒木亨訳、二〇一二年、ちくま学芸文庫、五四四頁。
74 小山栄三『ファッションの社会学』一九七七年、時事通信社、一一九頁。
75 ロバート・ロス『洋服を着る近代　帝国の思惑と民族の選択』平田雅博訳、二〇一六年、法政大学出版局、一七八頁。
76 三浦雅士『身体の零度　何が近代を成立させたか』一九九四年、講談社、一三九頁。
77 前掲出、一九七―二〇三頁。
78 井上雅人『洋服と日本人　国民服というモード』二〇〇一年、廣済堂出版。
79 ロバート・ロス『洋服を着る近代　帝国の思惑と民族の選択』平田雅博訳、二〇一六年、法政大学出版局、二六三―五頁。
80 前掲出、二一二頁。
81 前掲出、二七七―八頁。
82 ジャン＝ポール・サルトル『実存主義とは何か』伊吹武彦ほか訳、一九五五年、人文書院、五五頁。
83 クロード・レヴィ＝ストロース『野生の思考』大橋保夫訳、一九七六年、みすず書房、二九四―三〇八頁。
84 ミシェル・フーコー『言葉と物　人文科学の考古学』渡辺一民・佐々木明訳、一九七四年、四〇九頁。
85 Tajima, Hana, "Dolce & Gabbana's luxury hijab collection speaks to financial markets, not Muslim women As a female Muslim designer I know that our clothes should be made with our emotions, not our purses in mind", https://www.independent.co.uk/voices/dolce-gabbana-s-luxury-hijab-collection-speaks-to-financial-markets-not-muslim-women-a6802316.html, Friday, 8 January 2016, 13:17.
86 エリック・ギル『衣裳論』増野正衛訳、一九五二年、創元社、二〇頁。
87 前掲出、一八六頁。
88 前掲出、四一頁。
89 中野明は、江戸時代の人々にとって、裸体はダイレクトに性に結びつくものではなく、顔と同じように扱われていたのではないかと指摘している（『裸はいつから恥ずかしくなったか　「裸体」の日本近代史』二〇一六年、ちくま文庫、一一四頁）。そのため公衆に晒すことに抵抗はないが、凝視されることに対しては不快に思った。開国後、西洋人が日本の日常生活に入り込むと、性的に裸体を眺める眼差しも持ち込むことになる。それによって、裸体に対する捉え方は大きく変わっていったと、中野は指摘している。
90 ナオミ・ウルフ『女たちの見えない敵　美の陰謀』曽

91　田和子訳、一九九四年、TBSブリタニカ、一三九頁。スティーヴン・カーンは、ナチスがユダヤ人をガス室で処刑するときに裸にしたのは、「衣服とともに彼らが人間であることも剝ぎとられてしまう」ことによって「大量に処理しやすい」状態になったからだと説明している（スティーヴン・カーン『肉体の文化史　体構造と宿命』喜多迅鷹・喜多元子訳、一九七七年、文化放送開発センター出版部、二八六頁）。

92　E・ルモワーヌ＝ルッチオーニ『衣服の精神分析』鷲田清一・柏木治訳、一九九三年、産業図書、二八頁。

93　前掲出、一五四頁。

94　小池三枝『服飾の表情』一九九一年、勁草書房、一三六頁。

95　ジョアン・エントウィスル『ファッションと身体』鈴木信雄監訳、二〇〇五年、日本経済評論社、二五九頁。

96　前掲出、二六四頁。

97　ナオミ・ウルフ『女たちの見えない敵　美の陰謀』曽田和子訳、一九九四年、TBSブリタニカ、二三五頁。

第3章

1　トマス・カーライル『カーライル選集1　衣服の哲学』宇山直亮訳、二〇一四年、日本教文社、四二頁。

2　山崎正和『装飾とデザイン』二〇〇七年、中央公論新社、一四〇頁。

3　今和次郎『服装研究』一九四六年、長谷川書店、一一二頁。

4　E・ルモワーヌ＝ルッチオーニ『衣服の精神分析』鷲田清一・柏木治訳、一九九三年、産業図書、一一頁。

5　バーナード・ルドフスキー『みっともない人体』加藤秀俊ほか訳、一九七九年、鹿島出版会、一五五頁。

6　三宅一生『未来のデザインを語る』二〇一三年、岩波書店、四五頁。

7　安東武男『プロのためのカッティングシステム』一九七一年、モード・エ・モード社、一四—五頁。

8　多くの文化人類学者が指摘しているように、原始社会では動物の力を得ようとして、動物の毛皮のように自らの身体を隙間なく覆った。あるいは、そのことが影響しているということもあり得る。

9　アン・ホランダー『性とスーツ　現代衣服が形づくられるまで』中野香織訳、一九九七年、白水社、六三頁。

10　デーヴィッド・A・ハウンシェルは、初期のシンガー社製のミシンでは、標準化された製造技術が採用されておらず、ミシンによって、同じ場所の部品でも大きさや形が異なっていたり、出来不出来が違ったりする互換性のない粗雑な部品によって組み立てられていたことを指摘している（デーヴィッド・A・ハウンシェル『アメリカン・システムから大量生産へ　一八〇〇〜一九三二』和田一夫ほか訳、一九九八年、名古屋大学出版会、四二七頁)。
11 アドリアン・フォーティ『欲望のオブジェ デザインと社会 一七五〇—一九八〇』高島平吾訳、一九九二年、鹿島出版会。
12『阿蘭陀とNIPPON』展図録、二〇〇九年、長崎歴史文化博物館・たばこと塩の博物館。
13 多木浩二『「もの」の詩学 家具、建築、都市のレトリック』二〇〇六年、岩波現代文庫、二一九頁。
14 ペニー・スパーク『パステルカラーの罠 ジェンダーのデザイン史』菅靖子・暮沢剛巳・門田園子訳、二〇〇四年、法政大学出版局、一四七頁。
15 前掲出、一四五頁。
16 テクノユートピアについては、ケヴィン・ロヴィンス『サイバー・メディア・スタディーズ 映像社会の〈事件〉を読む』(田畑暁生訳、二〇〇三年、フィルムアート社、一九頁)を、ネオマニーについては、ロラン・バルト『モードの体系 その言語表現による記号学的分析』(佐藤信夫訳、一九七二年、みすず書房、四一〇頁)を参照のこと。
17 カジミール・マレーヴィチ『無対象の世界』五十殿利治訳、一九九二年、中央公論美術出版。
18 アン・ホランダー『性とスーツ 現代衣服が形づくられるまで』中野香織訳、一九九七年、白水社、四一頁。
19 本橋弥生「エミーリエのドレスとクリムトのスモックはファッションだったのか?——総合芸術としてのリフォーム・ドレス(改良服)」『ウィーン・モダン クリムト・シーレ世紀末への道』二〇一九年、読売新聞東京本社、三三一—三四四頁。
20 E・ルモワーヌ＝ルッチオーニ『衣服の精神分析』鷲田清一・柏木治訳、一九九三年、産業図書、一九三頁。
21 アン・ホランダー『性とスーツ 現代衣服が形づくられるまで』中野香織訳、一九九七年、白水社、一四五頁。
22 前掲出、八頁。
23 Rebecca Arnold, "FASHION A Very Short Introduction" 2009, Oxford, New York, p. 47.
24 フランソワ＝マリー・グロー『オートクチュール パリ・モードの歴史』中川髙行・柳嶋周訳、鈴木桜子監修、二〇一二年、白水社、四四頁。
25 ジョアン・フィンケルシュタイン『ファッションの文化社会学』成実弘至訳、一九九八年、せりか書房、九三頁。
26 ジョアン・エントウィスル『ファッションと身体』鈴木信雄監訳、二〇〇五年、日本経済評論社、一五—一六頁。
27 内田繁『戦後日本デザイン史』二〇一一年、みすず書房、二七七—八頁。
28 内田はさらに「八〇年代に突入すると、市場に投入された潤沢な資金がデザイン的挑戦を可能にした」と述べている。マンションメーカーと呼ばれた、デザイナーがオーナーを勤める小さなブランドだけでなく、大手アパレルが自社内にたくさんのブランドを擁して百貨店を埋め尽くしていった。それらのブランドもまた、独自色が出るようなインテリアやグラフィックの展開を行った。

29 鈴木紀慶・今村創平『日本インテリアデザイン史』二〇一三年、オーム社、二三三頁。

30 内田繁『戦後日本デザイン史』二〇一一年、みすず書房、二五八頁。

31 相倉久人「裏のない紙　メディア・ファッションノート」『よそおいの美学』安田武編、一九八一年、作品社、一五八—九頁。

32 ロバート・ロス『洋服を着る近代　帝国の思惑と民族の選択』平田雅博訳、二〇一六年、法政大学出版局、一〇七頁。

33 ペニー・スパーク『パステルカラーの罠　ジェンダーのデザイン史』菅靖子・暮沢剛巳・門田園子訳、二〇〇四年、法政大学出版局、一〇八頁。

34 ロバート・ロス『洋服を着る近代　帝国の思惑と民族の選択』平田雅博訳、二〇一六年、法政大学出版局、二四二頁。

35 トマス・カーライル『カーライル選集1　衣服の哲学』宇山直亮訳、二〇一四年、日本教文社、四—五頁。

36 深作光貞『「衣」の文化人類学』一九八三年、PHP研究所、一二八頁。

37 西洋絵画における近代の人物画は、主に顔の表情を通して対象の個性を描こうとしている。それが近代以降の日本画にも大きな影響を与えているが、美人画の多くは、顔の表情に乏しく、そこから個性を感じることは困難である。美人画は、表情の個性ではなく、衣服や仕草や状況などで、近代的な自我を描き出そうとした絵画とも言えるだろう。

38 井上雅人『洋裁文化と日本のファッション』青弓社、二〇一七年。

39 アン・ホランダー『性とスーツ　現代衣服が形づくられるまで』中野香織訳、一九九七年、白水社、六二頁。

40 『図鑑デザイン全史』柏木博監修、橋本優子・井上雅人・天内大樹訳、二〇一七年、東京書籍。

41 『都市とモードのビデオノート』ヴィム・ヴェンダース監督作品、一九八九年。

42 川村由仁夜『パリの仕組み　ファッションで頂点を保つ理由がここにある』二〇〇四年、日本経済新聞社、一四八頁。

43 フランソワ＝マリー・グロー『オートクチュール　パリ・モードの歴史』中川髙行・柳嶋周訳、鈴木桜子監修、二〇一二年、白水社、一一頁。

44 以後、オートクチュールとプレタポルテの歴史については、主に以下の本を参考にした。南静『パリモード の二〇〇年 一八世紀後半から第二次大戦まで』二〇〇〇年、文化出版局／成実弘至『二〇世紀ファッションの文化史 時代をつくった一〇人』二〇〇七年、河出書房新社／ブリュノ・デュ・ロゼル『二〇世紀モード史』西村愛子訳、一九九五年、平凡社。

45 ブリュノ・デュ・ロゼル『二〇世紀モード史』西村愛子訳、一九九五年、平凡社、一五頁。

46 ポール・ポワレ『ポール・ポワレの革命 二〇世紀パリ・モードの原点』能澤慧子訳、一九八二年、文化出版局、六四頁。

47 セシル・ビートン『ファッションの鏡』田村隆一訳、一九七九年、文化出版局、一一八頁。

48 ポール・ポワレ『ポール・ポワレの革命 二〇世紀パリ・モードの原点』能澤慧子訳、一九八二年、文化出版局、一四二頁。

49 ペニー・スパーク『パステルカラーの罠 ジェンダーのデザイン史』菅靖子・暮沢剛巳・門田園子訳、二〇〇四年、法政大学出版局、一四五頁。

50 ポール・ポワレ『ポール・ポワレの革命 二〇世紀パリ・モードの原点』能澤慧子訳、一九八二年、文化出版局、一五〇頁。

51 前掲出、一三二頁。

52 ルイス・マンフォード『機械の神話』樋口清訳、一九七一年、河出書房新社、五四頁。

53 バーナード・ルドフスキー『みっともない人体』加藤秀俊・多田道太郎訳、一九七九年、鹿島出版会、一一八頁。

54 「世界デザイン会議報」一九六〇年二月二五日。

55 ヴィクター・パパネック『生きのびるためのデザイン』阿部公正訳、一九七四年、晶文社／ヘンリー・ペトロスキー『〈使い勝手〉のデザイン学』忠平美幸訳、二〇〇八年、朝日選書／ドナルド・A・ノーマン『誰のためのデザイン？ 認知科学者のデザイン原論〔増補・改訂版〕』岡本明ほか訳、二〇一五年、新曜社。

56 小池岩太郎『デザインの話』一九八五年、美術出版社、一〇六頁。

57 ポール・モラン『シャネル 人生を語る』山田登世子訳、二〇〇七年、中央公論新社、一一頁。

58 セシル・ビートン『ファッションの鏡』田村隆一訳、一九七九年、文化出版局、一四〇頁。

59 前掲出、一九二頁。

60 ヴィオネは、有給休暇、社員食堂、診療所、託児所などの労働環境の整備を行ったことでも知られており、ストライキを起こした店員とあくまでも対立しようとしたシャネルと、その点でも対比的でもある。

61 ジャスティン・ピカディ『ココ・シャネル 伝説の軌

62 跡』栗原桃代ほか訳、二〇一二年、マーブルトロン、二九一頁。
サックドレス自体は、五七年と五八年に大流行し、五八年の六月には「ファッションでなくなった」（カーリーン・アンスパック『ファッションの発見』島田陽介訳、一九七一年、ビジネス社、一六六頁）と言われた。ただそれは、流行しなくなったのではなく、流行と呼べないくらい普及したからであった。

63 ブリュノ・デュ・ロゼル『二〇世紀モード史』西村愛子訳、一九九五年、平凡社、三九九頁。

64 ロラン・バルト『ロラン・バルトモード論集』山田登代子編訳、二〇一一年、ちくま学芸文庫、五二頁。

65 ピエール・ブルデュー「オート・クチュールとオート・キュルチュール」『社会学の社会学』田原音和監訳、一九九一年、藤原書店、二六〇―二頁。

第4章

1 アリッサ・クォート『ブランド中毒にされる子どもたち「一生の顧客」を作り出す企業の新戦略』古草秀子訳、二〇〇四年、光文社、二六頁。

2 ロバート・ロス『洋服を着る近代　帝国の思惑と民族の選択』平田雅博訳、二〇一六年、法政大学出版局、二五三頁。

3 前掲出、三五頁。

4 二〇世紀初頭の経済史家ヴェルナー・ゾンバルトによれば、さらに奢侈《しゃし》が「良い奢侈」と「悪い奢侈」に分けられるようになり、「悪い奢侈はたしかに悪徳ではあるけれども、悪い奢侈がなくなれば、おそらくその代わりに登場するであろう怠惰とくらべれば、はるかにすぐれている」という考えを生んでいった。ただ、その場合でも、何が良い奢侈で、何が悪い奢侈なのかについては、曖昧なままであった（ヴェルナー・ゾンバルト『恋愛と贅沢と資本主義』金森誠也訳、二〇〇〇年、講談社学術文庫、二四一頁）。

5 ジョアン・フィンケルシュタイン『ファッションの文化社会学』成実弘至訳、一九九八年、せりか書房、一一六頁。

6 柏木博『モダンデザイン批判』二〇〇二年、岩波書店、二〇〇頁。

7 テリー・エイギンス『ファッションデザイナー　食うか食われるか』安原和見訳、二〇〇〇年、文春文庫、二七二頁。

8 前掲出、四〇五頁。

9 前掲出、三九七頁。

10 前掲出、三五九―六六頁。

11 ピエール・ブルデュー「オート・クチュールとオート・キュルチュール」『社会学の社会学』田原音和監訳、一九九一年、藤原書店、二五三―四頁。

12 ファッション産業が成立しはじめたのと同じ時期の一八八〇年代には、「キャンベル・スープ、HJハインツのピクルス、クエーカー・オーツのシリアル」などの食品に、「企業のロゴ」が使われるようになり、それらの広告も、製品そのものを紹介することからブランドイメージを伝えることへと変わっていった（ナオミ・クライン『ブランドなんか、いらない　搾取で巨大化する大企業の非情』松島聖子訳、二〇〇一年、はまの出版、二五頁）。

13 ナオミ・クライン『ブランドなんか、いらない　搾取で巨大化する大企業の非情』松島聖子訳、二〇〇一年、はまの出版、一一六―七頁。

14 前掲出、七一頁。

15 アリッサ・クォート『ブランド中毒にされる子どもたち　「一生の顧客」を作り出す企業の新戦略』古草秀子訳、二〇〇四年、光文社、四七頁。

16 ナオミ・クライン『ブランドなんか、いらない　搾取で巨大化する大企業の非情』松島聖子訳、二〇〇一年、はまの出版、二〇〇四年、三三九頁。

17 中野香織『モードとエロスと資本』二〇一〇年、集英社新書、一八〇頁。

18 山室一幸『カルチャー・スタディーズ　ファッション：ブランド・ビジネス』二〇〇二年、朝日出版社、一四七頁。

19 ディアン・スージック『カルト・ヒーロー　セレブリティ・ビジネスを読む』小沢瑞穂訳、一九九〇年、晶文社、一四頁。

20 アリッサ・クォート『ブランド中毒にされる子どもたち　「一生の顧客」を作り出す企業の新戦略』古草秀子訳、二〇〇四年、光文社、四三頁。

21 ナオミ・クライン『ブランドなんか、いらない　搾取で巨大化する大企業の非情』松島聖子訳、二〇〇一年、はまの出版、三三九頁。

22 井上雅人『洋裁文化と日本のファッション』二〇一七年、青弓社。

23 ポール・ポワレ『ポール・ポワレの革命　二〇世紀パリ・モードの原点』能澤慧子訳、一九八二年、文化出版局、二二二頁。

24 ポール・モラン『シャネル　人生を語る』山田登世子訳、二〇〇七年、中央公論新社、二〇八頁。

25 ダナ・トーマス『堕落する高級ブランド』実川元子訳、二〇〇九年、講談社、二一三頁。

26 前掲出、二〇八頁。

27 佐々木明『類似ヴィトン　超巨大偽ブランド市場を追う』二〇〇一年、小学館文庫、一五三頁。

28 中村雅人『NHKスペシャル　家族の肖像　グッチ家・失われたブランド　イタリア名門の栄光と没落』一九九八年、日本放送出版協会、一八―九頁。

29 佐々木明『類似ヴィトン　超巨大偽ブランド市場を追う』二〇〇一年、小学館文庫、一五四―五頁。
30 前掲出、一二一―二頁。
31 ポール・ポワレ『ポール・ポワレの革命　二〇世紀パリ・モードの原点』能澤慧子訳、一九八二年、文化出版局、二一八頁。
32 セイモア・フィッシャー『からだの意識』村山久美子・小松啓訳、一九七九年、誠信書房、七八頁。
33 ジョアン・フィンケルシュタイン『ファッションの文化社会学』成実弘至訳、一九九八年、せりか書房、一四頁。
34 フィリップ・ペロー『衣服のアルケオロジー』大矢タカヤス訳、一九八五年、文化出版局、三五頁。
35 ジョアン・フィンケルシュタイン『ファッションの文化社会学』成実弘至訳、一九九八年、せりか書房、一五頁。
36 前掲出、一三頁。
37 前掲出、一七〇頁。
38 ゲオルク・ジンメル「流行」『ジンメル著作集7　文化の哲学』円子修平・大久保健治訳、白水社、一九七六年、三三―四二頁。
39 セシル・ビートン『ファッションの鏡』田村隆一訳、一九七九年、文化出版局、三四四頁。
40 ペニー・スパーク『パステルカラーの罠　ジェンダーのデザイン史』菅靖子・暮沢剛巳・門田園子訳、二〇〇四年、法政大学出版局、一五八頁。
41 前掲出、一二三頁。
42 中野香織『モードとエロスと資本』二〇一〇年、集英社新書、一一二頁。
43 ナオミ・クライン『ブランドなんか、いらない　搾取で巨大化する大企業の非情』松島聖子訳、二〇〇一年、はまの出版、八三頁。
44 細野正信『竹久夢二』一九七二年、保育社、一二三頁。
45 長沢節『大人の女が美しい』二〇一一年、思想社文庫、一〇七頁。
46 アドルフ・ロース『装飾と犯罪：建築・文化論集』伊藤哲夫訳、二〇〇五年、中央公論美術出版。
47 多木浩二『「もの」の詩学　家具、建築、都市のレトリック』二〇〇六年、岩波現代文庫、二一二頁。
48 ペニー・スパーク『パステルカラーの罠　ジェンダーのデザイン史』菅靖子・暮沢剛巳・門田園子訳、二〇〇四年、法政大学出版局、二七五―八頁。
49 松井みどり「偏愛のマイクロポリティクス　逸脱の記号としての「かわいらしさ」」『美術手帖』一九九六年二月号、Vol. 48 No. 720、美術出版社、二八―三一頁。
50 スーザン・ソンタグ『反解釈』高橋康也ほか訳、一九九六年、ちくま学芸文庫。
51 中野香織『モードとエロスと資本』二〇一〇年、集英社新書、一二七頁。
52 守口剛・中川宏道「「カワイイはつくれる」〜花王エッセンシャルのブランド活性化〜」『マーケティングジャーナル』Vol.28 No.3、二〇〇八年、日本マーケティング学会、九〇頁。
53 ナオミ・ウルフ『女たちの見えない敵　美の陰謀』曽田和子訳、一九九四年、TBSブリタニカ、四一頁。
54 「「ネット新時代は銀行不要」の現実味【2】対談：津田大介×古市憲寿×田原総一朗」プレジデントオンライン（https://president.jp/articles/-/11364）。
55 ピエール・ブルデュー『ディスタンクシオンⅠ』石井洋二郎訳、一九九〇年、藤原書店。
56 ジョアン・フィンケルシュタイン『ファッションの文化社会学』成実弘至訳、一九九八年、せりか書房、一五四頁。
57 ヴィクター・パパネック『生きのびるためのデザイン』一九七四年、晶文社、九－一〇頁。
58 レイモンド・ローウィ『口紅から機関車まで　インダストリアル・デザイナーの個人的記録』藤山愛一郎訳、一九八一年、鹿島出版会、一八〇頁。
59 ヘンリー・フォード『藁のハンドル』竹村健一訳、二〇〇二年、中公文庫、三四頁。
60 ナオミ・クライン『ブランドなんか、いらない　搾取で巨大化する大企業の非情』松島聖子訳、二〇〇一年、はまの出版、一六五頁。
61 柳田國男「木綿以前の事」『柳田國男全集一七』一九九三年、ちくま文庫。
62 朝岡康二『古着』二〇〇三年、法政大学出版局、五〇頁。
63 柳田國男「女性史学」『柳田國男全集一七』一九九三年、ちくま文庫、二八一頁。
64 永原慶二『新・木綿以前のこと　苧麻から木綿へ』一九九〇年、中公新書、一九四頁。
65 前掲出、二一一頁。
66 山田登世子『贅沢の条件』二〇〇九年、岩波新書、三五頁。
67 ピエトラ・リボリ『あなたのTシャツはどこから来たのか？』雨宮寛・今井章子訳、二〇〇七年、東洋経済新報社、二三〇頁。
68 前掲出、一〇六頁。
69 前掲出、一三頁。
70 前掲出、一四頁。
71 また、奴隷制度は既製服産業を発達させた。奴隷たちは、綿花を生産しているにもかかわらず、布を織って自家裁縫する事はなかった。布を織ったり、自家裁縫を行う、設備も技術も持ち合わせていなかったからだ。そこで農場主たちは、安価な既製服を購入して配ることになったのだ。

72 朝岡康二『古着』二〇〇三年、法政大学出版局、六九頁。

73 ピエトラ・リボリ『あなたのTシャツはどこから来たのか?』雨宮寛・今井章子訳、二〇〇七年、東洋経済新報社、一九頁。

74 前掲出、四―六頁。

75 前掲出、一一六頁。

76 前掲出、一八三―四頁。

77 前掲出、二一一―二頁。

78 アメリカは、二〇〇五年一月のWTO繊維衣類協定の規定により、数量割当規制を廃止した。中国からの輸入製品に関しては、引き続き輸入制限を行なっていたが、二〇〇九年一月一日以降、中国本土で製造され、米国向けに輸出されるすべての繊維製品が対象から除外された。ただし、WTO非加盟国については、その後も制限の対象としている。(https://www.jetro.go.jp/world/n_america/us/trade_02.html)

79 https://www.theguardian.com/business/2018/jan/22/bangladesh-textile-factory-safety-unions-settlement

80 ジェシカ・デーヴス『アメリカ婦人既製服の奇跡』坂隆訳、一九六九年、ニットファッション、四四―五頁。

81 長田華子『九九〇円のジーンズがつくられるのはなぜ?』二〇一六年、合同出版、四三頁。

82 ナオミ・クライン『ブランドなんか、いらない　搾取で巨大化する大企業の非情』松島聖子訳、二〇〇一年、はまの出版、一三四頁。

83 www.ethicalfashionjapan.com

84 ナオミ・クライン『ブランドなんか、いらない　搾取で巨大化する大企業の非情』松島聖子訳、二〇〇一年、はまの出版、三九四頁。

85 ジョアン・エントウィスル『ファッションと身体』鈴木信雄監訳、二〇〇五年、日本経済評論社、三〇八頁。

86 ピエトラ・リボリ『あなたのTシャツはどこから来たのか?』雨宮寛・今井章子訳、二〇〇七年、東洋経済新報社、二六〇頁。

87 オリビエーロ・トスカーニ『広告は私たちに微笑みかける死体』岡元麻理恵訳、一九九七年、紀伊國屋書店、一一四頁。

88 井上雅人「ベネトンの広告写真家　オリヴィエーロ・トスカーニ」『現代写真のリアリティ』二〇〇三年、角川学芸出版。

89 ジョン・トムリンソン『グローバリゼーション　文化帝国主義を超えて』片岡信訳、二〇〇〇年、青土社、一四一―一四三頁。

90 ナオミ・クライン『ブランドなんか、いらない　搾取で巨大化する大企業の非情』松島聖子訳、二〇〇一年、はまの出版、一二七―八頁。

91 中野香織『モードとエロスと資本』二〇一〇年、集英社新書、二九―三〇頁。

92 ジョアン・フィンケルシュタイン『ファッションの文化社会学』成実弘至訳、一九九八年、せりか書房、一三八頁。

93 川村由仁夜『パリの仕組み　ファッションで頂点を保つ理由がここにある』二〇〇四年、日本経済新聞社、四九頁。

94 セシル・ビートン『ファッションの鏡』田村隆一訳、一九七九年、二〇〇―一頁。

95 ナオミ・ウルフ『女たちの見えない敵　美の陰謀』曽田和子訳、一九九四年、TBSブリタニカ、一〇三―九頁。

96 ジョアン・フィンケルシュタイン『ファッションの文化社会学』成実弘至訳、一九九八年、せりか書房、一〇四頁。

97 「シネ・モード」は、すでに一九二〇年代頃から影響力は持っていたようではあるが、一九三七年に出演した *They Won't Forget* で、胸の形を強調したセーターを着て有名になったラナ・ターナーは、「セーター・ガール」と呼ばれたが、実際にそれが流行として日常生活で着られたかといえば、そうでもなく、戦争を挟んで五〇年代に到るまで、映画の中の衣裳として流行している（ジェシカ・デーヴス『アメリカ婦人既製服の奇跡』坂隆訳、一九六九年、ニットファッション、一六〇頁）。

98 ジェシカ・デーヴス『アメリカ婦人既製服の奇跡』坂隆訳、一九六九年、ニットファッション、二二九―三〇頁。

99 グレース・ミラベラ『ヴォーグで見たヴォーグ』実川元子訳、一九九七年、文春文庫、二〇―一頁。

100 ジェシカ・デーヴス『アメリカ婦人既製服の奇跡』坂隆訳、一九六九年、ニットファッション、二三〇頁。

101 そうした服に身を包んだ女性を、チャールズ・ダナ・ギブソンがたくさん描いており、それらは「ギブソン・ガール」と呼ばれている。ギブソン・ガールは、現在でもアメリカの象徴的存在と言っていいほど、アメリカ人に大事にされている。

102 一九三二年にニューヨークのタウンリー・フロック社でキャリアをスタートさせていたクレア・マッカーデルは、労働者として働く若い女性をターゲットに、第二次世界大戦中、デニムなどを使った動きやすくカジュアルな既製服をデザインし、大きな評判を得た。シャネルと同じように男性服からアイディアをとりながらも、より大衆的な女性を意識して、身体の近代化と衣服の日用品化を意識したマッカーデル出現の背景には、アメリカの女性服に対する考え方があった。

103 ジェシカ・デーヴス『アメリカ婦人既製服の奇跡』坂隆訳、一九六九年、ニットファッション、九〇―九頁。

104 前掲出、三—八頁。
105 前掲出、一四二頁。
106 前掲出、二三三—四六頁。
107 実は『パリの恋人』は公開が一九五七年なので、ヴリーランドが『ヴォーグ』の編集長になる前に作られている。しかし、そこに描かれた姿がすでに権力を持った編集長なのは、ヴリーランドが『ハーパース・バザー』の編集者として有名だったからである。なので『パリの恋人』も、『ヴォーグ』だけをモデルにしているわけではないのだが、『ハーパース・バザー』もまた『ヴォーグ』と並び、時には『ヴォーグ』を凌ぐほどの、アメリカを代表するファッション誌であった。ヴリーランドは、要はヘッドハンティングされて移籍したのだが、その辺りも実にアメリカらしい。
108 グレース・ミラベラ『ヴォーグで見たヴォーグ』実川元子訳、一九九七年、文春文庫、一四九—五六頁。
109 前掲出、一九八頁。
110 前掲出、一七七頁。
111 前掲出、一九〇頁。
112 ジェリー・オッペンハイマー『Front Row アナ・ウィンター ファッション界に君臨する女王の記録』川田志津訳、二〇一〇年、マーブルトロン、一五八頁。
113 グレース・ミラベラ『ヴォーグで見たヴォーグ』実川元子訳、一九九七年、文春文庫、一三頁。
114 前掲出、一六頁。
115 前掲出、一六—七頁。
116 前掲出、二九頁。
117 前掲出、二三九頁。
118 ジェリー・オッペンハイマー『Front Row アナ・ウィンター ファッション界に君臨する女王の記録』川田志津訳、二〇一〇年、マーブルトロン、二五六—七頁。
119 テリー・エイギンス『ファッションデザイナー 食うか食われるか』安原和見訳、二〇〇〇年、文春文庫、四九頁。
120 ジェリー・オッペンハイマー『Front Row アナ・ウィンター ファッション界に君臨する女王の記録』川田志津訳、二〇一〇年、マーブルトロン、五五頁。
121 前掲出、二七〇—四頁。
122 テリー・エイギンス『ファッションデザイナー 食うか食われるか』安原和見訳、二〇〇〇年、文春文庫、六三—四頁。
123 グレース・ミラベラ『ヴォーグで見たヴォーグ』実川元子訳、一九九七年、文春文庫、二九一頁。
124 富川淳子『ファッション誌を紐とく』二〇一五年、北樹出版、六三頁。
125 『プラダを着た悪魔』の編集長のモデルにもなったウィンターには、「わがままな独裁者」（中野香織

『モードとエロスと資本』二〇一〇年、集英社新書、二三三頁）というイメージがあるが、同じ独裁者のイメージの強いヴリーランドのように、自分の頭の中にあるイメージを写真家に撮らせるというよりは、気に入った写真家の推薦するものを、独断で採用するタイプの編集者だという（ジュリー・オッペンハイマー『Front Row アナ・ウィンター ファッション界に君臨する女王の記録』川田志津訳、二〇一〇年、マーブルトロン、八四頁）。その結果が、広告と特集の区別がつかない誌面作り、そして、どの雑誌を見ても同じ広告が束になっている、個性のない雑誌作りをもたらしているとも言える。

第5章

1 アン・ホランダー『性とスーツ 現代衣服が形づくられるまで』中野香織訳、一九九七年、白水社、一六四頁。

2 ロバート・ロス『洋服を着る近代 帝国の思惑と民族の選択』平田雅博訳、二〇一六年、法政大学出版局、四八―九頁。

3 エーリッヒ・フロム『自由からの逃走』日高六郎訳、一九五一年、東京創元社、二八八―九頁。

4 柏木博『家事の政治学』一九九五年、青土社、四八頁。

5 前掲出、二四〇頁。

6 ビアトリス・コロミーナ／マーク・ウィグリー『我々は人間なのか？ デザインと人間をめぐる考古学的覚書き』牧尾晴喜訳、二〇一七年、BNN、七一頁。

7 エーリッヒ・フロム『愛するということ』鈴木晶訳、一九九一年、紀伊國屋書店、三六―七頁。

8 イヴァン・イリイチ『シャドウ・ワーク』玉野井芳郎訳、二〇〇六年、岩波現代文庫。

9 ペニー・スパーク『パステルカラーの罠 ジェンダーのデザイン史』菅靖子・暮沢剛巳・門田園子訳、二〇〇四年、法政大学出版局、一八頁。

10 前掲出、四八頁。

11 山崎明子『近代日本の「手芸」とジェンダー』二〇〇五年、世織書房、一四頁。

12 クロード・レヴィ＝ストロース『野生の思考』大橋保夫訳、一九七七年、みすず書房、二二頁。

13 家永三郎『日本人の洋服観の変遷』一九七六年、ドメス出版、七五頁。

14 川村由仁夜『パリの仕組み ファッションで頂点を保つ理由がここにある』二〇〇四年、日本経済新聞社、一五八頁。

15 大阪洋服商同業組合『日本洋服沿革史』一九三〇年、大阪洋服商同業組合、一九―三〇頁。

16 村上信彦『あぐらをかく娘たち』一九六三年、中央公論社、五七頁。

17 洋服業界記者クラブ　日本洋服史刊行委員会『日本洋服史　一世紀の歩みと未来展望』一九七七年、三一頁。
18 吉田光邦「近代日本のファッション的文化構造の中でスタイルについて考える」『よそおいの美学』安田武編、一九八一年、作品社、六一―七〇頁。
19 柏木博『家事の政治学』一九九五年、青土社、一七八頁。
20 井上雅人『洋服と日本人　国民服というモード』二〇〇一年、廣済堂出版。
21 アン・ホランダー『性とスーツ　現代衣服が形づくられるまで』中野香織訳、一九九七年、白水社、二三三頁。
22 村上信彦『あぐらをかく娘たち』一九六三年、中央公論社、一〇七頁。
23 前掲出、三〇頁。
24 村上信彦『流行　古さとあたらしさ』一九五七年、大日本雄弁会講談社、一五頁。
25 井上雅人『洋裁文化と日本のファッション』二〇一七年、青弓社。
26 『ファッション年鑑'62』一九六二年、アド・センター、一六三頁。
27 柏木博『デザインの二〇世紀』一九九二年、日本放送出版会、一五一頁。
28 ペニー・スパーク『パステルカラーの罠　ジェンダーのデザイン史』菅靖子・暮沢剛巳・門田園子訳、二〇〇四年、法政大学出版局、一八頁。
29 ディヤン・スジック『川久保玲とコム デ ギャルソン』生駒芳子訳、一九九一年、マガジンハウス、五三頁。
30 山室一幸『カルチャー・スタディーズ　ファッション：ブランド・ビジネス』二〇〇二年、朝日出版社、五一頁。
31 テリー・エイギンス『ファッションデザイナー　食うか食われるか』安原和見訳、二〇〇〇年、文春文庫、六六―六七頁。
32 グレース・ミラベラ『ヴォーグで見たヴォーグ』実川元子訳、一九九七年、文春文庫、三七九―八〇頁。
33 アクロス編集室『ストリートファッション　若者スタイルの五〇年史』PARCO、一九九五年、一九七頁。
34 このことは、同じ時代から活躍しはじめた三宅一生が展開した「一枚の服」というコンセプトや、ポリエステル素材のプリーツや、A-poc のようなニットについてもいえる。コム・デ・ギャルソンと提案している姿は全く異なるが、誰もがたとえばプリーツに身を包まれると、裸体とは異なった同じような身体になることに変わりはない。
35 川村由仁夜『パリの仕組み　ファッションで頂点を保つ理由がここにある』二〇〇四年、日本経済新聞社、二〇頁。

36 筆者も九〇年代の後半に、「裏原系」と呼ばれるブランドのひとつで商品企画に関わったことがあるが、その際には、縫製工場の提示する型の中から選び、ブランド側から布地を提供して製品化するというプロセスを踏んだ。製品は、取引のある雑貨店で全国販売されたが、こういった商品開発のシステム化が、デザイナーが誰かわからず、ストリートからファッションが発生しているように見える状況を生み出す一因にもなった。

37 ナオミ・クライン『ブランドなんか、いらない 搾取で巨大化する大企業の非情』松島聖子訳、二〇〇一年、はまの出版、九三頁。

38 マット・メイソン『海賊のジレンマ ユースカルチャーがいかにして新しい資本主義をつくったか』玉川千絵子ほか訳、二〇一二年、フィルムアート社、三三一頁。

39 前掲出、二八一—三〇八頁。

40 前掲出、一六〇頁。

41 アン・ホランダー『性とスーツ 現代衣服が形づくられるまで』中野香織訳、一九九七年、白水社、二〇頁。

42 ジョアン・エントウィスル『ファッションと身体』鈴木信雄監訳、二〇〇五年、日本経済評論社、七五頁。

43 そのためファッション・デザインは、著作物としてではなく、商標や特許の侵害、あるいは不正競争の防止という観点から法的に保護されることが多い。

44 マット・メイソン『海賊のジレンマ ユースカルチャーがいかにして新しい資本主義をつくったか』玉川千絵子ほか訳、二〇一二年、フィルムアート社、一五六—七頁。

45 『平成12年建設白書』国土交通省(http://www.mlit.go.jp/hakusyo/kensetu/h12_2/h12/html/C1220400.htm)

46 畑中三応子『ファッションフード、あります。はやりの食べ物クロニクル 1970-2010』二〇一三年、紀伊國屋書店。

47 エイミー・グプティル/デニス・コプルトン/ベッツィ・ルーカル『食の社会学 パラドクスから考える』伊藤茂訳、二〇一六年、NTT出版、二三一—三九頁。

48 R・M・マッキーヴァー『コミュニティ 社会学的研究 社会生活の性質と基本法則に関する一試論』中久郎・松本通晴監訳、一九七五年、ミネルヴァ書房、四七頁。

49 米山俊直は、「血縁、地縁のつながりやまとまり以上に」、「いわば血や土の関係をこえたつながりに依存」していることを指摘し、そのようなつながりを「社縁」と呼んでいる(米山俊直『集団の生態』一九六六年、日本放送出版協会、七〇頁)。

50 ジョアン・フィンケルシュタイン『ファッションの文化社会学』成実弘至訳、一九九八年、せりか書房、一六二頁。

51 ウィリアム・モリス『民衆の芸術』中橋一夫訳、一九五三年、岩波文庫、二七頁。

52 前掲出、三一頁。

53 柏木博『デザインの二〇世紀』一九九二年、日本放送出版会、二三頁。

54 多田道太郎『身辺の日本文化』一九八八年、講談社学術文庫、二六頁。

55 『ダイアナ・ヴリーランド　伝説のファッショニスタ』

56 柏木博『デザインの二〇世紀』一九九二年、日本放送出版会、六九頁。

おわりに

＊ ロバート・ロス『洋服を着る近代　帝国の思惑と民族の選択』平田雅博訳、二〇一六年、法政大学出版局、六頁。

主要参考文献

・アーヴィン・ゴッフマン『行為と演技　日常生活における自己呈示』石黒毅訳、一九七四年、誠信書房。
・アーヴィン・ゴッフマン『集まりの構造　新しい日常行動論を求めて』（ゴッフマンの社会学4）丸木恵祐・本名信行訳、一九八〇年、誠信書房。
・相倉久人「裏のない紙　メディア・ファッションノート」『よそおいの美学』安田武編、一九八一年、作品社。
・アクロス編集室『ストリート・ファッション　若者スタイルの五〇年史』一九九五年、PARCO。
・朝岡康二『古着』二〇〇三年、法政大学出版局。
・蘆田裕史「言葉と衣服」『新潮』一一三巻六号、九号、一二号、二〇一六年、新潮社。
・アドリアン・フォーティ『欲望のオブジェ　デザインと社会 1750-1980』一九九二年、鹿島出版会。
・アドルフ・ロース『装飾と犯罪　建築・文化論集』伊藤哲夫訳、二〇〇五年、中央公論美術出版。
・アリッサ・クォート『ブランド中毒にされる子どもたち「一生の顧客」を作り出す企業の新戦略』古草秀子訳、二〇〇四年、光文社。
・アン・ホランダー『性とスーツ』中野香織訳、一九九七年、白水社。
・アンソニー・ギデンズ『モダニティと自己アイデンティティ　後期近代における自己と社会』秋吉美都ほか訳、二〇〇五年、ハーベスト社。
・安東武男『プロのためのカッティングシステム』一九七一年、モード・エ・モード社。
・アンドレ・ルロワ＝グーラン『身ぶりと言葉』荒木亨訳、二〇一二年、ちくま学芸文庫。
・イヴァン・イリイチ『コンヴィヴィアリティのための道具』渡辺京二・渡辺梨佐訳、一九八九年、日本エディタースクール出版部。
・イヴァン・イリイチ『シャドウ・ワーク』玉野井芳郎訳、二〇〇六年、岩波現代文庫。
・家永三郎『日本人の洋服観の変遷』一九七六年、ドメス出版。
・井上雅人『洋服と日本人　国民服というモード』二〇〇一年、廣済堂出版。
・井上雅人『洋裁文化と日本のファッション』二〇一七年、青弓社。
・岩井克人『貨幣論』一九九八年、ちくま学芸文庫。
・ヴィクター・パパネック『生きのびるためのデザイン』阿部公正訳、一九七四年、晶文社。
・ウィリアム・モリス『民衆の芸術』中橋一夫訳、一九五三年、岩波文庫。
・ヴェルナー・ゾンバルト『恋愛と贅沢と資本主義』金森

誠也訳、二〇〇〇年、講談社学術文庫。

•ヴォルフガング・シベルブシュ『鉄道旅行の歴史』加藤二郎訳、一九八二年、法政大学出版局。

•内田繁『戦後日本デザイン史』二〇一一年、みすず書房。

•エイミー・グプティル／デニス・コプルトン／ベッツィ・ルーカル『食の社会学　パラドクスから考える』伊藤茂訳、二〇一六年、NTT出版。

•エーリッヒ・フロム『悪について』鈴木重吉訳、一九六五年、紀伊國屋書店。

•エーリッヒ・フロム『自由からの逃走』日高六郎訳、一九五一年、東京創元社。

•エーリッヒ・フロム『愛するということ』鈴木晶訳、一九九一年、紀伊國屋書店。

•エトムント・フッサール『イデーンⅠ・Ⅱ』立松弘孝・別所良美訳、二〇〇一年、みすず書房。

•エドモンド・シャルル＝ルー『シャネル　ザ・ファッション』榊原晃三訳、一九八〇年、新潮社。

•エドワード・T・ホール『沈黙の言葉』國弘正雄・長井善見・斎藤美津子訳、一九六六年、南雲堂。

•エミール・デュルケム『社会学的方法の規準』宮島喬訳、一九七八年、岩波文庫。

•エミール・デュルケーム『社会分業論』田原音和訳、二〇一七年、ちくま学芸文庫。

•エリック・ギル『衣裳論』増野正衛訳、一九五二年、創元社。

•エルザ・スキャパレリ『ショッキング・ピンクを生んだ女　私はいかにして伝説のデザイナーになったか』長澤均訳、二〇〇八年、ブルース・インターアクションズ。

•大内順子ほか『トップ六八人の証言でつづる　二〇世紀日本のファッション』一九九六年、源流社。

•大阪洋服商同業組合『日本洋服沿革史』一九三〇年、大阪洋服商同業組合。

•荻野美穂『女のからだ　フェミニズム以後』二〇一四年、岩波新書。

•小倉孝誠『〈女らしさ〉の文化史　性・モード・風俗』二〇〇六年、中公文庫。

•刑部芳則『洋服・散髪・脱刀　服制の明治維新』二〇一〇年、講談社選書メチエ。

•オリビエーロ・トスカーニ『広告は私たちに微笑みかける死体』岡元麻理恵訳、一九九七年、紀伊國屋書店。

•カーリーン・アンスパック『ファッションの発見』島田陽介訳、一九七一年、ビジネス社。

•カジミール・マレーヴィチ『無対象の世界』五十殿利治訳、一九九二年、中央公論美術出版。

•柏木博『デザインの二〇世紀』一九九二年、日本放送出版協会。

•柏木博『家事の政治学』一九九五年、青土社。

•柏木博『ファッションの二〇世紀　都市・消費・性』一

九九八年、日本放送出版協会。
・柏木博『モダンデザイン批判』二〇〇一年、岩波書店。
・加藤秀俊『文化とコミュニケイション』一九七一年、思索社。
・加藤秀俊『衣の社会学』一九八〇年、文藝春秋。
・ガブリエル・タルド『模倣の法則』池田祥英・村澤真保呂訳、二〇〇七年、河出書房新社。
・川村由仁夜『「パリ」の仕組み　ファッションで頂点を保つ理由がここにある』二〇〇四年、日本経済新聞社。
・ギュスターヴ・ル・ボン『群集心理』櫻井成夫訳、一九九三年、講談社学術文庫。
・グレース・ミラベラ『ヴォーグで見たヴォーグ』実川元子訳、一九九七年、文春文庫。
・クロード・レヴィ＝ストロース『野生の思考』大橋保夫訳、一九七六年、みすず書房。
・ケヴィン・ロヴィンス『サイバー・メディア・スタディーズ　映像社会の〈事件〉を読む』田畑暁生訳、二〇〇三年、フィルムアート社。
・ゲオルク・ジンメル『文化の哲学』（ジンメル著作集7）一九七六年、白水社。
・ゲオルク・ジンメル『ジンメル・コレクション』北川東子ほか訳、一九九九年、ちくま学芸文庫。
・ゲオルク・ジンメル『社会学の根本問題　個人と社会』清水幾太郎訳、一九七九年、岩波文庫。
・小池三枝『服飾の表情』一九九一年、勁草書房。
・香内三郎「イニス、マクルーハンのメディア・コミュニケーション理論の位置（Ⅱ）」『コミュニケーション科学』二四号、二〇〇六年、東京経済大学コミュニケーション学会。
・小山栄三『ファッションの社会学』一九七七年、時事通信社。
・今和次郎『女性服装史』一九五五年、長谷川書店。
・今和次郎『ジャンパーを着て四十年』一九六七年、文化服装学院出版局。
・今和次郎『服装研究』（今和次郎集第八巻）一九七二年、ドメス出版。
・佐々木明『類似ヴィトン　超巨大偽ブランド市場を追う』二〇〇一年、小学館文庫。
・佐藤俊樹『不平等社会日本』二〇〇〇年、中公新書。
・サミュエル・バトラー『エレホン　山脈を越えて』山本政喜訳、一九三五年、岩波文庫。
・ジークフリード・ギーディオン『機械化の文化史』ＧＫ研究所・榮久庵祥二訳、一九七七年、鹿島出版会。
・ジェシカ・デーヴス『アメリカ婦人既製服の奇跡』坂隆訳、一九六九年、ニットファッション。
・ジェリー・オッペンハイマー『Front Row　アナ・ウィンター　ファッション界に君臨する女王の記録』川田志津訳、二〇一〇年、マーブルトロン。

・潮田鉄雄「はきもの」『旅の民俗』宮本常一編、一九七二年、社会思想社。
・ジャスティン・ピカディ『ココ・シャネル　伝説の軌跡』栗原桃代ほか訳、二〇一二年、マーブルトロン。
・謝黎『チャイナドレスをまとう女性たち　旗袍にみる中国の近・現代』二〇〇四年、青弓社。
・ジャン・ボードリヤール『象徴交換と死』今村仁司・塚原史訳、一九九二年、ちくま学芸文庫。
・ジャン・ボードリヤール『消費社会の神話と構造』今村仁司ほか訳、一九九五年、紀伊國屋書店。
・ジャン・ボードリヤール『物の体系　記号の消費』宇波彰訳、二〇〇八年、法政大学出版局。
・ジュール・ミシュレ『ジャンヌ・ダルク』森井真・田代葆訳、一九八七年、中公文庫。
・ジュディス・バトラー『ジェンダー・トラブル　フェミニズムとアイデンティティの攪乱』竹村和子訳、一九九九年、青土社。
・ジョアン・エントウィスル『ファッションと身体』鈴木信雄監訳、二〇〇五年、日本経済評論社。
・ジョアン・フィンケルシュタイン『ファッションの文化社会学』成実弘至訳、一九九八年、せりか書房。
・ジョルジュ・ヴィガレロ／リチャード・ホルト「鍛えられた身体　十九世紀の体操・運動選手」『身体の歴史Ⅱ』築山和也訳、アラン・コルバン編、二〇一〇年、藤原書店。
・ジョン・ハーヴェイ『黒服』太田良子訳、一九九七年、研究社。
・スーザン・ソンタグ『反解釈』海老根宏ほか訳、一九九六年、ちくま学芸文庫。
・鈴木紀慶・今村創平『日本インテリアデザイン史』二〇一三年、オーム社。
・スチュアート・イーウェン／エリザベス・イーウェン『欲望と消費　トレンドはいかに形づくられるか』小沢瑞穂訳、一九八八年、晶文社。
・スチュアート・ユーウェン『浪費の政治学　商品としてのスタイル』平野秀秋・中江桂子訳、一九九〇年、晶文社。
・スティーヴン・カーン『肉体の文化史　体構造と宿命』喜多迅鷹・喜多元子訳、一九七七年、文化放送開発センター出版部。
・須長史生『ハゲを生きる　外見と男らしさの社会学』一九九九年、勁草書房。
・セイモア・フィッシャー『からだの意識』一九七九年、村山久美子・小松啓訳、誠信書房。
・セシル・ビートン『ファッションの鏡』田村隆一訳、一九七九年、文化出版局。
・ソースティン・ヴェブレン『有閑階級の理論』高哲男訳、一九九八年、ちくま学芸文庫。

・多木浩二『「もの」の詩学　家具、建築、都市のレトリック』二〇〇六年、岩波現代文庫。
・多田道太郎『身辺の日本文化』一九八八年、講談社学術文庫。
・ダナ・トーマス『堕落する高級ブランド』実川元子訳、二〇〇九年、講談社。
・谷本奈穂『美容整形と化粧の社会学　プラスティックな身体』二〇〇八年、新曜社。
・丹野郁『服飾の世界史』一九八五年、白水社。
・ディアン・スージック『カルト・ヒーロー　セレブリティ・ビジネスを読む』小沢瑞穂訳、一九九〇年、晶文社。
・デイヴィッド・リースマン『何のための豊かさ』加藤秀俊訳、一九六八年、みすず書房。
・ディヤン・スジック『川久保怜とコム　デ　ギャルソン』生駒芳子訳、一九九一年、マガジンハウス。
・ディディエ・グランバック『パリ・ブランドはいかにして創られたか　モードの物語』井伊あかり訳、二〇一三年、文化出版局。
・デーヴィッド・A・ハウンシェル『アメリカン・システムから大量生産へ　1800–1932』和田一夫ほか訳、一九九八年、名古屋大学出版会。
・デズモンド・モリス『ボディウォッチング』藤田統訳、一九八六年、小学館。
・デズモンド・モリス『ウーマンウォッチング』常盤新平訳、二〇〇七年、小学館。
・デズモンド・モリス『マンウォッチング』藤田統訳、二〇〇七年、小学館文庫。
・テリー・エイギンス『ファッションデザイナー　食うか食われるか』安原和見訳、二〇〇〇年、文春文庫。
・富川淳子『ファッション誌をひもとく』二〇一五年、北樹出版。
・ドナルド・A・ノーマン『誰のためのデザイン？　認知科学者のデザイン原論』〔増補・改訂版〕岡本明ほか訳、二〇一五年、新曜社。
・トマス・カーライル『衣服の哲学』（カーライル選集1）宇山直亮訳、二〇一四年、日本教文社。
・ナオミ・ウルフ『女たちの見えない敵　美の陰謀』曽田和子訳、一九九四年、TBSブリタニカ。
・ナオミ・クライン『ブランドなんか、いらない　搾取で巨大化する大企業の非情』松島聖子訳、二〇〇一年、はまの出版。
・長沢節『大人の女が美しい』二〇一一年、思想社文庫。
・長田華子『九九〇円のジーンズがつくられるのはなぜ？』二〇一六年、合同出版。
・中野香織『モードとエロスと資本』二〇一〇年、集英社新書。
・中野明『裸はいつから恥ずかしくなったか「裸体」の

日本近代史』二〇一六年、ちくま文庫。
・永原慶二『新・木綿以前のこと　苧麻から木綿へ』一九九〇年、中公新書。
・中村雅人『NHKスペシャル　家族の肖像　グッチ家・失われたブランド　イタリア名門の栄光と没落』一九九八年、日本放送出版協会。
・中山千代『日本婦人洋装史』一九八七年、吉川弘文館。
・成実弘至編著『問いかけるファッション　身体・イメージ・日本』二〇〇一年、せりか書房。
・成実弘至編著『モードと身体』二〇〇三年、角川学芸出版。
・成実弘至『二〇世紀ファッションの文化史　時代をつくった一〇人』二〇〇七年、河出書房新社。
・成実弘至編著『コスプレする社会　サブカルチャーの身体文化』二〇〇九年、せりか書房。
・難波功士『族の系譜学　ユース・サブカルチャーズの戦後史』二〇〇七年、青弓社。
・ニコラス・ペヴスナー『モダン・デザインの展開　モリスからグロピウスまで』白石博三訳、一九五七年、みすず書房。
・ニコラウス・ペヴスナー『モダン・デザインの源泉　モリス　アール・ヌーヴォー　二〇世紀』小野二郎訳、一九七六年、美術出版社。
・西村三郎『毛皮と人間の歴史』二〇〇三年、紀伊國屋書店。
・バーナード・ルドフスキー『みっともない人体』加藤秀俊・多田道太郎訳、一九七九年、鹿島出版会。
・畑中三応子『ファッションフード、あります。　はやりの食べ物クロニクル　1970-2011』二〇一三年、紀伊國屋書店。
・服部幸雄『大いなる小屋　江戸歌舞伎の祝祭空間』二〇一二年、講談社学術文庫。
・林邦雄『戦後ファッション盛衰史』一九八七年、源流社。
・ビアトリス・コロミーナ『マスメディアとしての近代建築　アドルフ・ロースとル・コルビュジエ』松畑強訳、一九九六年、鹿島出版会。
・ビアトリス・コロミーナ／マーク・ウィグリー『我々は人間なのか？　デザインと人間をめぐる考古学的覚書き』牧尾晴喜訳、二〇一七年、BNN。
・ピエール・ブルデュー『ディスタンクシオンⅠ』石井洋二郎訳、一九九〇年、藤原書店。
・ピエール・ブルデュー『社会学の社会学』田原音和監訳、一九九一年、藤原書店。
・ピエトラ・リボリ『あなたのTシャツはどこから来たのか？』雨宮寛・今井章子訳、二〇〇七年、東洋経済新報社。
・フィリップ・ペロー『衣服のアルケオロジー』大矢タカヤス訳、一九八五年、文化出版局。

・フェルナン・ブローデル『日常性の構造』Ⅰ・Ⅱ、村上光彦訳、一九八五年、みすず書房。
・フェルナン・ブローデル『歴史入門』金塚貞文訳、二〇〇九年、中公文庫。
・深作光貞『「衣」の文化人類学』一九八三年、PHP研究所。
・フランソワ＝マリー・グロー『オートクチュール　パリ・モードの歴史』中川高行・柳嶋周訳、鈴木桜子監修、二〇一二年、白水社。
・フランソワ・ボド『スキャパレリ』貴田奈津子訳、一九九七年、光琳社。
・ブリュノ・デュ・ロゼル『二〇世紀モード史』西村愛子訳、一九九五年、平凡社。
・フレデリック・モネイロン『ファッションの社会学　流行のメカニズムとイメージ』二〇〇九年、白水社。
・ペニー・スパーク『パステルカラーの罠　ジェンダーのデザイン史』菅靖子・暮沢剛巳・門田園子訳、二〇〇四年、法政大学出版局。
・ヘンリー・ペトロスキー『〈使い勝手〉のデザイン学』忠平美幸訳、二〇〇八年、朝日選書。
・ヘンリー・フォード『藁のハンドル』竹村健一訳、二〇〇二年、中公文庫。
・ポール・ヴィリリオ『速度と政治』市田良彦訳、二〇〇一年、平凡社。
・ポール・ヴィリリオ『ネガティヴ・ホライズン』丸岡高弘訳、二〇〇三年、産業図書。
・ポール・ポワレ『ポール・ポワレの革命　二〇世紀パリ・モードの原点』能澤慧子訳、一九八二年、文化出版局。
・ポール・モラン『シャネル　人生を語る』山田登世子訳、二〇〇七年、中央公論新社。
・細野正信『竹久夢二』一九七二年、保育社。
・マーシャル・マクルーハン『メディア論』栗原裕ほか訳、一九八七年、みすず書房。
・マーシャル・マクルーハン／エリック・マクルーハン『メディアの法則』中澤豊訳、二〇〇二年、NTT出版。
・前川祐一『ダンディズムの世界　イギリス世紀末』一九九〇年、晶文社。
・松井みどり「偏愛のマイクロポリティクス　逸脱の記号としての「かわいらしさ」」『美術手帖』一九九六年二月号、vol. 48, No. 720 美術出版社。
・松下幸之助『道をひらく』一九六八年、PHP研究所。
・マット・メイソン『海賊のジレンマ　ユースカルチャーがいかにして新しい資本主義をつくったか』玉川千絵子ほか訳、二〇一二年、フィルムアート社。
・馬渕公介『「族」たちの戦後史』一九八九年、三省堂。
・マリー＝フランス・ポシュナ『クリスチャン・ディオール』高橋洋一訳、一九九七年、講談社。
・マルセル・モース『社会学と人類学Ⅱ』有地亨・山口俊

夫訳、一九七六年、弘文堂。
・三浦雅士『身体の零度　何が近代を成立させたか』一九九四年、講談社。
・ミシェル・ド・セルトー『日常的実践のポイエティーク』山田登世子訳、一九八七年、国文社。
・ミシェル・フーコー『言葉と物　人文科学の考古学』渡辺一民・佐々木明訳、一九七四年、新潮社。
・ミシェル・フーコー『監獄の誕生』田村俶訳、一九七七年、新潮社。
・南静『パリモードの二〇〇年　一八世紀後半から第二次大戦まで』二〇〇〇年、文化出版局。
・ミハイル・バフチン『マルクス主義と言語哲学』桑野隆訳、一九八九年、未來社。
・三宅一生『未来のデザインを語る』二〇一三年、岩波書店。
・村上信彦『流行　古さとあたらしさ』一九五七年、大日本雄弁会、講談社。
・村上信彦『あぐらをかく娘たち』一九六三年、中央公論社。
・村上信彦『服装の歴史1』一九七四年、理論社。
・村田麻里子『思想としてのミュージアム　ものと空間のメディア論』二〇一四年、人文書院。
・モーリス・メルロ＝ポンティ『知覚の哲学　ラジオ講演一九四八年』菅野盾樹訳、二〇一一年、ちくま学芸文庫。
・本橋弥生「エミーリエのドレスとクリムトのスモックはファッションだったのか？――総合芸術としてのリフォーム・ドレス（改良服）」『ウィーン・モダン　クリムト・シーレ世紀末への道』二〇一九年、読売新聞東京本社。
・守口剛・中川宏道「「カワイイはつくれる」～花王エッセンシャルのブランド活性化～」『マーケティングジャーナル』Vol. 28, No. 3 二〇〇八年、日本マーケティング学会。
・柳田國男『柳田国男全集　一七』一九九〇年、ちくま文庫。
・柳田國男『明治大正史　世相篇』一九九三年、講談社。
・山崎明子『近代日本の「手芸」とジェンダー』二〇〇五年、世織書房。
・山崎正和『装飾とデザイン』二〇〇七年、中央公論新社。
・山田登世子『贅沢の条件』二〇〇九年、岩波新書。
・山室一幸『カルチャー・スタディーズ　ファッション：ブランド・ビジネス』二〇〇二年、朝日出版社。
・洋服業界記者クラブ「日本洋服史刊行委員会」『日本洋服史』一九七七年。
・吉田光邦「近代日本のファッション的文化構造の中でスタイルについて考える」『よそおいの美学』安田武編、一九八一年、作品社。
・吉増剛造「柳田国男　詩人の魂」『ＮＨＫ知るを楽しむ

私のこだわり人物伝』二〇〇六年、日本放送出版協会。

•吉本隆明『重層的な非決定へ』一九八五年、大和書房。

•米山俊直『集団の生態』一九六六年、日本放送出版協会。

•ヨハン・ホイジンガ『ホモ・ルーデンス』一九七三年、中公文庫。

•四方田犬彦『「かわいい」論』二〇〇六年、ちくま新書。

•ル・コルビュジエ『今日の装飾芸術』前川国男訳、一九六六年、鹿島出版会。

•ルイス・マンフォード『機械の神話　技術と人類の発達』樋口清訳、一九七一年、河出書房新社。

•ルイス・マンフォード『技術と文明』生田勉訳、一九七二年、美術出版社。

•ルイス・マンフォード『芸術と技術』生田勉訳、一九八五年、岩波新書。

•レイナー・バンハム『第一機械時代の理論とデザイン』石原達二・増成隆士訳、一九七六年、鹿島出版会。

•レイモンド・ローウィ『口紅から機関車まで』藤山愛一郎訳、一九八一年、鹿島出版会。

•ロバート・ヴェンチューリ『ラスベガス』石井和紘ほか訳、一九七八年、鹿島出版会。

•ロバート・ロス『洋服を着る近代　帝国の思惑と民族の選択』平田雅博訳、二〇一六年、法政大学出版局。

•ロラン・バルト『モードの体系　その言語表現による記号学的分析』佐藤信夫訳、一九七二年、みすず書房。

•ロラン・バルト『ロラン・バルトモード論集』山田登代子編訳、二〇一一年、ちくま学芸文庫。

•鷲田清一『モードの迷宮』一九九六年、ちくま学芸文庫。

•鷲田清一編『ファッション学のすべて』二〇〇三年、新書館。

•鷲田清一『ひとはなぜ服を着るのか』二〇一二年、ちくま文庫。

•E・ルモワーヌ＝ルッチオーニ『衣服の精神分析』鷲田清一・柏木治訳、一九九三年、産業図書。

•鷲田清一『ちぐはぐな身体　ファッションって何?』二〇〇五年、ちくま文庫。

•G・ベイトソン／J・ロイシュ『精神のコミュニケーション』佐藤悦子訳、一九九五年、新思索社。

•Catherine McDermott "Desginmuseum 20th design" carlton 1997.

•James Carey "The Roots of Modern Media Analysis: Lewis Mumford and Marshall McLuhan" In James Carey: a critical reader 1997 University of Minnesota Press.

•Lars Svendsen "FASHION — A Philosophy" 2006, Reaktion books, London.

•Rebecca Arnold "FASHION A Very Short Introduction", 2009, Oxford, New York.

•Sara E. Melzer, Kathryn Norberg "From Royal to the

Republican Body: Incorporating the Political in Seventeenth And Eighteenth Century France" 1998, University of California Press.
・『阿蘭陀とNIPPON』展図録、二〇〇九年、長崎歴史文化博物館・たばこと塩の博物館。
・『王様と私』
・『風と共に去りぬ』
・『世界デザイン会議議事録』一九六一年、美術出版社。
・「世界デザイン会議報」一九六〇年二月二五日。
・『ダイアナ・ヴリーランド　伝説のファッショニスタ』
・『都市とモードのビデオノート』
・『パリの恋人』
・『平成12年建設白書』国土交通省（http://www.mlit.go.jp/hakusyo/kensetu/h12_2/h12/html/C1220400.htm）
・www.ethicalfashionjapan.com/

《著者紹介》

井上　雅人（いのうえ・まさひと）

1974年生まれ。東京大学文学部および文化服装学院卒業。
東京大学大学院人文社会系研究科博士課程満期退学。現在，武庫川女子大学生活環境学部准教授。専攻はデザイン史，ファッション史，物質生活史。著書に『洋服と日本人――国民服というモード』（廣済堂出版，2001年），『洋裁文化と日本のファッション』（青弓社，2017年）など。

ファッションの哲学

2019年12月30日　初版第１刷発行　〈検印省略〉

定価はカバーに
表示しています

著　者　井　上　雅　人
発行者　杉　田　啓　三
印刷者　坂　本　喜　杏

発行所　株式会社　ミネルヴァ書房
607-8494　京都市山科区日ノ岡堤谷町１
電話代表　(075)581-5191
振替口座　01020-0-8076

　冨山房インターナショナル

ISBN 978-4-623-08495-1
Printed in Japan

人名索引

あ 行

か 行

さ　行

た　行

な　行

は　行

ま　行

や　行

ら　行

わ　行

事項索引

あ 行

か　行

さ　行

た　行

な　行

は　行

ま　行

や　行

ら・わ行

欧　文